金融投资
实战操作指南

（原油篇）

刘松林 谭 龙 孙发鸿◎编著

经济管理出版社
ECONOMY & MANAGEMENT PUBLISHING HOUSE

图书在版编目（CIP）数据

金融投资实战操作指南. 原油篇/刘松林，谭龙，孙发鸿编著. —北京：经济管理出版社，
2016.8
ISBN 978-7-5096-4504-8

Ⅰ. ①金… Ⅱ. ①刘… ②谭… ③孙… Ⅲ. ①原油—投资—基本知识 Ⅳ. ①F830.9

中国版本图书馆 CIP 数据核字（2016）第 157616 号

组稿编辑：申桂萍
责任编辑：梁植睿　高　娅
责任印制：黄章平
责任校对：超　凡

出版发行：经济管理出版社
　　　　　（北京市海淀区北蜂窝 8 号中雅大厦 A 座 11 层　100038）
网　　址：www. E-mp. com. cn
电　　话：(010) 51915602
印　　刷：三河市延风印装有限公司
经　　销：新华书店
开　　本：720mm×1000mm/16
印　　张：16.25
字　　数：246 千字
版　　次：2016 年 8 月第 1 版　　2016 年 8 月第 1 次印刷
书　　号：ISBN 978-7-5096-4504-8
定　　价：58.00 元

序　言
大数据时代的投资逻辑

现在是数据的新时代，现在可以收集和分析大量数据，我们把它称为"大数据"时代。当你有了足够的数据，不只是可以对危机进行反应，事实上你可以变得更加主动，你可以改变你的未来，而且能够知道未来是什么样。

——IBM 技术创新全球副总裁　伯纳德

"大数据"是个很诱人的话题。早在原始社会时期，能比常人早知道天气变化规律，用于指导生产劳作，就有可能成为部落巫师甚至是首领。巫师未必真具有法力，或许只是比常人掌握了更高层次的知识而已，同时利用了这种信息判断能力的不对称。当代社会热衷的分析预测，不过也是巫师算命的行当罢了。可以说，任何成功的预测，都是基于对大量有效信息的掌握和准确分析。

基于"大数据"智慧产业的重要意义在于，可以更准确地把握市场需求和预测社会群体行为，在此基础上优化各个产业企业环节的生产效率，并以此提升整个社会的生产力。

人类从狩猎到耕种，是利用土地资源升级了社会生产力；进入工业时代，是利用机器解放了人类的双手，升级了社会生产力；电子通信和互联网的出现，大大提升了全球资讯的效用，并以此进一步提升了社会生产力。在经历了 2008 年金融危机后，在欧债危机的影响下，下一个产业升级出自于哪里众说纷纭，而智慧产业很可能成为下一个产业革命的关键。

以工业企业为例，对于社会信息的有效掌握和分析，既有助于企业准确把握

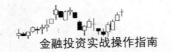

市场下一个热点或趋势，降低创新过程中的失败概率，也有助于提升企业在市场营销和销售过程中的效率，避免泛广告投放的效率低下。反之，作为消费者，也会更有效率地找到自己想要的商品。现在网购平台构建的"你可能喜欢的产品"功能，就是这种效率提升的初级应用。

用梅耶森博士的话来讲，就是你的设备（指有"大数据"处理功能的智能化设备）会变得非常智能化，它就变成你非常有智力的助手了，所以我们要进行创新的话，不能只是知道现在的情况，我们还要知道明天或者未来五年会出现什么情况。"大数据"产业链有很多环节，未来都可能面临较大的发展机遇。

首先，信息数据产生将会是第一个环节。信息的产生很好理解，比如，现在公众每天都使用互联网和无线通信，即时通信、微博、手机电话、短信、彩信甚至是每一个互联网点击（通过点击习惯可以分析出经常浏览哪一类网站，喜欢哪一类商品，以及上网时间等互联网使用习惯），都是数据的产生。现在数据产生最多的领域是物联网，根据 IBM 的分析，上网人数和手机人数在过去最多是 2~5 倍的增长，而物联网上连接设备的数量在过去 5 年增加了 2000 倍。上述领域拥有大量的数据，企业可以依靠这些数据，或进行分析自我提升效率，或出售这些数据（当然，前提是不涉及个人私密信息的数据）给专业分析机构。

其次，信息数据的大量产生需要存储。存储设备领域的增长潜力同样不容忽视。虽然存储设备是整个产业链中技术含量最小的，同时发展空间也可能没有其他子行业充满想象力，但却可能是增长最稳定的子行业。

再次，信息数据需要采集整理。许多数据的产生是散乱和随机的，不仅在内容上如此，在互联网各种平台分布上也是如此。如何尽可能最大范围地采集信息数据，并进行有效的噪声数据剔除？这个环节如果有 IT 企业能够参与其中，想必也能有不错的发展机遇。

最后，信息数据的分析产出。这个环节是整个"大数据"产业链的最末端，也可能是最具技术含量和产业附加值的子行业。任何数据不经过分析这一环节，都无法落实到实际应用。而且，在同样的数据面前，谁分析出的结果最有效，将决定谁才是真正的"大数据"智能产业领跑者。

因此，挖掘 A 股上市公司中的"大数据"概念股（在中国"大数据"成熟之前，相信会有不少个股仅属于概念股）显得至关重要。

在国金证券、中信证券和光大证券等研究机构的报告中，确实有不少上市公司被列入"大数据"关注标的。这三家机构选出的标的有：超图软件、科大讯飞、拓尔思、汉得信息、太极股份、用友软件、东方国信、久其软件、广联达、大智慧、四维图新、威创股份、卫士通、天玑科技、远光软件、美亚柏科、恒泰艾普、华胜天成等。

中国"大数据"时代才刚刚开启，上述这些上市公司中，谁是真正的"大数据"受益股，谁压根就想不到进入"大数据"领域？又或者谁真正拥有"大数据"所需的技术优势？"是骡子是马还得拉出来遛遛"。不过，在"大数据"浪潮下，相信上述上市公司中会有真正的受益者脱颖而出，但究竟是谁就需要投资者密切跟踪和下功夫研究了。

相信在投资市场混久了的人都会有这样的体会，当对未来市场走势判断不明确的时候，就会抱着试试看的态度（虽然内心也是极力想赚钱）去做一些无所谓的交易。其实，无谓的交易表面上看也是在进行投机交易，似乎与别人没有多大的区别，但事实并非如此。进行无谓交易的投资者并没有真正了解什么是投机。什么是投机呢？投机就是投资机会，没有机会就不进场交易，就如同打猎，未看见猎物绝不开枪。

投机成功与否看的是投机的结果，是通过获利的结果来使交易者获得快乐。无谓的交易则是看见任何物体都开枪，不管是不是猎物，这更像是在玩游戏。游戏的快乐来自于游戏过程而并不一定是结果。无谓的交易本质上并不是在投机，而是在用资金来玩交易的游戏，是一种资金纯消耗性的行为，这种交易行为其实与交易者获利的目标是背道而驰的。无谓的交易同时是对自己的一种放纵，是对交易极不负责任的行为。无谓的交易使投资者过足了进场交易的瘾，解除了不交易就非常难受的感觉，过程或进场时是快乐的，但结果却往往并不好，如同玩游戏最终必然付费一样。

那么，为什么很多人会这么做呢？难道他不知道他交易的目的吗？其实最根

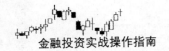

本的原因是，强烈的获利欲望促使他进行频繁交易，使他不管在什么情况下都想要交易，也就是利润的陷阱使他进行无谓的交易。市场上最大的陷阱就是利润，是预期的利润使人失去客观和理智，使人忽视风险的存在。

这里就引出一个关键问题：我们往往无法判断交易机会。确实，交易机会的判断及行情规模的评估是无法确定的，但正是这种无法确定性导致了风险存在的必然性，也就是说，任何一次交易风险是必然存在的，而利润却无法确定。引起投资者更加关注的首先是风险，而不是利润。无谓的交易恰恰是更多地看到利润而忽视了潜在的风险。缥缈的利润如无形的手促使很多投资者盲目交易。在这个过程中，只要能清醒地认识到利润的不确定性和风险的必然性，就可以在很大程度上减少这种交易行为，而这也是减少无谓交易的必然基础。

当然，减少无谓的交易并不等于你平时就不交易，并不是说只要减少了无谓的交易你就必然能抓住有价值的机会。适当的交易是与市场保持联系的重要手段，关键是每次交易你一定要慎重考虑，完全清楚进场之后在哪里止损，以及市场目前是否具有好的进场点位等。有些行情你能看得到，却难以真正地把握到，所以只能做那些既看得到也可以把握的行情，这样的行情其实一年之中并不多，这是多年来市场已经验证过的事实。

减少无谓的交易相当于节省子弹，要珍惜每一颗子弹，将它用在恰当的地方，而不要只是沉迷于打枪的快乐之中。投资中有这样一句话：减少损失就等于获得利益。

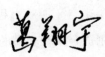

目 录

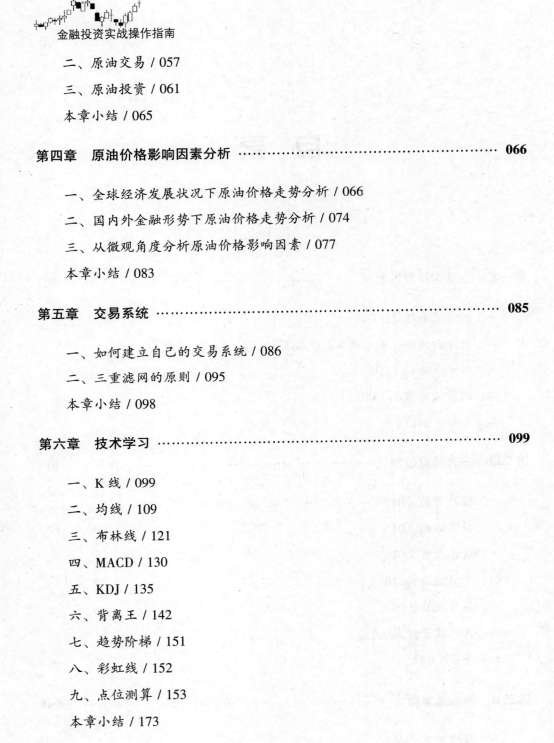

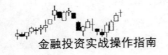

金融投资实战操作指南

第一章 全球经济发展状况

中国经济正在全面向新常态转换，2014 年的变化是房地产结束了长达 15 年的超级繁荣期，进入调整期，这也是导致 2014 年经济下行压力明显增大的主要因素，由之带动投资增长明显下滑。新常态不仅意味着经济增长转向中高速，而且伴随着深刻的结构变化、发展方式变化和体制变化。结构、方式和体制的变化不断推进、显现，正是新常态下中国经济新动力所在、机遇所在。与此同时，新的适应新常态发展的宏观经济政策也逐步成型，成为保持经济平稳增长、促进经济活力增强、结构不断优化升级的有力支撑。

一、经济发展概述

2015 年上半年，全球主要国家经济增长分化加剧，美欧等发达经济体温和复苏，日本停滞不前，而大部分新兴市场国家则面临较为严峻的经济下行压力。这种发达经济体与新兴经济体复苏步伐不一致的局面加剧了世界经济的不平衡，使我国经济发展的外部环境面临更大的复杂性和不确定性。

从经济增速来看，各国经济增长表现为二重分化。第一重是发达经济体与新兴经济体的分化。欧美发达经济体普遍稳步增长，如美、英、法、德 2015 年上半年 GDP 分别同比增长 2.8%、2.8%、1.0% 和 1.4%，日本则出现了 0.1% 的同比下降。相比之下，多数新兴经济体增长放缓，巴西、俄罗斯甚至陷入衰退。第二

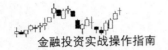

重是新兴经济体内部的分化。"金砖国家"中印度与中国经济增长较快，2015年上半年分别同比增长7.3%和7.0%；巴西与俄罗斯或将陷入长期衰退，2015年上半年GDP分别同比下降2.1%和3.6%；南非经济增长放缓，2015年上半年同比增长1.6%。

从增长动力来看，新兴经济体的经济增长更依赖投资。2015年上半年我国投资对GDP增长的贡献率达到35.7%，无论与发达国家还是与其他"金砖国家"相比都是最高的。一季度印度的投资对GDP的贡献率也达到30.2%，其他"金砖国家"投资对经济的拉动作用均在20%左右。发达经济体则更看重消费，美、英、法、德、日的一季度消费对经济增长的拉动贡献率均在75%~85%的区间内。

从通胀水平来看，发达国家与新兴市场面临"冰火两重天"。发达国家通胀率虽缓慢上升，但仍远低于2%的目标水平，2015年6月末主要发达国家的CPI同比增幅均在0~0.5%的区间内，部分国家仍处于通缩状态，尤其日本在同年4月CPI出现了大幅回落。新兴经济体普遍面临高通胀问题，巴西的通胀问题尤为严重，6月CPI同比增长高达8.9%，仍在呈趋势性上升。我国通胀水平位于发达国家与新兴市场之间，2015年上半年各月CPI同比增长率均在1.5%之下。

从汇率来看，美元加息与中国经济走势成为全球"风向标"。受美元加息预期影响，欧元、日元及大部分"金砖国家"货币均出现不同程度的贬值。"金砖国家"中卢布升值，雷亚尔、兰特和卢比均贬值。2015年上半年人民币对美元小幅升值0.18%，由于对美元保持坚挺，名义有效汇率升值3.64%，实际有效汇率升值2.92%，使人民币短期积累了贬值压力，引发短期资本持续流出。8月11日，央行宣布调整汇率中间价形成机制，对国际外汇市场造成了冲击。

从利率水平来看，发达国家低位小幅回升，新兴市场国家保持高位。发达国家因长期实施量化宽松政策，其国债收益率普遍偏低，但随着美联储加息预期渐强，2015年上半年主要发达国家的长期国债收益率出现不同程度上升，尤其在5月之后上升趋势更加显著。新兴市场由于通胀水平较高，且资本回报率高于发达国家，其国债收益率也普遍偏高。我国在央行降低实体经济融资成本的基调下，长期国债收益率2015年上半年出现微幅下降，6月末达到3.6%，较年初

下降了 0.025 个百分点。

从财政状况来看，中国、印度、德国实现盈余。2015 年上半年，主要发达国家中出现财政盈余的只有德国，盈余 8 亿欧元，美、日、英的财政表现均为赤字。大多数新兴市场国家 2015 年上半年的财政赤字扩大，"金砖国家"中巴西、南非和俄罗斯出现赤字，其中俄罗斯与巴西的财政恶化状况加剧，印度和中国实现盈余。2015 年上半年我国财政出现 2312 亿元的盈余，占 GDP 比重为 0.78%，财政状况较为稳健，但也说明积极的财政政策有待加码。

从政府债务来看，我国债务率仍显著低于发达国家。发达国家的政府债务水平普遍偏高，截至一季度末政府债务率最高的发达国家是日本（210.73%），最低的是德国（74.4%），美、法、英分别为 102.99%、97.5% 和 88.5%。"金砖国家"中债务率最高的是印度，一季度末为 174.82%，最低的是巴西，二季度末为 35.25%。截至 2015 年上半年我国政府债务余额占 GDP 比重为 69.72%，尽管近年来政府债务上升速度较快，但横向看债务率低于各发达国家，在"金砖国家"中位列第三，总体可控。

从宏观政策来看，宽松仍然是主基调。美国经济虽然稳步复苏，但美联储对加息依然犹豫不决，尤其是近期全球市场波动已使其加息预期延后。欧央行年初推出的量宽政策虽取得了一定成效，但欧元区经济下滑风险依然存在，预计未来将继续保持宽松货币环境，同时也将推进财政整顿计划，大力削减结构性赤字。日本继续推行大规模量宽政策，但通胀率并无显著改善，此外，为应对巨额政府债务还推出了缩减赤字和增加税收等财政措施。新兴市场货币政策出现分化，印度、俄罗斯等国为应对经济下行压力选择降息，而巴西、南非等国为抑制通胀选择加息。我国在整体保持货币政策稳健的基础上，通过降准、降息及各类数量型、创新型工具，为实体经济注入流动性，降低实体经济的融资成本。

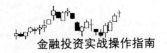
二、世界各经济体面临的风险

（1）美国——经济虽稳步复苏，但受近期国际市场大幅波动影响加息预期延后。自 2008 年金融危机后的五年以来，美联储从未加息，但是随着时间的推移，美国加息预期逐渐清晰，美联储货币政策也将最终实现正常化。美联储加息将对全球各经济体特别是新兴国家的经济形成冲击，需密切关注由此带来的全球资本流动压力。

（2）日本——面临日元贬值对巨额债务可持续性造成的影响。一是尽管日元贬值幅度较大，但对出口的带动作用并不明显，且贬值对进口企业造成的不利影响已开始显现；二是需关注日本政府债务的可持续忄，尤其是当目前日元贬值与通胀回升时，日本政府的巨额债务可持续性存疑。

（3）英国——面临实体经济空心化和经济复苏过变依赖资产价格上涨的风险。

近年来英国实体经济空心化严重，制造业占 GDP 比重已由 20 世纪 90 年代的 20% 左右跌至目前的 10% 以下，本轮经济复苏过度依赖房地产等资产价格的上涨。

（4）法国——面临复苏基础薄弱，包袱过重，结构性改革不足等问题。尽管法国 2015 年上半年经济增速有所反弹，但与其他匡家相比增速水平较低，经济依然低迷，复苏基础薄弱，社会福利包袱较重，结构性改革不足等问题突出。

（5）德国——面临外需不足和希腊债务冲击的风险。出口是德国经济的重要支柱，但受欧元区各国经济疲弱和新兴市场经济增速下滑影响，德国出口将受到冲击。此外，作为欧元区核心国家，德国还面临着希腊债务冲击带来的金融风险。

（6）巴西——经济持续负增长，面临较大滞胀风险，资本流出压力不断增大。面对滞胀，预计紧缩的货币政策将长期存在，高利率水平将大大限制其消费

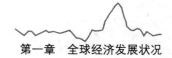
和投资；资本流出压力不断增大，未来走出经济危机的周期较长。

（7）俄罗斯——经济增长高度依赖能源出口，外部冲击下未来经济负增长的局面难以改变。受需求不足影响，国际能源价格仍在走低，对俄罗斯经济的冲击仍将持续。

（8）印度——仍面临基础设施落后，政府偿债能力不强等问题。除了要面对美联储加息的外部冲击之外，内部还面临基础设施落后问题，也是"金砖国家"中债务率最高的国家。

（9）南非——电力短缺问题将长期存在，基础设施的落后和制造业的萎缩将长期制约其经济发展。由于电力短缺问题，电价上涨或将进一步推高通胀率；同时基础设施的落后和制造业的萎缩将长期制约其经济发展。

三、启示及建议

第一，面对错综复杂的国际环境，应特别关注国内外风险叠加带来的冲击，及时研判、有效应对。一是关注美联储加息可能引发的全球金融市场波动和资本流动。二是关注主要发达国家面临的经济复苏基础不牢固风险，这将主要影响我国的外需，进而拖累我国的出口复苏。三是警惕陷入衰退危机的新兴经济体通过贸易和对外投资项目渠道传导至国内的经济风险。

第二，应积极优化投资与消费的经济结构，加大内需对促进经济增长的贡献。一方面，我国现有投资主要以粗放式的要素投入为主，未来应以优化投资结构为主，如通过增加科研经费投入以提高投入产出效率，通过金融改革拓宽中小企业尤其是创新型企业的融资渠道等。另一方面，我国消费需求不足主要源于收入分配不合理与社会保障制度不健全，未来应加大收入分配制度改革，并通过转移支付缩小收入差距，健全社会保障体系。

第三，我国居民消费端与工业生产端价格背离严重，应积极化解工业领域的

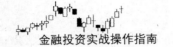

通缩风险。与新兴市场普遍面临滞胀问题而发达国家面临通缩问题不同，我国目前仍处在经济中高速增长阶段，不到2%的通胀水平仍然偏低，尤其是工业生产领域面临通缩压力。居民价格端与工业价格端出现背离，反映的是供需两端结构性不匹配的深层次问题。

化解通缩压力可以从以下方面入手：从供给端来看，应当积极推进价格改革，利用差别化定价淘汰落后产能，兼并和重组产能过剩行业，并积极引导这些行业"走出去"。从需求端来看，继续推进收入分配改革，缩小收入差距，实施积极就业政策，扩大需求。此外，还应大力推进税制改革，加大对中小企业的税收优惠力度和对基础设施、农业、教育等的财政支持力度。

第四，汇率上应选择增强人民币汇率弹性和加强跨境资本监管的政策组合。一方面，更加市场化的汇率决定机制将有利于人民币汇率向市场化决定的均衡水平靠拢；另一方面，加强跨境资本监管将有效防范短期投机性资本流出风险。

第五，关注金融市场利率向实体经济传导问题。我国由于处于经济中高速发展期，潜在增长率与资本回报率较高，因此作为无风险收益率标杆的国债收益率长期高于发达国家。但与"金砖国家"相比，又是最低的。2015年上半年，我国金融市场无风险收益率保持下降的格局，但金融市场流动性宽松的局面在向实体经济传导的过程中仍然受到诸多干扰，实体经济融资难、融资贵的现象依然存在。未来的政策应着重于金融市场利率如何向信贷市场传导、短期利率如何向中长期利率传导。

第六，推进地方政府投融资体制改革，积极发挥财政政策作用。与大多数国家相比，我国财政总体状况良好，2015年上半年财政实现盈余，下半年财政政策作用空间较大。但从债务规模看，依然存在着债务规模增长较快、经济下行背景下政府偿债能力降低、债务信息不透明等问题。未来可通过以下途径化解地方政府债务：一是通过地方政府债务置换方式缓解偿债压力；二是加快地方政府投融资体制改革；三是完善相关法律法规以增加地方政府举债的自主性和透明度；四是积极推进PPP项目落地，加快投资促进经济回稳。

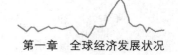

四、国际石油市场

1973 年石油危机以后，跨国石油公司垄断石油价格的机制基本瓦解，石油成为全球价格波动最为剧烈的商品。为了在国际油价制定上争取有利态势，许多国家纷纷建立起石油期货市场。

经过长期发展，美国、英国、日本的石油期货市场均已形成巨大规模，交易品种多，市场功能完善。因此，借鉴美英日石油期货市场的发展经验将对我国的燃料油期货以及以后上市的石油期货具有指导意义。

（一）纽约商品交易所

纽约商品交易所（The New York Mercantile Exchange，NYMEX）是目前全球最大的商品期货交易所，该交易所成立于 1872 年，至今已有 140 多年的历史。

1982 年，NYMEX 推出了世界第一个原油期货合约——轻质原油期货合约。由于它是以美国著名的西得克萨斯中质原油为主要交易标的物，因此被称为西得克萨斯中质原油（WTI）合约。1985 年，WTI 期货交易规模已超过取暖油期货，此后一直稳居 NYMEX 的首位，2001 年成为全球交易规模最大的商品期货品种。

NYMEX 主要的石油期货期权品种有：轻质低硫原油期货合约、取暖油期货合约、纽约无铅汽油期货合约、布伦特原油期货合约、轻质低硫原油期权合约、取暖油期权合约、纽约无铅汽油期权合约、布伦特原油期权合约。其上市交易的西得克萨斯中质原油是全球交易量最大的商品期货，也是全球石油市场最重要的定价基准之一。

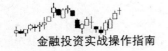

（二）国际石油交易所

世界第二大能源期货和期权交易所是伦敦的国际石油交易所（The International Petro leum Exchange，IPE）。它是欧洲最重要的能源期货和期权的交易场所，是世界石油交易中心之一。伦敦国际石油交易所的原油价格是观察国际市场油价走向的一个"晴雨表"，主要交易品种为石油和天然气的期货和期权。

1981 年 4 月，伦敦国际石油交易所推出重柴油期货交易，合约规格为每手 100 吨，最小变动价位为 25 美分/吨，重柴油在质量标准上与美国取暖油十分相似。该合约是欧洲第一个能源期货合约，上市后比较成功，交易量一直保持稳步上升的走势。1988 年 6 月 23 日，IPE 推出国际三种基准原油之一的布伦特原油期货合约。

IPE 布伦特原油期货合约特别设计用以满足石油工业对于国际原油期货合约的需求，是一个高度灵活的规避风险及进行交易的工具。IPE 的布伦特原油期货合约上市后取得了巨大成功，迅速超过重柴油期货成为该交易所最活跃的合约，从而成为国际原油期货交易中心之一，而北海布伦特原油期货价格也成为了国际油价的基准之一。目前，布伦特原油期货合约是布伦特原油定价体系的一部分，包括现货及远期合约市场。面对世界石油供求关系的变化以及国际市场石油价格走势的不确定，为了更好地为交易商服务，伦敦国际石油交易所于 2004 年 9 月 27 日宣布实行新的能源报价服务，使交易商无论在什么地方都可在交易期间内从手机上得到 8 种不同的石油与天然气报价。

（三）东京工业品交易所

重要的石油进口国日本也有自己的能源期货交易所。东京工业品交易所于 1999 年下半年首先选择了汽油和煤油上市，合约规则与欧美市场相近。2000 年 1 月 12 日，名古屋的中部商品交易所也推出了汽油和煤油上市。与日本年消费量比较，汽油和煤油的成交量分别是消费量的 18 倍和 13 倍，市场容量惊人。

(四) 成功经验

美、英、日石油期货市场发展的一些经验将对我国石油期货市场的建立产生指导意义。

首先是灵活的交割方式。石油期货的交割方式比较灵活,既可采用实物交割方式,又可采用现金交割方式。美国 NYMEX 的取暖油期货、WTI 原油期货由于与现货市场非常接近,因此采用实物交割方式。英国 IPE 布伦特原油期货合约采用实物交割和现金交割相结合的方式,日本、新加坡推出的中东原油期货由于远离现货市场,实物交割比较困难,则采用现金交割方式。同时,英国布伦特原油期货的交割方式中配有期货转现货 (EFP) 和期货与现货掉期 (EFS) 方式;日本汽油期货增加了协商交割和声明交割等方式,使投资者在交割过程中更为灵活和主动。

其次是健全的期货市场法律法规体系。从期货市场发达国家的成功经验看,为保护期货市场的竞争性、高效性和公正性,各国都制定了相应的法规和管理条例,各交易所都制定了完备的业务规则,形成了健全的期货市场法规体系。如美国 1921 年制定《期货交易法》,1922 年出台《谷物期货法》,1936 年出台《商品交易所法》,规定设立由农业部、商业部、司法部及其他政府部门联合组成的、监管期货市场的联邦政府机构——商品交易所委员会,使期货交易法规的执行和监管机制进一步健全。1978 年,美国对 1921 年《期货交易法》进行修订,修改后的《期货交易法》赋予商品交易所委员会管理所有期货合约交易的特权,此后又先后三次对其进行修订和展期。日本的期货法律体系主要包括《商品交易所法》、《商品交易法施行令》、《交易所税法》、《交易所税法施行规则》等。由此可见,制定完善的法律法规体系是保障期货市场健康稳定发展的最基本依据,也是国际通用的基本措施。

再次是完善的期货市场监管体系。在近 150 年的期货市场发展进程中,期货发达国家都已形成了一套完善的期货市场监管体系,对各国的期货市场健康而迅速的发展起到了至关重要的作用。如美国市场已形成了以期货交易所和结算机构

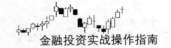

的自律管理和期货行业协会的自律管理为基础，辅之以商品交易所委员会的依法监管的三级管理体系。英国期货市场也采用"三级管理"的管理体系，政府采用非直接手段对期货市场进行宏观调控，行业协会和期货交易所根据政府的法规政策，制定各自的管理条例和业务规则，对期货市场进行微观管理。日本期货市场的监管体系同样是采用"三级管理"，但每一级的作用大小、作用形式和欧美有些不同。同欧美国家相比，日本政府对期货市场的管理是相当严格的。日本没有设立类似美国 CFTC 和英国 FSA 这样的全国统一的期货市场管理机构，但政府中有主管大臣和主管部门。政府在期货市场监管方面的作用是不可替代的，这为期货市场发展提供了坚实的基础，但同时也暴露出日本期货交易所本身的管理薄弱问题，内部经营的自治性不足，缺乏应有的活力。

接着是持续增长的期货交易规模。美国、英国、日本的石油期货交易量都呈现稳步上升的趋势。在商品期货中，石油期货交易量远远超过农产品期货合约，一直占据着商品期货交易的首位。近年来，国际政治形势动荡不安，石油价格剧烈波动，石油相关企业利用衍生产品规避的意识明显增强。同时，随着国际石油市场一体化以及石油跨国公司之间竞争的加剧，石油期货和期权更是成为石油企业用作风险管理和经营决策的不可或缺的工具。各国期货市场通过健全法制，丰富石油衍生品种类，提高期货合约设计水平和鼓励套利等手段促进石油期货交易规模的持续增长。

最后是分层次分担风险的结算体系。美国和英国的期货交易所是规模较大的综合性交易所，大多实行三个层次的结算方式。第一层次是交易所与结算会员结算。在交易所的交易会员中又区分为结算会员和非结算会员，结算会员由实力雄厚的交易会员组成，大多是较大的集团或金融机构，有较强的经济实力和较高的企业资信，组织健全和营运状态良好，具有较强的抗风险能力，他们代理非结算会员对交易所进行结算，也同时承担着非结算会员的市场风险。第二层次是结算会员与非结算会员之间的结算。结算会员负责管理和控制非结算会员的风险，非结算会员承担着为其所代理客户履约的责任。第三层次是非结算会员与客户的结算。非结算会员要对客户的交易风险进行管理和控制，以免客户出现风险遭受损

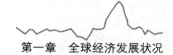

失。三个层次结算，使市场风险在多个结算环节中得到层层分散和化解，各结算层次因承受着一定的风险压力，努力管理和控制风险，从而使市场风险集中爆发的概率更小。

本章小结

近年来，我国经济增长速度持续回落，引起了国内外广泛关注。如何看待经济增速放缓？如何看待经济分化调整中出现的新变化及后期走势？不同的人观察问题的角度不同，可能会得出不一样的结论。我国经济进入新常态的重大判断，为我们分析和认识当前经济形势指明了方向。只有深刻认识和牢牢把握新常态下经济运行出现的重大趋势性变化，才能引领好新常态，促进国民经济持续健康发展。

第二章　主流投资品种

为什么投资，以及投资的目的又是什么？其实在市场经济条件下，投资是一个永恒的主题，因为不投资的话，我们的钱是会贬值的。通货膨胀对我们生活造成的最大影响就是物价在上涨，人民币的购买力在下降。金融投资是财富成长不可忽视的领域，也是世界大趋势，投资是增值、保值的有效途径，但不懂投资却盲目进入市场，后果不堪设想。因此，把钱放对地方，有效合理地选择真正有投资价值、符合经济规律的投资品种，显得尤为重要。

一、投资目的

"为什么要投资理财？"因为，只有学会投资理财，才能帮助我们创造美好生活。

很多人都会有这样的疑问，投资是什么？理财又是什么？没有这方面兴趣的人都会觉得投资理财这件事离自己遥不可及，或者说自己都没钱，还理什么财、投什么资。还有一种更加可怕的想法就是我现在有工资拿，生活过得无忧或者稍微富裕，没有心思去做这些，有钱我就多花点，没钱我就少花点，不是很好吗？既省事又不用操心，还不用担心亏损。

其实抱有这样的想法的人就错了，就像你把钱存在银行时，你是有目的地存进去的吗？还是说你只是为了不想身上带那么多现金，存在银行安全一些，就是

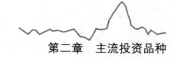
因为国内很多人都有着同样的想法，所以中国的银行业是全世界中最暴利的行业。"这些年，整个银行业数字确实非常亮丽，尤其是 2015 年，银行业一枝独秀、利润很高，不良率很低，大家有一点为富不仁的感觉，企业利润那么低，银行利润那么高，所以有时候利润太高了，自己都不好意思公布。"前不久，另一家银行行长在媒体发表这样的一番感叹，才将那家银行暴利的内幕公之于众。一般而言，企业有高盈利总是一件值得炫耀的事，但中国的银行则反而显得有些"羞于启齿"。大家都只会存钱在银行，那你知道银行为什么要给你利息吗？我相信没有多少人知道，利差是银行最大的收入来源，换句话说，银行就是一个高利贷商，全国的钱都存在银行，那么银行就有了资金的来源，于是银行就把钱以放贷的形式贷款给企业、个人，也就是我们现在说的放贷和企业贷款等。收取贷款人的高额利息，支付低额的存款利率。中国银监会对 2010 年银行年报的统计显示，净利息收入、投资收益和手续费及佣金净收入是银行业收入构成的三个主要部分，其中净利息收入占比依然高达 66%。

聪明累积财富除了消极地对抗通胀之外，还可积极地帮助薪水族创造财富。理财就是懂得如何以钱赚钱，这样累积财富的速度会远比靠着每月微薄的薪水、节省度日来得有效。世界第二富豪巴菲特一向以简朴的个人风格著称，他住的房子也不例外，是 1958 年在内布拉斯加州奥马哈市以 3.15 万美元买下的。他的一位朋友说，巴菲特的太太苏茜最近花了 1.5 万美元装修这幢房子，巴菲特埋怨说："这笔钱拿来复利生息，你知道 20 年会赚多少钱吗？"巴菲特的财富当然不仅是靠节省度日得来的，关键是他玩储蓄游戏的高超技巧，能使财富聚沙成塔。

CPI（Consumer Price Index，物价指数）是政府用来衡量通货膨胀的其中一个数据。通俗地讲 CPI 就是市场上的货物价格增长百分比。根据国家统计局公布的历年 CPI 指数，到 2014 年 11 月我国 CPI 在 36 年里累计增幅为 8.5 倍。今后十年将持续以 5% 的速度递增，按照这个指数，大家目前月平均工资 435.6 元就应该可以实现 1978 年 51.25 元工资的购买力了。但事实是 435.6 元还达不到 2014 年北京市的低保水平（每月 650 元）。

现实中 30 余年物价变化分为以下几类：

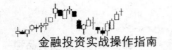
第一类：食品类。1978年面粉价格为0.2元/斤，根据中国粮油信息网，2014年面粉价格为2.2元/斤，价格涨幅为11倍。1978年猪肉价格为1元/斤，根据中国价格信息网，2014年猪肉的价格是13元/斤，价格涨幅为13倍。

第二类：高档烟酒类。1978年中华香烟价格为0.55元/盒，茅台酒价格为8元/瓶，2014年价格分别为60元/盒、800元/瓶，价格涨幅分别为109倍和100倍。

第三类：服装类。1978年每套服装为10~20元，2014年每套为100~500元，这已经是非常便宜的了，涨幅为5~50倍。

第四类：交通类。1978年北京地铁票价为0.1元，2014年为2元，涨幅为20倍。

第五类：医疗类。1978年阑尾炎手术价格为8元，2014年为5000元左右，涨幅约为625倍。

第六类：居住类。1978年水费为0.1元/吨，目前为3.7元/吨，涨幅达37倍。此外，由于当时的分配体制，1978年城市住宅为计划分配，目前需要自行购买。当时的教育、医疗价格也都非常低廉，这三类涨幅很难衡量。

于细微处见真知。如果综合进行这样的衡量，自1978年至今只有8.5倍的CPI涨幅，显然不能衡量前述六类价格的变动。如果再加上住宅、教育、医疗，那就更无法衡量了。所以要对CPI衡量的物价变化进行系统性质疑：8.5倍的CPI多大程度上低估了货币购买力的下降？

我们可以从一个相反的角度思考，1978年51.25元的生活水平，现在需要赚多少工资可以达到？2014年北京市最低工资标准是1560元。2013年北京市职工平均月工资是5223元，这分别是51.25元的30.4倍和101.9倍。如果以5125元来衡量在北京51.25元的购买力水平，意味着是100倍。如果说CPI系统性低估了货币购买力的下降，那么这对国民福利的判断具有重要意义。因为这30余年来我国存款利率基本和CPI保持一致，以存款为主要投资工具的储蓄者一直在按照CPI的增长获取利息。但如果CPI对货币购买力是低估的，这意味着储蓄和存款人受到了很大的购买力损失。

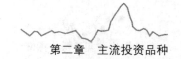

那么如果不做投资呢？我们看见的是物价 5% 的增长速度，而银行一年的利率是 3.3%，等于我们一年放在银行的亏损是 5%-3.3%=1.7%。

我们想一想现实生活中是这样的吗？

比如去年我们用 3.5 元左右就能购买一斤大蒜，可是今年我们要用 9 元才能购买到，不到一年时间大蒜就涨了近 3 倍。其实我们仔细想一想，就能够知道与我们息息相关的许多物价的涨幅要比国家公布的物价指数（CPI）的 2.25% 涨幅要大得多。这说明什么呢？这说明如果我们手里的钱在一年之内不能增长 300% 的话，我们手里的钱确实就不值钱了。就是放在银行里也会贬值，因为银行一年才给我们 2.25% 的利息。当然这个是个别，我们再看看下面的例子。

假如去年猪肉是 10 元/斤，今年是 13 元/斤，涨了 3 元，差不多就是 30%；再看看油，去年菜油是 7 元/斤，今年就到了 8.5 元/斤，涨了 20%。这是我们在生活中可以看见的。如果我们不做投资，现在拥有的钱，就会每年贬值 20%。

这也就是为什么在股票、黄金、原油、地产、基金、保险、收藏品等投资品涌现出来后，在生活中觉察到货币购买力在以超过 CPI 增幅的速度下降时，人们要去执着地寻求投资品。

简而言之，你不投资，你的财富就会缩水。

二、投资方向

投资什么应该是我们最关心的问题，通过上一部分我们已经知道了：我们需要投资，但是投资什么也是目前需要考虑的。其实，据笔者了解，很多人不知道投资，最主要的是不知道投资什么。因为我们都希望投资的品种是"高回报、低风险、短周期"。这样的心态应该是目前的"国情"，虽然这个词用得不是很恰当，但是很合理。在中国，只要我们看到任何一个行业出现赚钱的效应，马上就可以看到一窝蜂的人全部往里面钻，比如政府福利好，所以一窝蜂的人往里面

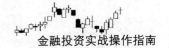

钻，这也是一种投资。比如目前股市的行情好，产生了赚钱效应，所以我们看到一窝蜂的投资者往里面冲。2013年，黄金市场大跌，这是前所未有的，马上就有"中国大妈"抢购黄金，而且愈演愈烈。

在这些投资产品里面，我们也需要考虑一些问题，虽然我们想投资"回报高、风险小、周期短"的产品，但是像这样的投资产品其实根本找不到。我们只能选择相对而言比较好的投资产品。这里介绍一些金融市场上的投资产品。

三、股票投资

股票投资（Stock Investment）是指企业或个人用积累起来的货币购买股票，借以获得收益的行为。股票投资的收益是由"资本利得"和"收入收益"两部分构成的。资本利得是指投资者在股票价格的变化中所得到的收益，即将股票低价买进、高价卖出所得到的差价收益。收入收益是指股票投资者以股东身份，按照持股的份额，在公司盈利分配中得到的股息和红利的收益。

股票是一种有价证券，是股份公司在筹集资本时向出资人发行的股份凭证，代表着其持有者（即股东）对股份公司的所有权。这种所有权为一种综合权利，如参加股东大会、投票表决、参与公司的重大决策、收取股息或分享红利等，但也要共同承担公司运作错误所带来的风险。

股票投资具有高风险、高收益的特点。理性的股票投资过程，应该包括确定投资政策→股票投资分析→确定投资组合→评估业绩→修正投资策略五个步骤。股票投资分析作为其中一环，是成功进行股票投资的重要基础。

股票投资的五大步骤如下：

1. 投资政策（原则）

股票投资是一种高风险的投资，例如道富投资指出"风险越大，收益越大"。换一个角度说，也就是需要承受的压力越大。投资者在涉足股票投资的时候，必

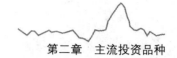

须结合个人的实际状况，制定出可行的投资政策。这实质上是确定个人资产的投资组合的问题，投资者应掌握好以下两个原则：

（1）风险分散原则。投资者在支配个人财产时，要牢记："不要把鸡蛋放在一个篮子里。"与房产、珠宝首饰、古董字画相比，股票流动性好，变现能力强；与银行储蓄、债券相比，股票价格波幅大。各种投资渠道都有自己的优缺点，尽可能地回避风险和实现收益最大化，成为个人理财的两大目标。

（2）量力而行原则。股票价格变动较大，投资者不能只想盈利，还要有赔钱的心理准备和实际承受能力。《证券法》明文禁止透支、挪用公款炒股，正是体现了这种风险控制的思想。投资者必须结合个人的财力和心理承受能力，拟定合理的投资政策。

2. 股票投资分析

股票投资的分析方法主要有基本分析法、技术分析法、演化分析法，其中基本分析法主要应用于投资标的物的价值判断和选择上，技术分析法和演化分析法则主要应用于具体投资操作的时间和空间判断上，作为提高证券投资分析有效性和可靠性的重要补充。

3. 确定投资组合

在进行股票投资时，投资者一方面希望收益最大化，另一方面又要求风险最小化，要取得两者的平衡点，亦即在可接受的风险水平之内，实现收益量大化的投资方案，构成最佳的投资组合。

根据个人财务状况、心理状况和承受能力，投资者分别具有低风险倾向或高风险倾向。低风险倾向者宜组建稳健型投资组合，投资于常年收益稳定、低市盈率、派息率较高的股票，如公用事业股。高风险倾向者可组建激进型投资组合，着眼于上市公司的成长性，多选择一些涉足高科技领域或有资产重组题材的"黑马"型上市公司。

4. 评估业绩

定期评估投资业绩，测算投资收益率，检讨决策中的成败得失，在股票投资中有承上启下的作用。

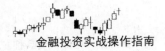

5.修正投资策略

随着时间的推移，市场、政策等各种因素发生变化，投资者对股票的评价、对收益的预期也相应发生变化。在评估前一段业绩的基础上，重新修正投资策略非常必要。如此又重复进行确定投资政策→股票投资分析→确立投资组合→评估业绩→修正投资策略的过程。股票投资的五大步骤相辅相成，以保证投资者预期目标的实现。

四、期货投资

期货（Futures）与现货完全不同，现货是实实在在可以交易的货（商品），期货主要不是货，而是以某种大宗产品如棉花、大豆、石油等及金融资产如股票、债券等为标的的标准化可交易合约。因此，这个标的物可以是某种商品如黄金、原油、农产品），也可以是金融工具。

中国期货市场产生的背景是粮食流通体制的改革。随着国家取消农产品的统购统销政策、放开大多数农产品价格，市场对农产品生产、流通和消费的调节作用越来越大，农产品价格的大起大落和现货价格的不公开以及失真现象、农业生产的忽上忽下和粮食企业缺乏保值机制等问题引起了领导和学者的关注。能不能建立一种机制，既可以提供指导未来生产经营活动的价格信号，又可以防范价格波动造成市场风险，这成为人们关注的重点。1988年2月，国务院领导指示有关部门研究国外的期货市场制度，以参考解决国内农产品价格波动问题。1988年3月，七届人大一次会议的政府工作报告提出："积极发展各类批发贸易市场，探索期货交易"，拉开了中国期货市场研究和建设的序幕。

合约是指由期货交易所统一制定的、规定在将来某一特定的时间和地点交割一定数量和质量标的物的标准化合约。期货手续费相当于股票中的佣金。对股票来说，炒股的费用包括印花税、佣金、过户费及其他费用。相对来说，从事期货

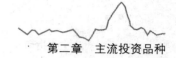

交易的费用就只有手续费。期货手续费是指期货交易者买卖期货成交后按成交合约总价值的一定比例所支付的费用。

（一）期货的交易特征

1. 双向性

期货交易与股市的一个最大区别就是期货可以双向交易，期货可以买多也可卖空。价格上涨时可以低买高卖，价格下跌时可以高卖低补。做多可以赚钱，而做空也可以赚钱，所以说期货无熊市（在熊市中，股市会萧条而期货市场却风光依旧，机会依然）。

2. 费用低

对期货交易国家不征收印花税等税费，唯一的费用就是交易手续费。国内三家交易所手续在万分之二、万分之三左右，加上经纪公司的附加费用，单边手续费亦不足交易额的千分之一（低廉的费用是成功的一个保证）。

3. 杠杆作用

杠杆原理是期货投资魅力所在。期货市场里交易无须支付全部资金，国内期货交易只需要支付5%的保证金即可获得未来交易的权利。由于保证金的运用，原本行情被以十余倍放大。假设某日铜价格封涨停（期货里涨停仅为上个交易日的3%），操作对了，资金利润率可达60%（3%÷5%）之巨，是股市涨停板的6倍（有机会才能赚钱）。

4. 机会翻番

期货是"T+0"的交易，使人们的资金应用达到极致，在把握趋势后，可以随时交易，随时平仓（方便地进出可以增加投资的安全性）。

5. 大于负市场

期货是零和市场，期货市场本身并不创造利润。在某一时段里，不考虑资金的进出和提取交易费用，期货市场总资金量是不变的，市场参与者的盈利来自另一个交易者的亏损。在股票市场步入熊市之即，市场价格大幅缩水，加之分红的微薄，国家、企业吸纳资金，也无做空机制。股票市场的资金总量在一段时间里

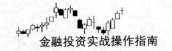

会出现负增长，获利总额将小于亏损额（零永远大于负数）。

（二）期货的交易分类

期货一般包括商品期货和金融期货。商品期货又分为工业品［可细分为金属商品（贵金属与非贵金属商品）、能源商品］、农产品、其他商品等。金融期货主要是传统的金融商品（工具），如股指、利率、汇率等，各类期货交易包括期权交易等。

商品期货包括：

（1）农产品期货：如大豆、豆油、豆粕、籼稻、小麦、玉米、棉花、白糖、咖啡、猪腩、菜籽油、棕榈油。也可以称之为大宗商品。

（2）金属期货：如铜、铝、锡、铅、锌、镍、黄金、白银、螺纹钢、线材。

（3）能源期货：如原油（塑料、PTA、PVC）、汽油（甲醇）、燃料油。新兴品种包括气温、二氧化碳排放配额、天然橡胶。

金融期货包括：

（1）股指期货。如英国 FTSE 指数、德国 DAX 指数、东京日经平均指数、香港恒生指数、沪深 300 指数。

（2）利率期货。利率期货（Interest Rate Futures）是指以债券类证券为标的物的期货合约，它可以避免利率波动所引起的证券价格变动的风险。利率期货一般可分为短期利率期货和长期利率期货，前者大多以银行同业拆借中场 3 月期利率为标的物，后者大多以 5 年期以上长期债券为标的物。

（3）外汇期货。外汇期货（Foreign Exchange Futures）又称为货币期货，是一种在最终交易日按照当时的汇率将一种货币兑换成另外一种货币的期货合约。是指以汇率为标的物的期货合约，用来回避汇率风险。它是金融期货中最早出现的品种。

（4）贵金属期货。主要以黄金、原油为标的物的期货合约。

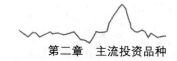

五、现货投资

目前国内主流的投资产品包括现货（原油、白银、铜、黄金）、T+D、伦敦金、纸白银（黄金）、股票、期货、房地产、基金、定期、保险、外汇、余额宝、理财宝、民间借贷、债券、信托等。因为我们目前在做现货（原油、白银、铜、黄金），所以我们主要介绍现货市场。

现货交易是以现货市场为基础进行的，现货交易也称为网上现货商品交易。从 1997 年开始，国内已经纷纷成立了各种商品的专业交易市场，各现货商品交易市场交易金额呈几何级增长。这充分说明：现货交易有一个无限的发展空间。现货投资是指对可供出货、存储和制造业使用的实物商品进行的投资，是一种新的投资渠道，是类似于股票、外汇、期货之类用软件在电脑上操作的一种金融衍生品。在中国有很多现货交易市场，主要参与经营大宗初级原料商品，包括农产品、金属类、建材类多种交易品种。现货交易和期货交易的操作方法非常相似，交易都是 T+0，而且有做空机制，交易很灵活，不像股票只能做多。它跟期货的区别在于：期货是做远期合约，没有实在产品，可以放大交易，所以风险很大；现货交易是有真实的产品，而且是一般 20%的保证金，交易风险小；当然，风险小，收益相对期货也较小。

现货投资的主要特点如下：

（1）存在的时间最长。现货交易是一种最古老的交易方式，同时也是一种在实践过程中不断创新、灵活变化的交易方式。最早的物物交换即是一种现货交易方式，随着社会经济的发展，商品交换的广度和深度不断扩大，现货交易方式的具体做法也不断增多。从最初的物物交换，发展到后来普遍采用的零售、批发、代理交易，现金、信用、票据、信托交易等，大多都是现货交易的具体应用形式。

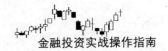

（2）覆盖的范围最广。由于现货交易不受交易对象、交易时间、交易空间等方面限制，因此，它又是一种运用最广泛的交易方式。任何商品都可以通过现货交易来完成，人们在任何时候、任何地点都可以通过现货交易获得自己所需要的商品。在人们的日常生活中接触最多的也是"一手钱，一手货"的现货交易。

（3）交易的随机性最大。由于现货交易没有其他特殊的限制，交易又较灵活方便，因此，交易的随机性大，交收的时间最短，这是现货交易区别于远期合同交易与期货交易的根本所在。现货交易通常是即时成交，货款两清，或在较短的时间内实行商品的交收活动。应当指出，某些交易方式，例如信用交易中的赊销方式虽然实物交割与货款交付在时间上有一定的间隔，但仍属于现货交易的范畴。

（4）成交的价格信号短促。由于现货交易是一种即时的或在很短的时间内就完成的商品交收的交易方式，因此，买卖双方成交的价格只能反映当时的市场行情，不能代表未来市场变动情况，因而现货价格不具有指导生产与经营的导向作用。如果生产者或经营者以现货价格安排未来的生产与经营活动，要承担很大的价格波动风险。现货交易的这一特点是它的不足之处。现货交易进入市场运作的切入点为电子商务，参与经营大宗初级原料商品包括农产品、金属类、建材类等多种交易品种，让更多人都有机会参与国际大宗商品交易。

现货交易社会地位和作用包括：

（1）现货交易为买卖双方提供资金在线结算服务，避免了企业的"三角债"问题。现货交易采用先进的交易结算智能网络体系，在网上开展集中竞价交易，由交易市场进行统一撮合，统一资金结算，保证现货交易的公开、公平、公正。交易成交后，市场为买卖双方进行资金结算、实物交收，现金即时入账，保证买卖双方的共同利益，从而避免了我国企业现存的较严重的"三角债"问题。

（2）现货仓单的标准化，杜绝了"假冒伪劣"商品。

（3）完善的物流配送体系，满足不同交易商的交割需求。

（4）现货交易行业的形成，对我国现货贸易流通的发展起到了不可替代的作用。

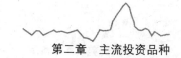

现货交易是我国现货流通领域出现的新兴事物，在我国经济生活中尚处于起步阶段，但其先进的运作方式、特有的功能已经引起全社会的普遍关注。

现货交易的优点包括：

（1）投资成员多（现货生产商、现货使用商、套利投机商）。在现货交易里，短线交易者就是套利投机商，他们利用现货交易市场上市的交易品种的价格波动幅度来博取风险收益，而该市场上完善的交易机制有利于投机者灵活买卖、风险控制，充分博取价格波动中的差价，从而获得巨额投资回报。

（2）信息明确，规律明显。现货交易是商用国际互联网进行集中竞价、统一撮合、在线结算，价格行情实时显示有利于交易商准确快速地判断价格行情波动趋势。

（3）操作简单，投资见效快。投资者可长线持有现货商品进行实物交收，也可短线即时买卖对冲交易、套取差价，正所谓投资小、风险小、回报快、收益高。

现货市场是一种是利用资金杠杆原理进行的一种合约式买卖。它不像我们通常所说的"一手交钱，一手交货"，而是要求在交易成交后1~2个工作日内完成交割手续，但有些投资者并不在交易后进行实物的实际交割，而只是到期平仓以赚取差价利润。现货市场的交易主要以美元为货币单位，以盎司、吨、桶为合约单位，价格随市场的变化而变化。目前国内以RMB为交易单位，千克、吨、桶为合约单位，价格随市场的变化而变化。交易重量以1千克为单位，即为1手，交易以1千克或其倍数为交易单位，投资者可利用100桶的保证金购买100桶的原油的交易权，并利用这100桶的原油的交易权进行买涨卖跌，赚取中间的差额利润。同理，另外两个投资品种也是在赚取中间的差额利润。笔者就从白银开始讲解现货投资。

（一）白银

白银，在历史上曾经与黄金一样，作为重要的货币物资，具有储备职能，也曾作为国际间支付的重要手段。当然，随着白银的用途越来越多地面向工业领

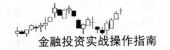

金融投资实战操作指南

域，其作为货币支付职能也逐渐淡化。新中国成立后，中国白银市场的发展分为以下几个重要阶段：

（1）新中国成立初期的白银管理。为了稳定人民币，中国人民银行于1950年4月制定下发了《金银管理办法（草案）》冻结民间金银买卖，由中国人民银行经营管理，实施统购统配政策，严厉打击银行投机倒把和走私活动。这一政策实施增加了国家储备，巩固了人民币的本币地位。

（2）改革开放前（1955~1978年）的金银管理。这一时期的主要任务是调整金银的收购政策，鼓励金银生产，保证国家大规模的经济建设对金银的大量需求。1977年10月，中国人民银行制定了《中国人民银行金银管理办法（试行）》，为金银管理工作提供了准则，这是新中国成立以来第一个金银管理规章。

（3）改革开放后的金银管理。这一时期的主要任务是调整金银管理方法和加强金银法制建设，促进金银管理由保管型向经营管理型转变，适应和保证国家经济建设、改革开放及人民生活对金银的需求。1983年6月，国务院发布《中国人民银行金银管理条例》，对金银的生产、收购、配售、加工、使用、回收、出土、进出口等提出明确的法规规定。同年12月，《中国人民银行金银管理条例实施细则》发布实施。1984年1月，中国人民银行与海关总署共同制定《金银进出国境的管理办法》。

（4）白银市场的全面放开。从2000年1月1日起，中国人民银行不再办理原油收购配售业务。取消白银统购统配的管理体制，放开白银市场，允许白银生产企业与用银单位产销直接见面；取消对白银制品加工批发零售业务的许可证管理制度（银币除外），对白银生产经营活动按照一般商品的有关规定管理。这一规定的实施标志着我国白银市场全面开放。2000年至今，我国白银产业快速发展，白银交易市场初步形成。我国正式宣布放开白银市场，我国白银工业的发展用日新月异形容并不为过。2003年我国白银产量达到4500吨，是1999年的3倍，白银消费量达到2000吨，较1999年增长60.7%。

白银曾经是国际上的通用货币，其储量是国家经济实力的一个象征。进入20世纪90年代后期，白银的工业应用日益广泛，储备职能日渐弱化。世界主要

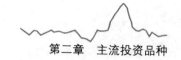

产银国有秘鲁、墨西哥、中国、澳大利亚、智利、加拿大、波兰和美国，这八大产银国近几年的年产量均在1000吨以上。我国的白银产量居世界第一，白银工业的崛起正在改变着世界白银原有的供应格局，白银市场的开放是我国成为世界白银需求最具增长潜力的地区。过去50余年白银的重要进程如表2-1所示。

表2-1 1963年至今白银的重要进程

时间	事件
1963年6月	美国用联邦储备系统发行的纸钞取代面额1美元的银币券，推动银价升至盎司1.29美元
1968年6月	白银同美国货币体系的关系终结，持有者最后一次将银币券兑换为白银
1968~1971年	美国经济衰退导致银价下跌，但维持在每盎司1~2.55美元
1972~1978年	美元贬值，以及石油输出组织（OPEC）的石油出口禁运推动银价上扬，银价波动区间为4.35~5.87美元
1980年1月	白银创出每盎司53.50美元的纪录高位，当时美国得克萨斯州的亨特兄弟公司试图囤积白银操纵价格
1980年9月	两伊战争爆发后，银价从10美元猛涨至25美元
1980年12月	银价稳定在16美元，奥地利、法国和西德成为最后一批取消原油硬币的国家
1982年6月	银价跌破5美元至4.98美元，为三年半最低点，因美国经济出现持续疲弱迹象
1983年3月	银价触及14.72美元，因油价上涨对市场的影响不明朗
1986年5月	银价时隔四年后再暴跌至4.98美元，市场对供应面感到忧虑
1992年7月	银价遭受打击，跌至3.82美元的1973年以来最低点，沙特阿拉伯发生一起银行丑闻后大规模抛售白银
2006年3月	银价触及23年高点13美元，因市场预期美国政府将批准新的iShares白银信托基金
2006年4月	油价创出23年来新高14.68美元，主要因为市场寄希望于白银上市交易基金投资产品刺激需求
2006年5月	银价创纪录新高至15.17美元
2008年10月	银价创3年新低至8.4美元
2011年4月	经过两年的暴涨，银价创30年新高至49.82美元
2013年6月	2013年银价一路下跌，达新低至18.18美元

（二）阴极铜

将粗铜（含铜99%）预先制成厚板作为阳极，纯铜制成薄片作为阴极，以硫酸（H_2SO_4）和硫酸铜（$CuSO_4$）的混合液作为电解液。通电后，铜从阳极溶解成铜离子（Cu）向阴极移动，到达阴极后获得电子而在阴极析出纯铜（亦称电解铜）。粗铜中杂质（如比铜活泼的铁和锌等）会随铜一起溶解为离子（Zn和Fe）。

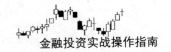

由于这些离子与铜离子相比不易析出，所以电解时只要适当调节电位差即可避免这些离子在阴极上析出。比铜不活泼的杂质（如金和银等）沉积在电解槽的底部。这样生产出来的铜板称为"电解铜"，质量极高，可以用来制作电气产品。沉淀在电解槽底部的被称为"阳极泥"，里面富含金银，是十分贵重的物体，取出再加工具有极高的经济价值。

电解铜用途包括：①电解铜是与人类关系非常密切的有色金属，被广泛地应用于电气、轻工、机械制造、建筑工业、国防工业等领域，在我国有色金属材料的消费中仅次于铝。②在机械和运输车辆制造中，用于制造工业阀门和配件、仪表、滑动轴承、模具、热交换器和泵等。③在化学工业中被广泛应用于制造真空器、蒸馏锅、酿造锅等。④在国防工业中用以制造子弹、炮弹、枪炮零件等，每生产 100 万发子弹，需用铜 13~14 吨。⑤在建筑工业中，用做各种管道、管道配件、装饰器件等。

能够影响铜价的因素也很多：

（1）供需关系。根据微观经济学原理，当某一商品出现供大于求时，其价格下跌；反之则上扬。同时价格反过来又会影响供求，即当价格上涨时，供应会增加而需求减少；反之，就会出现需求上升而供给减少。这一基本原理充分反映了价格和供需之间的内在关系。库存变化是了解铜供应的显性因素，库存变化对市场较有影响力的期货交易所主要有：上海期货交易所（SHFE）、伦敦金属交易所（LME）和纽约商品交易所（COMEX）。

（2）宏观经济。铜是重要的工业基础原材料，其需求变化与经济增长密切相关。经济增长时，铜需求增加，从而带动铜价上升；经济萧条时，铜需求萎缩，从而促使铜价下跌。通常情况下，市场会将经济增长率和工业生产增长率（增加值）及相关货币和产业政策作为宏观经济形势变化的重要分析依据。

（3）汇率波动。铜是一种流动性极强的商品，而在国际贸易中，通常情况下，以美元计价，非美元国家的本币对美元汇率的变化将直接影响铜贸易的成本与利润，并进而因贸易活动的变化而导致供需关系的改变，致使铜价因此出现波动。

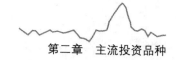

（4）生产成本。生产成本是衡量商品价格水平的基础，当铜价长期低于铜的生产成本时，往往会导致铜、矿山、冶炼企业大幅减产，从而改变市场的供需关系，致使铜价出现较大波动。铜的冶炼方法分为火炼法和湿炼法，不同的冶炼方式也会产生不同的生产成本。

现货铜价格与国际铜现货价格接轨，能紧随国际期现货市场和国内现货市场价格上下波动。国际铜与现货铜的换算要注意，国际铜报价单位是"美元/吨"，而现货铜的报价单位是"元/吨"。具体公式为：现货铜价格=伦敦铜 3 价格×人民币汇率中间价。现货铜价格波动幅度比黄金更大，蕴藏的机会和风险也更大，必须控制好自身的风险。

（三）T+D

T+D 又称 TD，是黄金、白银延期交易品种，简称 T+D 业务。"T"是 Trade（交易）的首字母，"D"是 Delay（延期）的首字母。所谓 T+D，就是指由上海黄金交易所统一制定的、规定在将来某一特定的时间和地点交割一定数量标的物的标准化合约。这个标的物又叫基础资产，是 T+D 合约所对应的现货。其特点是：以分期付款方式进行买卖，交易者可以选择当日交割，也可以无限期地延期交割。

T+D 合约内容包括：合约名称、交易单位、报价单位、最小变动价位、每日价格最大波动限制、交易时间、交割日期、交割品级、交割地点、最低交易保证金、交易手续费、交割方式、交易代码等。黄金 T+D 合约附件与黄金 T+D 合约具有同等法律效力。

T+D 市场是买卖贵金属 T+D 合约的市场。这种买卖是由转移价格波动风险的生产经营者和承受价格风险而获利的风险投资者参加的，是在交易所内依法公平竞争而进行的，并且有保证金制度作为保障。保证金制度的一个显著特征是用较少的钱做较大的买卖，保证金一般为合约值的 10%，与股票投资相比较，投资者在黄金 T+D 市场上的投资资金比其他投资要小得多，俗称"以小博大"。贵金属 T+D 交易的目的不是获得实物，而是回避价格风险或套利，一般不实现商品

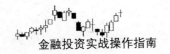

所有权的转移。T+D 市场的基本功能在于给生产经营者提供套期保值、回避价格风险的手段，以及通过公平、公开竞争形成公正的价格。

T+D 手续费高于期货、低于实物黄金、与股票相当，风险介于期货、股票中间。银行将成为个人黄金延期交易（下称个金 TD）业务的"独家代理"。但不少投资者却对个金 TD 望而生畏，因为其手续费相对于黄金期货和地下炒金来说要高得多。

个金 TD 交易是投资者可以以保证金的方式进行的一种黄金现货延期交收业务，是一个现货交易，非但不用当天交割，还可以无限期地延期交割。如果是以现货的价格进行交易，这种产品全部属于现货交易品种；但如果是以未来的价格进行交易，那就属于远期或期货交易。上海黄金交易所是以当日的价格来交易的，尽管没有实物交割，但也属于现货交易。这是一个必须澄清的概念。

两者相比，从交割期限来讲，期货有固定的交割日期，但黄金 TD 没有固定的交割日期，可以一直持仓；从交易时间来讲，黄金 TD 有夜场交易，而期货没有。

（四）伦敦金

"伦敦金"俗称外盘，也是以"香港盘"为主的"盘子"，基本和上述的原油交易制度一样。优点是手续费低，甚至根本不要手续费，而且给客户反佣。不足之处是"伦敦金"所采用的 T+0 交易、杠杆原理、爆仓机制等也能使投资者瞬间倾家荡产。目前，很多人声称在中国香港进行的伦敦金交易存在众多骗局。客户实际是在与开户公司进行对赌，对开户公司的道德考量很高。更有甚者，有开户公司直接强行关闭客户的账户，劫掠其金钱。内地客户与香港公司的交易都是通过网络进行的，虽然存在着大量的"伦敦金"骗局，香港警方以刑事犯罪嫌疑调查的寥寥无几，多以管辖权不属香港和属于合同纠纷进行处理。随着时间的推移，"伦敦金"骗局目前越来越多，受骗者众多。

（1）交易软件完全由开户公司操控，开户公司及其代理能够完全看到客户账户的信息，甚至能够操纵客户的买卖，诈取客户的金钱。

（2）通过客户经理或迫使客户频繁交易诈取客户佣金，投资者每手缴纳的佣金不菲，通过短时间的多次交易，客户账户资金很快会损失殆尽。

（3）骗术败露或客户账户出现较大盈利时，诈骗团伙往往关闭客户账户、劫掠金钱，然后逃之夭夭，或改换公司名称继续进行诈骗。

（4）中国香港、内地警方和管理部门大多互相推诿、不予处理，香港立法部门成员揭露"伦敦金、无王管"并于 2010 年 5 月 12 日在香港立法部门门外请愿。

（五）纸白银（黄金）

"纸白银"是一种个人凭证式白银，是继"纸黄金"后的一个新的贵金属投资品种，投资者按银行报价在账面上买卖"虚拟"白银，个人通过把握国际白银走势低吸高抛，赚取白银价格的波动差价。投资者的买卖交易记录只在个人预先开立的"白银账户"上体现，不发生实物白银的提取和交割。"纸白银"与"纸黄金"的交易时间也一样，为全天候交易，工行的设置是周一上午 7 点至周六凌晨 4 点，已经开通的交易渠道包括柜台交易和网上银行交易（电话银行暂不支持）。特点包括：

（1）交易时间。"纸白银"的价格变动来源于国际白银价格波动，因此"纸白银"的交易时间与国际原油的交易时间一致（节假日除外）：周一早上 7 点开市，持续到周六凌晨 4 点休市，中间 24 小时不间断交易。

（2）交易成本。工行"纸白银"的最低交易量是 1 克，所以交易成本即为当前"纸白银"价格（如 6.3 元/克）乘以 1 克就是交易成本（即 6.3 元/克 × 1 克=6.3 元）。

（3）交易费用。理论上讲工行不收取交易费用，但我们把工行"纸白银"的买入价和卖出价的点差（或称差额）认为是"纸白银"投资的交易费用；当前工行"纸白银"的点差为 0.04 元/克。

（4）成本高。单边点差接近 1%，而现货白银则只有 0.1%，也就是说，只有白银价格的变动达到了 2%，投资者售出账户白银才有获利的可能。

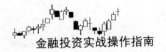
（5）没有过夜费。目前市场上面的"纸白银"，有的推出了做空机制，比如中国工商银行就推出了账户贵金属双向交易。该业务是指客户通过账户先卖出后买入的交易操作，也即"先卖后买"做空机制。

（6）门槛低。工行所推出的人民币和美元账户白银交易中，交易起点分别为100克和5盎司。以2012年12月28日的白银交易价格为例，美元报价为29.99美元/盎司，因此投资者最低只需要606元人民币或是150美元就可以开通账户白银交易。"纸黄金"的人民币和美元账户交易起点分别为10克和0.1盎司，折合人民币为不足千元的门槛。

（六）原油投资

原油投资，即石油投资，是国际上重要的投资项目。国内个人参与原油投资主要通过与石油交易所的机构会员合作进行投资，交易所一般不支持个人投资。国际上主要有四种投资方式：现货投资、期货投资、期货指数化投资以及能源股类投资；国内主要支持现货投资和期货投资两种方式。

原油投资是国际上重要的投资项目，那么，原油投资可以采用哪些方式呢？

（1）现货投资。这种投资方式往往只有大型机构才会使用，例如在原油低价又预期看涨时，国外往往有大型机构会租用超级油轮囤积原油，等待价格高涨时抛售。例如在2008年金融危机中，属于原油价格最便宜的时候，海外大型金融机构，包括摩根大通、花旗、高盛、AIG等机构就租用了大量超级油轮囤积原油，之后大赚一笔。其实在近期油价较低时，海外的油轮囤积量也对应大涨近一倍，某种意义上也表示了机构对原油后期强烈的看涨方式。另外，这种投资现货方式，也往往被国家所采用，例如中国计划增加原油战略储备，大肆建造储油库囤油。这种现货投资方式需要资金量巨大，非普通民众可以采用，但是往往其代表着主流机构的看法，甚至对原油走向都有直接影响，值得人们在做投资时做重要参考。

（2）期货投资。这一投资方式普通投资者也可以采用，主要是做直接的期货交易。优点是可以杠杆操作，可以做多或做空，操作灵活，流动性好。缺点是风

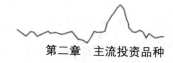

险巨大，资金量使用较多，需要投资者有足够经验。目前如果采用这种交易方式，如果有海外操作平台，则可以自由操作。在国内渤海交易所有推出原油期货，也可以适当参与。

（3）期货指数化投资。这类投资的主要目的在于通过指数化投资的方式，试图能在低风险情况下追踪原油期货的价格。由于对于商品来说，最佳跟踪标的就是它本身，现货和期货都是最好的标的，但是由于现货需要占用的资金量巨大，期货风险过高，因此都很难被普通投资者采用。将期货指数化投资，则是比较容易被普通投资者采用的办法。将其指数化其实很简单，就是通过创立一个指数，指数本身是通过一定的规则买卖期货合约来进行操作的，以便让指数能够尽可能地追踪原油期货价格。在此情形下，一般不会使用杠杆购买期货合约，而是全额保证金操作，因此风险比较低，仅相当于购买指数基金。

由于不同指数编制原则不同，因此其表现是不相同的，需要区别对待。以目前流行指数来看，商品指数包括以下四大系列：瑞银彭博 CMCI 超额回报指数、标普高盛商品指数、道琼斯 AIG 商品指数和罗杰斯国际商品指数，它们在指数划分权重、权重标准调整频率、合约平均年限上各不相同。目前我们国内投资者通过外资银行可以直接投资的指数为瑞银彭博 CMCI 超额回报指数，其与其他指数相比最大特点在于固定期限固定比例，平均合约年限为 7.7 个月，而其他指数基本上以平均 2.5 个月的合约为主，合约平均期限越短、波动越大。从 2004 年起原油上涨，到 2008 年原油到高点下跌，再到目前原油反弹这段期限来看，该指数基本能追踪到原油的长期走势，无论是上涨还是下跌都领先其他两者指数，其主要原因在于它的运作规则是不一样的。目前该银行投资该指数允许每日交易，但是起步金额为 100 万元或者是私人银行客户。

另一种方式是可以通过专业的指数基金投资。例如在海外常用的美国石油指数基金（United States Oil Fund），该基金主要投资 NYMEX 和 ICE 西德欧原油的近期商品价格，包括轻甜原油、天然气、热燃油等，除此以外也包含了相关的现金交割选择权、远期契约和 OTC 交易等。该基金指数化投资期货波动比较大，是海外普通投资者投资石油的常用品种。目前国内也有一些外资银行理财产品可

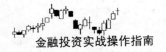

以挂钩该投资品种。

（4）能源股类投资。这是一种比较常用的办法，即用投资能源类股票的办法来投资石油。最简单的是能源股类型的行业基金，例如贝莱德世界能源基金等，全部资产几乎都投在能源行业股票中，由于石油的涨跌直接影响到能源股的价格，因此也能反映出一定的原油价格变动。但是值得注意的是，由于能源股与原油期货相比，增加了公司的风险因素，因此其会放大油价的波动性，甚至会冒额外的公司非系统性风险。例如英国石油公司 BP，就因为墨西哥湾海上钻井平台爆炸事故，而付出了高昂代价，股价几乎下跌一半，这是明显的非系统性风险。当然，通过基金方式投资，会相对分散一些，但是还需要注意其与原油价格的涨跌关系。因此通过能源类行业基金的方式，也是适合普通投资者的方式。目前主要集中在外资银行，有发行大量的基金联结型合格境内机构投资者，是可以间接地将资金投资到能源类行业基金中去的。一般起步金额在 8 万~10 万元人民币，也可以每日进行交易。

另一种方式是采取区域投资，例如投资在能源价格变动反映最强烈和最直接的区域里。例如俄罗斯或者是新兴欧洲方面的基金，其很大程度上会根据原油的价格上下变动。以贝莱德新兴欧洲基金为例，近几年其与 WTI 原油的走势（根据彭博社的数据）相关性高达 0.91，可以说是高度相关。通过投资某一对原油反映特别激烈的区域，这也可以是一种通过股票基金投资原油的思路。当然，这类基金目前主要以银行系基金联结型 QDII 为主，一般起步金额在 8 万~10 万元人民币，也可以每日进行交易。

国内个人参与原油投资主要通过与石油交易所的机构会员合作进行投资，交易所一般不支持个人投资。国际上主要有四种投资方式：现货投资、期货投资、期货指数化投资以及能源股类投资。国内主要支持现货投资和期货投资两种方式，其中，现货投资作为国内新兴的原油投资方式，在国内目前实现石油现货投资。

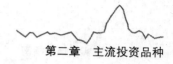

六、其他投资方式

(一) 债券

债券 (Bond) 是一种金融契约,是政府、金融机构、工商企业等直接向社会借债筹措资金时,向投资者发行,同时承诺按一定利率支付利息并按约定条件偿还本金的债权债务凭证。债券的本质是债的证明书,具有法律效力。债券购买者或投资者与发行者之间是一种债权债务关系,债券发行人即债务人,投资者 (债券购买者) 即债权人。

由此,债券包含了以下四层含义:

(1) 债券的发行人 (政府、金融机构、企业等机构) 是资金的借入者;

(2) 购买债券的投资者是资金的借出者;

(3) 发行人 (借入者) 需要在一定时期还本付息;

(4) 债券是债的证明书,具有法律效力。债券购买者与发行者之间是一种债权债务关系,债券发行人即债务人,投资者 (或债券持有人) 即债权人。

收益根据购买债券的不同所带来的收益也不一样,但是一般年收益在 5% 左右,甚至更低,对此行情不理解的"慎入"。债券的主要风险是利率风险和通货膨胀风险。如果你持有到期,那么主要风险是通货膨胀风险;如果你中途需要周转资金,那么就需要卖掉手中的债券,这个时候就涉及利率风险和市场风险了。但总的来说,债券的风险较小,基本能收回本金。买债券要看发债的主体实力如何,从债券的可靠性来看,风险从小到大依次为:国债、金融债、3A 企业债、次级债。所以当买到信用等级差的债券,也有不能兑付本金和利息的风险。

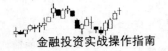
（二）基金

基金（Fund）有广义和狭义之分，从广义上说，基金是指为了某种目的而设立的具有一定数量的资金。信托投资基金、公积金、保险基金、退休基金、各种基金会的基金。人们平常所说的基金主要是指证券投资基金，将这种合伙投资的模式扩大 100 倍、1000 倍，就是基金。这种民间私下合伙投资的活动如果在出资人建立了完备的契约合同，就是私募基金（在我国还未得到国家金融行业监管有关法规的认可。如果这种合伙投资的活动经过国家证券行业管理部门（中国证券监督管理委员会）的审批，允许这项活动的牵头操作人向社会公开募集吸收投资者加入合伙出资，这就是发行公募基金，也就是大家常见的基金。

基金不仅可以投资证券，也可以投资企业和项目。基金管理公司通过发行基金单位，集中投资者的资金，由基金托管人（即具有资格的银行）托管，由基金管理人管理和运用资金，从事股票、债券等金融工具投资，然后共担投资风险、分享收益。根据不同标准，可以将证券投资基金划分为不同的种类：

（1）根据基金单位是否可增加或赎回，可分为开放式基金和封闭式基金。开放式基金不上市交易（这要看情况），通过银行、券商、基金公司申购和赎回，基金规模不固定；封闭式基金有固定的存续期，一般在证券交易场所上市交易，投资者通过二级市场买卖基金单位。

（2）根据组织形态的不同，可分为公司型基金和契约型基金。基金通过发行基金股份成立投资基金公司的形式设立，通常被称为公司型基金；由基金管理人、基金托管人和投资人三方通过基金契约设立，通常被称为契约型基金。我国的证券投资基金均为契约型基金。

（3）根据投资风险与收益的不同，可分为成长型基金、收入型基金和平衡型基金。

（4）根据投资对象的不同，可分为股票基金、债券基金、货币市场基金、期货基金等。

最早的对冲基金是哪一只，这还不确定。在 20 世纪 20 年代美国的大牛市时

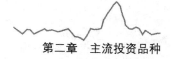

期，这种专门面向富人的投资工具数不胜数。其中最有名的是 Benjamin Graham 和 Jerry Newman 创立的 Graham-Newman Partnership 基金。2006 年，Warren Buffett 在一封致美国金融博物馆（Museum of American Finance）杂志的信中宣称，20 世纪 20 年代的 Graham-Newman Partnership 基金是其所知最早的对冲基金，但其他基金也有可能更早出现。在 1969~1970 年的经济衰退期和 1973~1974 年股市崩盘时期，很多早期的基金都损失惨重，纷纷倒闭。20 世纪 70 年代，对冲基金一般专攻一种策略，大部分基金经理都采用做多/做空股票模型。70 年代的衰退时期，对冲基金一度乏人问津，直到 80 年代末期，媒体报道了几只大获成功的基金，它们才重回人们的视野。

20 世纪 90 年代的大牛市造就了一批新富阶层，对冲基金遍地开花。交易员和投资者更加关注对冲基金，是因为其强调利益一致的收益分配模式和"跑赢大盘"的投资方法。接下来的十年中，对冲基金的投资策略更加层出不穷，包括信用套利、垃圾债券、固定收益证券、量化投资、多策略投资等。

21 世纪的前 10 年，对冲基金再次风靡全球，2008 年，全球对冲基金持有的资产总额已达 1.93 万亿美元。然而，2008 年的信贷危机使对冲基金受到重创，价值缩水，加上某些市场流动性受阻，不少对冲基金开始限制投资者赎回。

一般基金主要投资大盘蓝筹股，而计算上证指数时，大盘蓝筹股也占了很大的权重，所以基金的下跌、上涨与股市上证指数的下跌、上涨一般是同涨同跌的关系。但是具体到不同的基金又有所不同，有的基金涨跌和上证指数紧密相关，而有的基金涨跌和上证指数相关度较低，甚至有的基金在大盘跌时还能上涨，这就要看基金具体持有什么股票了。

投资基金起源于英国，却盛行于美国。第一次世界大战后，美国取代了英国成为世界经济的新霸主，一跃从资本输入国变为主要的资本输出国。随着美国经济运行的大幅增长，日益复杂化的经济活动使得一些投资者越来越难以判断经济动向。为了有效促进国外贸易和对外投资，美国开始引入投资信托基金制度。

1926 年，波士顿的马萨诸塞金融服务公司设立了"马萨诸塞州投资信托公司"，成为美国第一个具有现代面貌的共同基金。在此后的几年中，基金在美国

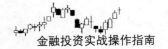

经历了第一个辉煌时期。到 20 世纪 20 年代末期，所有的封闭式基金总资产已达 28 亿美元，开放型基金的总资产只有 1.4 亿美元，但后者无论在数量上还是在资产总值上的增长率都高于封闭型基金。

20 世纪 20 年代每年的资产总值都有 20% 以上的增长，1927 年的成长率更超过 100%。然而，就在美国投资者沉浸在"永远繁荣"的乐观心理中时，1929 年全球股市的大崩盘，使刚刚兴起的美国基金业遭受了沉重的打击。

随着全球经济的萧条，大部分投资公司倒闭，残余的也难以为继。但比较而言，封闭式基金的损失要大于开放式基金。此次金融危机使得美国投资基金的总资产下降了 50% 左右。此后的整个 20 世纪 30 年代中，证券业都处于低潮状态。面对大萧条带来的资金短缺和工业生产率低下，人们投资信心丧失，再加上第二次世界大战的爆发，投资基金业一度裹足不前。

危机过后，美国政府为保护投资者利益，1933 年制定了《证券法》、1934 年制定了《证券交易法》，之后的 1940 年又专门针对投资基金制定了《投资公司法》和《投资顾问法》。《投资公司法》详细规范了投资基金组成及管理的法律要件，为投资者提供了完整的法律保护，为日后投资基金的快速发展奠定了良好的法律基础。

第二次世界大战后，美国经济恢复强劲增长势头，投资者的信心很快恢复起来。投资基金在严谨的法律保护下，特别是开放式基金再度活跃，基金规模逐年上升。进入 70 年代以后，美国的投资基金又呈爆发性增长。在 1974~1987 年的 13 年中，投资基金的规模从 640 亿美元增加到 7000 亿美元。与此同时，美国基金业也突破了半个多世纪内仅投资于普通股和公司债券的局限，于 1971 年推出货币市场基金和联储基金；1977 年开始出现市政债券基金和长期债券基金；1979 年首次出现免税货币基金；1986 年推出国际债券基金。

到 1987 年底，美国共有 2000 多种不同的基金，被将近 2500 万人所持有。由于投资基金种类多，各种基金的投资重点分散，所以在 1987 年股市崩溃时期，美国投资基金的资产总数不仅没有减少，而且在数目上有所增加。

90 年代初，美国股票市场新注入的资金中约有 80% 来自基金，1992 年时这

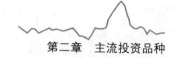

一比例达到 96%。从 1988 年到 1992 年，美国股票总额中投资基金持有的比例由 5% 急剧上升到 35%。到 1993 年，在纽约证券交易所，个人投资仅占股票市值的 20%，而基金则占 55%。截至 1997 年底，全球约有 7.5 万亿美元的基金资产，其中美国基金的资产规模约达 4 万亿美元，已超过美国商业银行的储蓄存款总额。从 1990 年到 1996 年，投资基金增长速度为 218%。在此期间，越来越多的拥有巨额资本的机构投资者，包括银行信托部、信托公司、保险公司、养老基金以及各种财团或基金会等，开始大量投资于投资基金。美国已成为世界上基金业最发达的国家。

我国投资者购买基金的方式主要有两种，一是到拥有基金代销资格的商业银行购买，二是到拥有基金代销资格的证券公司购买。基民需持身份证和开户时预留的银行卡到以上两个地方购买基金。当然，购买基金还会收取一定的认购费，如股票基金的认购费为 1%~2%，赎回费为 0.5%，如果所持基金超过两年则赎回费全免。那么，基金怎么买才能获利呢？基金获利主要是通过基金的净增长和基金分红两种方式，如果基金单位净增值上涨，基民卖出基金单位时所得到的净值差价，再扣除购买基金时的申购费用和赎回费用，就是基金获利。专家提醒，基金怎么买才能获利，挑选基金公司很关键。基民们在购买基金时，首先要挑选信誉好、以往业绩好而且规模较大的基金公司，基民们可以通过每年的基金公司排名榜，了解各基金公司的实力，这样，购买基金时才能有的放矢。此外，认购基金还需注意基金的购买渠道和售后服务质量，一个质地好的基金也应该具备广阔的购买渠道和良好的售后服务。

（三）定期

定期存款（Time Deposit）是指现金、活期储蓄存款可直接办理定期储蓄存款，定期开户起存金额为 50 元，多存不限。存期为三个月、六个月、一年、二年、三年、五年。可办理部分提前支取一次，存款到期，凭存单支取本息，也可按原存期自动转存多次。

定期储蓄存款到期支取按存单开户日存款利率计付利息，提前支取按支取日

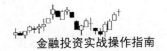

活期储蓄存款利率计息，逾期支取，逾期部分按支取日活期存款利率计息。凭本人定期存单可办理小额质押贷款。

未到期的定期储蓄存款，储户提前支取的必须持存单和存款人的身份证明办理；代储户支取的，代支取人还必须持有其身份证明，其利率按支取日挂牌公告的活期储蓄存款利率计付利息，取款人还需在支付的凭单上签具支取人姓名。未到期的定期储蓄存款，储户可以根据需要办理部分提前支取，验证手续不变，其利息提前支取部分按支取日挂牌公告的活期储蓄存款利率结付，留存部分按原存日期、原订利率到期支取时结付。整存整取定期储蓄每张存单只有一次可实行部分提前支取，已办理部分提前支取的，储蓄机构在已支付的存款单及留存部分新开的存款单上均注明"部分提前支取"字样。

定期储蓄存款方式有：整存整取、零存整取、存本取息、整存零取。整存整取是一种由客户选择存款期限，整笔存入，到期提取本息的一种定期储蓄。客户如需逐步积累每月结余，可以选择"零存整取"存款方式。零存整取，是一种事先约定金额，逐月按约定金额存入，到期支取本息的定期储蓄。存本取息是指如果客户有款项在一定时期内不需动用，只需定期支取利息以作生活零用，客户可选择"存本取息"方式作为自己的定期储蓄存款形式。"存本取息"业务是一种一次存入本金，分次支取利息，到期支取本金的定期储蓄。整存零取是指如果客户有整笔较大款项收入且需要在一定时期内分期陆续支取使用时，可以选择"整存零取"方式作为自己的储蓄存款方式。"整存零取"业务是一种事先约定存期，整数金额一次存入，分期平均支取本金，到期支取利息的定期储蓄。2016年6月银行存款基准利率如表2-2所示。

表2-2　2016年6月银行存款基准利率

期限	基准利率水平（%）	最高允许上浮幅度（%）
3个月	1.10	10
6个月	1.30	10
1年	1.50	10
2年	2.10	10
3年	2.75	10
5年	3.25	10

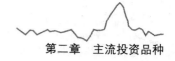

（四）保险

保险，本意是稳妥可靠；目前所提起的保险，是一种保障机制，是用来规划人生财务所必需的工具。保险，是指投保人根据合同的约定，向保险人支付保险费，保险人对于合同约定的可能发生的事故因其发生所造成的财产损失承担赔偿保险金责任，或者当被保险人死亡、伤残、疾病或者达到合同约定的年龄、期限时承担给付保险金责任的保险行为。保险是分散风险、消化损失的一种经济补偿制度，可以从不同的角度分析其含义。

（1）从经济角度看。保险是一种财务安排，是为了分摊意外损失、提供经济保障的财务安排，投保人交纳少量的钱购买保险，实际上是将其面临的不确定的大额损失转化为确定的小额支出。在人寿保险中，保险还具有储蓄和投资的作用，具有理财的特征。

（2）从法律角度看。保险是一种合同行为，保险合同的当事人双方在法律地位平等的基础上，签订合同，享受各自的权利，承担各自的义务。

（3）从风险管理角度看。保险是风险管理的一种方法，是风险转移的一种机制，通过保险可以将众多单位和个人结合起来，将个体对应风险转化为共同对应风险，从而提高了对风险造成损失的承受能力，保险的作用在于"分散风险、分摊损失"。

（4）从社会角度看。保险是社会经济保障制度的重要组成部分，是社会生产和社会生活"精巧的稳定器"。保险主要包括政策性保险与商业保险。政策性保险一般有社会福利性质，甚至带有强制性，主要有社会保险、机动车交通事故责任强制保险（交强险）等。商业保险顾名思义就是商业性质，不具有强制性，这个时候的保险就是一种金融产品，主要包括人身保险和财产保险。商业保险大致可分为：财产保险、人身保险、责任保险、信用保险、津贴型保险、海上保险。

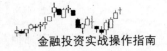

（五）外汇

外汇是以外币表示的用于国际结算的支付凭证。国际货币基金组织对外汇的解释为：外汇是货币行政当局（中央银行、货币机构、外汇平准基金和财政部）以银行存款、财政部库券、长短期政府证券等形式所保有的在国际收支逆差时可以使用的债权，包括外国货币、外币存款、外币有价证券（政府公债、国库券、公司债券、股票等）、外币支付凭证（票据、银行存款凭证、邮政储蓄凭证等）。

外汇交易平台指外汇市场上的一些具备一定实力和信誉的独立交易商，不断地向投资者报出货币的买卖价格（即双向报价）。可24小时交易（节假日除外），并在该价位上接受投资者的买卖要求。平台可以持有自有资金与投资者进行交易，在市场成交稀少的时候，买卖双方不需等待交易对手出现，只要有平台出面承担交易的 "对手方" 即可达成交易。这样，会形成一种不间断的买卖，以维持市场的流动性。市场上较为正规的外汇交易平台如 GKFX 都是受权威机构监管的，能保证用户资金安全。

外汇实盘交易又称外汇现货交易。中国的个人外汇交易是指个人委托银行，参照国际外汇市场实时汇率，把一种外币买卖成另一种外币的交易行为。由于投资者必须持有足额的要卖出的外币，才能进行交易，较国际上流行的外汇保证金交易缺少保证金交易的卖空机制和融资杠杆机制，因此也被称为实盘交易。自从1993年12月上海工商银行开始代理个人外汇买卖业务以来，随着中国居民个人外汇存款的大幅增长，新交易方式的引进和投资环境的变化，使个人外汇买卖业务迅速发展，目前已成为中国除股票以外最大的投资市场。

几年前交通银行引进过外汇保证金交易，但是不久就被监管部门给取消了，原因就是风险太大，几乎没有盈利者，当时交通银行外汇保证金交易的杠杆还是30倍以下，现在那些外汇保证金交易的国外平台杠杆动辄上百倍，这种高杠杆率带来的风险是一般人所承受不起的。真正操作的人有两种：一是赌徒；二是不明白规则者。

目前市场上炒作外汇的教程和方法很多，有些侧重于消息面，有些侧重于技

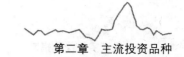

术面，但无论从消息面还是技术面来看，都有其局限性。消息面的影响层面较弱，只能局部影响到汇率的波动，但日常的震荡和走势更多地取决于全球投资人的预判；技术面则更为复杂，而且外汇交易市场本质上是一个混沌状态，没有100%的自然规律可言，如果一味误信技术则可能导致判断完全失误。目前市场上比较高端的交易方式为自发式针对性交易系统的打造，也就是打造一套属于自己的个人风格的外汇交易系统，系统即一系列规则综合，考虑了所有的资本投入比与风险控制机制，而不仅是某个技巧，利用外汇交易系统，普通人做外汇也可以赚得盆满钵满。截至目前，工、农、中、建、交、招商、光大等多家银行都开展了个人外汇买卖业务，国内的投资者凭手中的外汇到上述任何一家银行办理开户手续并存入资金，即可通过互联网、电话或柜台方式进行外汇买卖。做外汇要注意，任何资金汇到国外的投资，都无法保证自己的安全，在资金没有安全保证的前提下，任何投资都是白搭，技术再好，钱也不是自己的。

（六）民间借贷

民间借贷是指公民之间、公民与法人之间、公民与其他组织之间的借贷。民间借贷分为民间个人借贷活动和公民与非金融企业之间的借贷。只要双方当事人一致表示真实即可认定有效，因借贷产生的抵押相应有效，但利率不得超过人民银行规定的相关利率，即不得超过银行同期贷款基准利率的四倍，否则将视为高利贷，超出部分不受法律保护。民间借贷是一种直接融资渠道，银行借贷则是一种间接融资渠道。民间借贷是民间资本的一种投资渠道，是民间金融的一种形式。国家逐步放开了民间小额信贷的限制，并制定了一系列扶持政策，民间信贷产业得以快速发展。

2012年3月28日，国务院常务会议决定设立温州市金融综合改革试验区，并批准实施《浙江省温州市金融综合改革试验区总体方案》。相关行业分析人士认为，此举有助于民间金融实现规范化，进而合法化，是政策方向调整的标志性事件。它对于以"钱来钱网"为首的第三方P2P民间借贷平台而言，也具有转折性的意义。

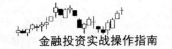

民间借贷作为一种资源丰富、操作简捷灵便的融资手段，在市场经济不断发展的今天，一定程度上缓解了银行信贷资金不足的矛盾，促进了经济的发展。但是显而易见，民间借贷的随意性、风险性容易造成诸多社会问题。向私人借钱，大多是在半公开状态甚至秘密进行的资金交易，借贷双方仅靠所谓的信誉维持，借贷手续不完备，缺乏担保抵押，无可靠的法律保障，一旦遇到情况变化，极易引发纠纷乃至刑事犯罪。由此看来，民间借贷也必须规范运作，逐步纳入法制化的轨道。

但是，由于民间借贷多属私人交易行为，往往与冒险、投机、隐秘、暗箱如影随形，且中间环节多，形成了或长或短的资金链；一旦其中某个环节出岔子，很容易引发严重的连锁反应。所以，如果你手上有资金，又有人向你借钱救急，为了资金安全，一定要注意合理规避风险。

一个深谙民间借贷之道的金融掮客提醒放贷者，一定要选择那些有还款保证或来源且信誉良好的人，比如：

（1）办厂（产品销路好）、经商（生意兴隆）的个体户以及一时资金周转出现困难的人。

（2）对于那些借钱用于经营高风险项目的人，就要细思量是否与他发生借贷关系，只有在对他所经营项目进行分析认为有较大的盈利可能性时，才能放贷。

（3）千万不能将款项借给从事非法经营或活动的人（如赌徒），因为这种借贷行为不受法律保护。

（4）非金融企业以借贷名义向职工或向社会非法集资、向社会公众发放贷款的，其借贷关系无效。这种"表面上很安全，其实风险很大"的借贷一定不要参与。

对于贷款人，风险在于借款人有无还款能力和还款意愿、担保措施是否有效等；对于借款人，风险在于借款所产生的收益是否能覆盖贷款利息支出或预期的偿还能力是否能实现。关于利率，借贷双方是根据自身条件自愿约定，国家也对此有法律法规来调整。目前国内借贷公司很多，鱼龙混杂，如果没有找到好的公司，可能投入的钱根本就收不回来。没有任何的监管机构，只靠双方的诚信。

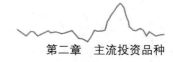

（七）信托

信托即受人之托，代人管理财物，即指委托人基于对受托人的信任，将其财产权委托给受托人，由受托人按照委托人的意愿以自己的名义，为受益人（委托人）的利益或其他特定目的进行管理或处分的行为。

信托就是信用委托，信托业务是一种以信用为基础的法律行为，一般涉及三方面当事人，即投入信用的委托人、受信于人的受托人以及受益于人的受益人。信托业务是由委托人依照契约或遗嘱的规定，为自己或第三者（即受益人）的利益，将财产上的权利转给受托人（自然人或法人），受托人按规定条件和范围，占有、管理、使用信托财产，并处理其收益。

由于信托是一种法律行为，因此在采用不同法系的国家，其定义有较大的差别。历史上出现过多种不同的信托定义，但时至今日，人们也没有对信托的定义达成完全的共识。

随着经济的不断发展和法律制度的进一步完善，我国于 2001 年出台了《中华人民共和国信托法》，对信托的概念进行了完整的定义：信托是指委托人基于对受托人的信任，将其财产权委托给受托人，由受托人按委托人的意愿以自己的名义，为受益人的利益或者特定目的进行管理或者处分的行为。

上述定义基本体现了信托财产的独立性、权利主体与利益主体相分离、责任有限性和信托管理连续性这几个基本法理和观念。信托产品有许多种类，信托风险评估首先由受托人投资的方向决定，其次是产品具体的风险控制措施。

首先是信托的投资投向。一般情况下，投资于房地产、证券市场的信托项目风险略高，但其预期收益也相对较高；上市公司股权质押，投资于能源、电力、市政基础设施建设等的信托项目比较稳定，风险性较低但预期收益相对较低。

其次是关注信托产品的风险控制措施，如质押物的安全性、是否容易兑现、质押率高低、担保实力信用级别等。比如，上市公司股权流动性好变现容易，而如果是土地或者不动产质押，变现则相对困难。

目前信托市场上主要以固定收益为主，和持有到期债券或者存定期差不多。

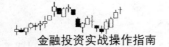

目前市场上信托产品兑付风险很小，风险程度比债券还小些，但是会涉及流动性风险，就是在需要流动资金的时候不能提现，需要有人来接盘手里的信托份额。随着金融市场的动荡也许未来信托也会发生不能兑付或者不能足额兑付的事情。毕竟信托产品是不能承诺保本保收益的。

（八）房地产

房地产的资金使用率是100%，属于长期性投资，有较高的回报。房地产投资的特点包括：房地产投资的对象具有固定性、房地产投资具有高成本性、房地产投资的周期长、房地产投资是高风险高回报、房地产投资具有低灵活性、房地产投资受市场的影响因素很多且影响大、房地产投资的回收期长和长周期性以及高风险性。

在房地产投资过程中，投资风险种类繁多并且复杂，其中主要有以下几种：①市场竞争风险；②购买力风险；③流动性和变现性风险；④利率风险；⑤经营性风险；⑥财务风险；⑦社会风险；⑧自然风险。

投资者要对拟购房地产的现时市场价值进行估价。

首先，选择一家品牌好、信誉好、客源多的房地产机构。根据房子的各种因素，测算出房子在特定时间、地点、环境的市场价格，并依照房子的实际情况选择不同的方法，最后将几种不同的结果综合考虑，得出一个最接近市场行情、最能反映房地产真实价值的价格。

房地产买卖投资赚取的是未来的收益，在投资购买某项房地产时，对未来市场价格走势的预测判断尤为重要。房地产买卖投资大多数是在市场供不应求的时候才去投资，如果市场已经供过于求，投资者应当格外小心。这时要考虑两个方面：一是价格很低，将来升值空间大；二是作长线投资，否则很容易被套住，短期内解不了套。

房地产投资的原则是指投资者在投资过程中应遵循的准则：①注重市场原则；②注重策划原则；③注重投资规模；④注重信息；⑤注重收益和风险的匹配关系；⑥注重投资结构的优化；⑦注重投资的可靠性；⑧注重投资杠杆原理的应

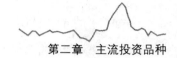

用；⑨注重自身特色的发挥；⑩注重长期发展战略。

短期而言，房地产开发造成的地方政府债务迅速膨胀，为中国未来几年的金融系统带来明显风险，房地产投资还对其他生产类投资造成挤压。随着美国经济复苏和美联储逐步退出量化宽松政策，过去5~6年的全球低利率时代将逐步终结。新兴市场所面临的国际金融风险，为中国的房地产市场敲响了警钟。

2013年美国耶鲁大学金融学教授席勒博士凭借他长期对资产泡沫的研究而获得了诺贝尔经济学奖。获奖后，席勒曾警告中国的房地产市场泡沫。实际上，这已经不是他第一次警告中国的房地产市场了。2009年席勒教授到上海讲学时就指出，上海的房价是普通家庭收入的几十倍甚至上百倍，这么高的房价是资产泡沫的表现，长期而言不能持续。

如果参考其他国外常用的房地产泡沫指标，中国房地产泡沫化的迹象似乎也很明显。比如中国很多城市的房价和年租金的比例都在30以上，房租的回报率甚至比银行存款还低。除非房价持续快速上涨，长期持有房地产显然是非常不划算的投资。另外，很多城市的新房空置率也非常高。不少人买了房子后根本不进行装修和出租，而是空置在那里等待升值后出手。这种把资产价格的持续上涨作为主要收益的投资行为往往是资产泡沫的表现。目前北京、上海和深圳等城市的房地产价格已经直逼甚至超过了东京、纽约和伦敦等城市的价格，而中国目前仍然属于发展中国家，居民收入远低于美国和欧洲等发达国家。这么高的房价和居民的收入水平并不匹配，因此很多人认为中国的房地产存在严重泡沫，将在不久的未来破裂。

自2015年下半年以来，房价的快速飙升以及市场巨大的投机风潮，引起社会各界对于房地产行业泡沫的高度关注与担忧。中国社科院金融研究所金融发展室主任易宪容接受采访时半开玩笑地讲："就是把月球的土地拿来盖房，房价一样不会降下来，现在这里就是一个炒作的市场。"许多楼盘空置率达50%，北京联达四方房地产经纪公司总经理杨少锋对记者表示："北京绝大部分的新楼盘在交房前就已经全部售出了。但即使到了交房后的第二年，其入住率也往往只有30%~40%，能达到50%入住率的已经是比较不错的比例了。"显然，投资性需求在近

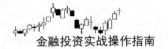

期楼市交易中所占的比例越来越大。

这就造成了一种现象，一边是连夜排队买房，另一边则是不断上升的空置率，新建小区每到夜幕降临多是"黑灯瞎火"。在北京朝阳区东五环外，有一个2000多户的楼盘虽然早已卖完，但入住率只有30%。小区的房产中介告诉《证券日报》记者，"小区大多数买房的都是投资人士，真正的住户比较少"。在深圳、上海等地，同样情况举不胜举，许多小区入住率都不到50%。按照国际通行惯例，商品房空置率在5%~10%之间为合理区，空置率在10%~20%之间为空置危险区，空置率在20%以上就是商品房严重积压区。这也不禁让人想问一句，我们的房子到底是用来住的，还是用来"炒"的？

国务院发展研究中心宏观经济研究部部长余斌表示，2015年房地产业增加值占GDP的比重达6.6%，直接相关产业达60个，已成为中国经济的直接命脉。一旦房地产市场出现大的波动，现阶段依靠房地产发展生产的几十个行业，如钢筋水泥生产商等，还有那些投资房地产业的大中型企业都将受到无法估量的损失，甚至可能因为大量资金的丧失，让失血严重的中国实体经济崩溃。更重要的是那些给房地产业巨量信贷的银行将陷入数以万亿计的坏账、死账当中，对中国金融业造成毁灭性的打击。

可以说2010年内地房地产业能否保持稳定发展，将成为中国经济走势的风向标。中国社科院金融研究所金融发展室主任易宪容曾在2004年7月发出了一个引起了很大反响的警告："谨防房地产业要挟整个中国经济。"当时他便明确指出，房地产业已经把地方政府、国家经济及民众利益捆绑在一起，要挟着整个中国内地经济。他以20世纪90年代的日本为例，提醒房地产一出现问题，将使整个经济很快进入衰退期。从余斌的分析看，大约可以说，易宪容在5年前已"不幸而言中"。如今的中国房地产市场的情况很难不让人联想起日本20世纪90年代初地产泡沫的破裂。

（九）余额宝和理财宝

不管是余额宝还是理财宝等，还包括更多的公司发行的理财工具，那么这些

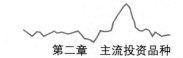

工具更多的都是拿钱去投资货币基金，在所有人的意识里面，可能都认为货币基金是没有风险的，当然这个说法也是不对的。2006 年的货币基金亏损，当然因素众多，但是的确出现了大面积浮动亏损的格局，也就意味着我们把钱放入这些投资产品里面依然是有风险的，这都是属于投资。只要是投资，就有收益高低，就有盈亏。把钱放入银行，一年的收益是固定的，而目前的这些投资产品年化收益应该都比银行存款收益高出不少，但是银行是保证收益，而货币基金是投资收益，所以相对银行而言，这些投资产品并不占有很大的优势。还有一个相对的优势，就是投资产品的资金自由。

其实我们把钱放入这些投资产品里面本身不是为了投资，而是找一个地方把钱放着，如果放着还有一个相对银行收益更高的地方，那么我们自然会选择放入收益更高的地方。我们把它叫做投资，但是我们其实并没有做投资。同时，这里面的收益相对于我们的通货膨胀而言，也是不值一提的。只是这些货币基金相对于银行，可能给我们的感觉会更舒服一些。

在我们去投资一样产品的时候，必须深刻地去了解这个产品，这样才能够真正地了解市场本身的涨跌动因，下面笔者会详细解释原油投资。

本章小结

理财工具林林总总，投资人其实可从中挑选对自己最方便的工具来使用。例如一些基金、零风险资金投资配置。总而言之，理财手法也需与人的个性相搭配。懒人绝对也有懒人投资法，但至少我们先得搞清楚自己的理财目标与风险承担力，这样才有办法管控自己的财务状况。

第三章　原油基本概念

原油被誉为黑金，是现代工业社会的血液，油价的走势影响着我们生活的方方面面。原油是国际上比较注重的投资品种，也是另类投资中最为重要的一部分。在介绍原油投资之前，我们先对原油投资的一些要点进行简单介绍。本章第一部分介绍什么是原油及其基本特点；第二部分介绍全球范围内原油的交易情况；最后一部分介绍原油的投资价值以及原油投资与其他投资品对比时存在的优势。

一、原油概述

原油即石油，也称"黑色金子"，习惯上称直接从油井中开采出来未经加工的石油为原油，它是一种由各种烃类组成的黑褐色或暗绿色黏稠液态或半固态的可燃物质。地壳上层部分地区有石油储存。它由不同的碳氢化合物混合组成，其主要组成成分是烷烃，此外石油中还含硫、氧、氮、磷、钒等元素。可溶于多种有机溶剂，不溶于水，但可与水形成乳状液。按密度范围分为轻质原油、中质原油和重质原油。不过不同油田的石油成分和外貌可以有很大差别。

原油主要被用来作为燃料油和汽油，燃料油和汽油是世界上最重要的一次能源组成之一。石油也是许多化学工业产品——如溶剂、化肥、杀虫剂和塑料等的原料。原油是一种黑褐色的流动或半流动黏稠液，略轻于水，是一种成分十分复

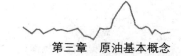

杂的混合物；就其化学元素而言，主要是碳元素和氢元素组成的多种碳氢化合物，统称"烃类"。原油中碳元素占 83%~87%，氢元素占 11%~14%，其他部分则是硫、氮、氧及金属等杂质。虽然原油的基本元素类似，但从地下开采的天然原油，在不同产区和不同地层，反映出的原油品种则纷繁众多，其物理性质有很大的差别。原油的分类有多种方法，按组成分类可分为石蜡基原油、环烷基原油和中间基原油三类；按硫含量可分为超低硫原油、低硫原油、含硫原油和高硫原油四类；按比重可分为轻质原油、中质原油、重质原油以及特重质原油四类。

（一）发现及发展历程

中国是世界上最早发现和应用石油的国家，宋代著名学者沈括对中国古代地质学和古生物学知识方面提出了极其卓越的见解。他的见解比西欧学者最初认识到化石是生物遗迹要早。有一次沈括奉命察访河北西路时，发现太行山山崖间有很多螺蚌壳及如鸟卵之石，从而推断这里原来是太古时代的海滨，这些物质是由于海滨的介壳和淤泥堆积而形成的，并根据古生物的遗迹正确地推断出海陆的变迁。沈括出知延州（今延安），在任时他发现并考察了鹿延境内石油矿藏与用途。他说："鹿延境内有石油。旧说高奴县出脂水，即此也。生于水际，沙石与泉水相杂，恫恫而出。土人以雉尾囊之，乃采入罐中。颇似淳漆，燃之如麻，但烟甚浓，所沾幄幕皆黑。予疑其烟可用，试扫其煤以为墨，黑光如漆，松墨不及也，道大为之，其识文为'延州石液'者是也。此物后必大行于世，自予始为之。盖石油至多，生于地中无穷，不若松木有时而竭。"从历史记载来看，沈括不仅发现了石油并且也知道了它的用途。虽然他当时所谓用途着重于烟墨制造，但他确预料到"此物后必大行于世"，这一远见为今天所验证。今天我们所说"石油"二字也是他创始使用的，并写了我国最早的一首石油诗："二朗山下雪纷纷，旋卓穹庐学塞人，化尽素衣冬不老，石油多似洛阳尘。"

人类正式进入石油时代是在 1867 年。这一年石油在一次能源消费结构中的比例达到 40.4%，而煤炭所占比例下降到 38.8%，石油是工业的血液，新中国成立以来，中国社会由农业经济向工业经济迅速迈进，对能源的需求节节攀升。石

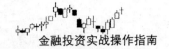

油消费量从新中国成立初期的100多万吨猛增到2012年的4.9亿吨，后者是前者的近500倍，位列世界第二位。油气资源支撑着中国经济的快速发展。石油需求的增长和石油贸易的扩大起因于石油在工业生产中的大规模使用。"一战"以前，石油主要被用于照明，主要产油国美国和俄罗斯同时也是主要的消费国。在"一战"中，石油的战略价值已初步显现出来，由于石油燃烧效能高、轻便，对于军队战斗力的提高具有重大战略意义。20世纪20年代，由于石油成为内燃机的动力，石油需求和贸易迅速扩大。据统计，到1929年石油贸易额已达到11.7亿美元。该时期国际石油货流的流向主要是从美国、委内瑞拉流向西欧。同时，苏联的石油得到迅速恢复和发展。到20世纪30年代末，美、苏成为主要的石油出口国，石油国际贸易开始在全球能源贸易中占据显要位置，推动了能源国际贸易的迅速增长，并动摇了煤炭在国际能源市场中的主体地位。"二战"期间，石油的地位举足轻重。美国在"二战"期间成为盟国的主要能源供应者。"二战"后，美国一度掌握世界原油产量的2/3。从1859年在宾夕法尼亚州打出了第一口油井到"二战"之后的一段时间，世界能源版图被称为"墨西哥湾时代"。王亚栋认为，"墨西哥湾时代"的形成发展期同时也是美国的政治、经济和军事实力不断膨胀，最终在西方世界确立其霸权的时期。这一时期几乎与美国国内的石油开发同步。美国在"墨西哥湾时代"对石油的控制，促进并巩固了美国在世界政治经济格局中的地位。石油成为美国建立世界霸权道路上的重要助推剂。

（二）主要性质

原油的性质包含物理性质和化学性质两个方面。物理性质包括颜色、密度、粘度、凝固点、溶解性、发热量、荧光性、旋光性等；化学性质包括化学组成、组分组成和杂质含量等。主要性质介绍如下：

（1）密度：原油相对密度一般在0.75~0.95，少数大于0.95或小于0.75，相对密度在0.9~1.0的称为重质原油，小于0.9的称为轻质原油。

（2）粘度：原油粘度是指原油在流动时所引起的内部摩擦阻力，原油粘度大小取决于温度、压力、溶解气量及其化学组成。温度增高其粘度降低，压力增高

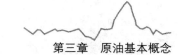

其粘度增大，溶解气量增加其粘度降低，轻质油组分增加其粘度降低。原油粘度变化较大，一般在 1~100mPa·s 之间，粘度大的原油俗称稠油，稠油由于流动性差而开发难度增大。一般来说，粘度大的原油密度也较大。

（3）凝固点：原油冷却到由液体变为固体时的温度称为凝固点。原油的凝固点大约在–50℃~35℃。凝固点的高低与石油中的组分含量有关，轻质组分含量高，凝固点低；重质组分含量高，尤其是石蜡含量高，凝固点就高。

（4）含蜡量：含蜡量是指在常温常压条件下原油中所含石蜡和地蜡的百分比。石蜡是一种白色或淡黄色固体，由高级烷烃组成，熔点为 37℃~76℃。石蜡在地下以胶体状溶于石油中，当压力和温度降低时，可从石油中析出。地层原油中的石蜡开始结晶析出的温度叫析蜡温度，含蜡量越高，析蜡温度越高。析蜡温度高，油井容易结蜡，对油井管理不利。

（5）含硫量：含硫量是指原油中所含硫（硫化物或单质硫分）的百分数。原油中含硫量较小，一般小于 1%，但对原油性质的影响很大，对管线有腐蚀作用，对人体健康有害。根据硫含量不同，可以分为低硫或含硫石油。

（6）含胶量：含胶量是指原油中所含胶质的百分数。原油的含胶量一般在 5%~20%。胶质是指原油中分子量较大（300~1000）的含有氧、氮、硫等元素的多环芳香烃化合物，呈半固态分散状溶解于原油中。胶质易溶于石油醚、润滑油、汽油、氯仿等有机溶剂中。

（7）沥青质含量：原油中沥青质的含量较少，一般小于 1%。沥青质是一种高分子量（1000 以上）具有多环结构的黑色固体物质，不溶于酒精和石油醚，易溶于苯、氯仿、二硫化碳。沥青质含量增高时，原油质量变坏。

（8）烃类成分：原油中的烃类成分主要分为烷烃、环烷烃、芳香烃。根据烃类成分的不同，可分为石蜡基石油、环烷基石油和中间基石油三类。石蜡基石油含烷烃较多；环烷基石油含环烷烃、芳香烃较多；中间基石油介于上述二者之间。中国已开采的原油以低硫石蜡基居多，大庆等地原油均属此类。其中，最有代表性的大庆原油硫含量低、蜡含量高、凝点高，能生产出优质煤油、柴油、溶剂油、润滑油和商品石蜡。胜利原油胶质含量高（29%），比重较大（0.91 左

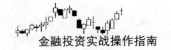

右），含蜡量高（15%~21%），属含硫中间基。汽油馏分感铅性好，且富有环烷烃和芳香烃，故是重整的良好原料。

（三）组成成分

平均而言，原油由以下几种元素或化合物组成：

碳——84%

氢——14%

硫——1%~3%（硫化氢、硫化物、二硫化物和单质硫）

氮——低于1%（带胺基的碱性化合物）

氧——低于1%（存在于二氧化碳、苯酚、酮和羧酸等有机化合物中）

金属——低于1%（镍、铁、钒、铜、砷）

（四）储存、装卸及运输

原油和油品储存的主要方式有散装储存和整装储存。整装储存是指以标准桶的形式储存；散装储存是指以储油罐的形式储存，储油罐可分为金属油罐和非金属油罐，金属油罐又可分为立式圆筒形和卧式圆筒形。按照油库的建造方式不同，散装原油或油品还可采用地上储油、半地下储油和地下储油、水封石洞储油、水下储油等方式。但不管采用哪种储存方式，原油特别是油品的储存都应满足以下基本要求：

（1）防变质。在油品储存过程中，要保证油品的质量，必须注意：降低温度、空气与水分、阳光、金属对油品的影响。

（2）降损耗。油库通常的做法是：选用浮顶油罐、内浮顶油罐；油罐呼吸阀下选用呼吸阀挡板；淋水降温。

（3）提高油品储存的安全性。由于油品火灾危险性和爆炸危险性较大，故必须降低油品的爆炸敏感性，并应用阻燃性能好的材料。

原油和油品的装卸不外乎以下几种形式：铁路装卸、水运装卸、公路装卸和管道直输。其中根据油品的性质不同，可分为轻油装卸和黏油装卸；从油品的装

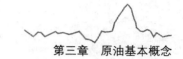

卸工艺考虑，又可分为上卸、下卸、自流和泵送等类型。但除管道直输外，无论采用何种装卸方式，原油和油品的装卸必须满足以下基本要求：

（1）必须通过专用设施设备来完成。原油和油品的装卸专用设施主要有：铁路专用线和油罐车、油码头或靠泊点、油轮、栈桥或操作平台等；专用设备主要有：装卸油鹤管、集油管、输油管和输油泵、发油灌装设备、黏油加热设备、流量计等。

（2）必须在专用作业区域内完成。原油和油品的装卸都有专用作业区，这些专用作业区通常设有隔离设施与周围环境相隔离，且必须满足严格的防火、防爆、防雷、防静电要求。

（3）必须由受过专门培训的专业技术人员来完成。

（4）装卸的时间和速度有较严格的要求。

原油具有一定的黏性，尤其是当温度较低的时候，存储在大型储油罐的油品不容易直接输出，必须进行一定的加热，以达到提高原油温度、提高原油流动性的目的。目前的原油储罐加热的方式主要分为两种，一种是盘管整罐加热，另一种是局部快速加热。整罐加热方式是目前应用比较简单，采用比较普遍的一种原油加热方式；局部快速加热则具有较好的节约能源、加热效率高的特点。整罐加热与局部快速加热的对比如表 3-1 所示。

表 3-1　整罐加热与局部快速加热的对比

加热方式	热媒	出油量	升温温度	加热时间	冷凝水温度	蒸汽耗量
整罐加热	0.8Mpa 饱和蒸汽	60T/t	30℃~60℃	14 小时 30 分	100℃	14.6 吨
局部快速加热	0.8Mpa 饱和蒸汽	60T/t	30℃~60℃	1 小时 30 分	55℃	1.96 吨

（五）供求情况

1. 成品油

2015 年我国汽煤柴成品油总产量达到 3.38 亿吨，同比增长 6.1%，其中柴油产量为 1.80 万吨，同比增长 1.4%。各类产品占比也有微幅调整。汽油占比由 34.7% 提高至 35.8%；煤油产量由 9.6% 提高至 10.5%；柴油占比则继续相应下滑，

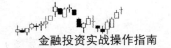

由 55% 跌至 53.82%。与此同时，2015 年，国内成品油需求增速将继续放缓，2015 年成品油表观消费量为 2.77 亿吨，增速约为 2.1%，低于产量增速 1 个百分点。其中，汽油需求有望维持中速增长，2015 年汽油需求量 1.02 亿吨，同比增长 7.7%，较 2014 年增速低 0.2 个百分点；柴油需求下滑趋势将进一步增强，同比减少 2.4%。由于国内的成品油产量的继续增长，预计 2016 年成品油市场将实现供过于求。

（1）依据一：经济增长面临下行压力，国内经济环境不容乐观。固定资产的投资方面面临较大的压力，"去产能"、"去库存"成为 2015 年经济改革的重点，制造业方面，国内工业生产者出厂价格（PPI）连续 31 个月下滑，产能过剩的局面没有得到有效的控制，房地产方面，库存的数量非常大，由于劳动年龄人口的减少，需求也步入下行的通道。基建方面也不容乐观，由于中央宣布对地方的债务不兜底，造成地方财政的债务压力的增大，进而影响基础设施的建设。

（2）依据二：炼油能力继续扩大，成品油供给方面未见放缓。2015 年炼油能力继续增长，但是扩能幅度有所减缓，只有九江炼油厂扩能约 300 万吨/年，地炼扩能未见放缓，按照其扩能计划将新增产能约 1100 万吨/年。另外，2014 年投产的泉州石化和四川石化随着装置运行成熟和上下游资源渠道的稳定，其开工负荷也将显著提高，成为成品油资源的主要增长点。结合产能扩张和负荷变化情况，2015 年国内成品油产量 2.94 亿吨，同比增长 3.1%，增速仍然高于需求约 1 个百分点。

（3）依据三：由于政策等的原因，汽油需求将保持中速增长。由于近年来国家对于汽车耗油量的限制，汽油的需求越来越倚重汽车的需求，可见车市的冷暖与汽油的需求有着很大的关联。第一，由于限购令与恐慌性的需求透支了后市的购车量，据统计二者合计透支后市需求约 120 万辆。第二，政府对待公务员车辆的限制，取消了一般公务用车，这也对汽车的需求造成了很大的影响，按照国内购车数量，该政策将削减国内车辆需求约 80 万辆。第三，国家对于黄标车的淘汰政策也压低了国内车辆的需求，目前，国内 1300 万辆黄标车中有 700 万辆是汽油车。

（4）依据四：柴油市场总体上积弱难返。从行业来划分柴油的需求主要有两个产业，一个是第二产业及为其服务的运输业，另一个是农业及为其服务的运输业。工业方面，由于美元的持续走强，影响了大宗商品的价格，有的价格甚至跌到了成本以内，所以一些工业企业的开工率将受到明显的限制。运输业方面主要和上游产业的发展有着密切的关系，工业的低迷将会蔓延到运输业，同时运输业还与商用车市场有着联系，2015 年商用车排放标准升级至国Ⅳ标准，大多数商用车需要加装 SCR 等尾气滤清装置，这将导致单车成本上涨 1 万~3 万元。在整体行业处于下行通道的情况下，车价提升将大大抑制商用车销售的增长。农业的需求有所增长，但是由于所占的比例较低，总体上柴油市场也不容乐观。

（5）依据五：煤油的需求将平稳增长。2015 年我国的出口保持 8%~10% 的同比增长，航空货运需求也保持 9% 左右的增长。但是由于人均收入的增长放缓，航空客运增速也将放缓，降至 9% 左右，较 2014 年下降 1.5 个百分点。

2. 润滑油

2015 年国内润滑油供给和需求都出现下滑，而且需求下滑更多，国内润滑油生产量累计为 532.8 万吨，比上年同期降低了 3.2%。需求量比生产量降幅更大，全年需求量约为 510 万吨，同比 2014 年降幅超过 10 个百分点。

（1）依据一：产业升级和结构的调整使工业润滑剂的需求降低。由于 2015 年经济将进入新常态，经济结构将转型。与润滑剂相关的产业都将步入下行通道，势必会影响润滑剂的需求量。2015 年全国水泥产量同比下降 5%，粗钢产量同比下降 2.0%，工程机械行业装载机产量同比下降 29.2%；28 家主要挖掘机企业销量同比下降 38.8%。而且随着润滑油技术的提高，润滑油的使用年限和寿命将延长，这会使润滑油的绝对使用量降低。

（2）依据二：商用车润滑油呈现下降趋势。商用车保有量增速主要与工业化进程相关。受国家政策刺激过度消耗以及近两年经济下滑的影响，商用车市场需求不断下滑。2014 年商用车销量为 5.12×10^6 辆，2011~2014 年年均降低 6.8%。预计未来 5 年，商用车需求量将保持在 4.0×10^6~5.0×10^6 辆的水平，商用车润滑油需求量总体呈缓慢下降态势。

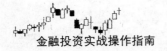

3. 我国原油进口

2014 年 1~5 月经广东口岸进口原油 1835 万吨,比上年同期(下同)减少 2.4%;价值为 873.2 亿元,下降 6.2%;进口均价为每吨 4757 元,下跌 3.9%。其中,5 月进口 355.1 万吨,增加 3.5%;价值为 166.4 亿元,增长 5.1%;进口均价为每吨 4687 元,上涨 1.6%。

2014 年 5 月经广东口岸进口原油主要特点有:

(1)月度进口量呈震荡态势,5 月进口均价同比年内首现上涨。2014 年经广东口岸进口原油月度规模呈震荡波浪起伏态势,自 1 月进口量攀升至 408.8 万吨后,2~3 月出现回落,4 月重新回升到将近 400 万吨的水平,5 月又再回落至 355.1 万吨,同比增加 3.5%,环比减少 9.7%。与此同时,经广东口岸进口原油进口均价同比止跌回升,同比上涨 1.6%,环比下跌 1.5%。

(2)一般贸易方式主导进口,以加工贸易方式进口增加明显。5 月,经广东口岸以一般贸易方式进口原油 261.5 万吨,同比减少 15.8%,占同期经广东口岸进口原油总量的 73.6%;以加工贸易方式进口 45.2 万吨,增加 38.9%,占 12.7%。

(3)以安哥拉、伊朗和沙特阿拉伯为主要的进口来源地,自委内瑞拉进口倍增。5 月,经广东口岸自安哥拉进口原油 77.9 万吨,增加 18.8%;自伊朗进口 77.4 万吨,大幅增加 32%;自沙特阿拉伯进口 53.1 万吨,大幅减少 30.5%;以上三者进口量合计占同期经广东口岸进口原油总量的 58.7%。同期,自委内瑞拉进口 27.2 万吨,大幅增加 1.2 倍。

(4)国有企业进口所占比重逾九成,外商投资企业进口小幅减少。5 月,国有企业经广东口岸进口原油 343 万吨,增加 7.1%,占同期经广东口岸进口原油总量的 96.6%。同期,外商投资企业进口 12.1 万吨,减少 2.5%,占同期经广东口岸进口原测总量的 3.4%。

2015 年我国原油进口量创下历史新高,达到了 3.34 亿吨,增速约为 8.8%,每天进口量约为 670 万桶。

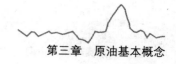

二、原油交易

20 世纪 70 年代初发生的石油危机，给世界石油市场带来了巨大冲击，石油价格剧烈波动，直接导致了石油期货的产生。石油期货诞生以后，其交易量一直呈快速增长之势，已经超过金属期货，是国际期货市场的重要组成部分。原油期货是最重要的石油期货品种，世界上重要的原油期货合约有四个：纽约商业交易所（NYMEX）的轻质低硫原油即"西得克萨斯中质原油"期货合约、高硫原油期货、伦敦国际石油交易所（IPE）的布伦特原油期货、新加坡国际金融交易所（SIMEX）的迪拜酸性原油期货。其他石油期货品种还有取暖油、燃料油、汽油、轻柴油等。NYMEX 的西得克萨斯中质原油期货规格为每手 1000 桶，报价单位为"美元/桶"，该合约推出后交易活跃，为有史以来最成功的商品期货合约，它的成交价格成为国际石油市场关注的焦点。

截至 2014 年底，全球石油估算总探明量为 2258.68 亿吨，委内瑞拉以 406.9 亿吨位居世界石油储备之首。2015 年全球探明的石油总储量为 2268.78 亿吨，增速为 0.1%。排名前五的依次为沙特阿拉伯、委内瑞拉、加拿大、伊朗和伊拉克。其中沙特阿拉伯增长了 0.3%，超越委内瑞拉成为全球储油最多的国家。其中中国储量为 34.43 亿吨，同比增长 1.9%。石油是"工业生产的血液"，是重要的战略物资，世界产油国为了维护自身利益，于 1960 年 9 月成立了石油输出国组织，简称欧佩克（OPEC），现有 13 个成员国：伊拉克、伊朗、科威特、沙特阿拉伯、委内瑞拉、阿尔及利亚、厄瓜多尔、加逢、印度尼西亚、利比亚、尼日利亚、卡塔尔及阿拉伯联合酋长国。总部设在奥地利首都维也纳，2015 年欧佩克总计石油储量为 1652.06 亿吨。

中国石油需求量增长迅速，自 1993 年开始成为石油净进口国，年进口原油 7000 多万吨，花费近 200 亿美元。目前我国石油供求和价格对国外资源的依赖

程度越来越高，承受的风险越来越大，国内企业对恢复石油期货交易的呼声很高。其实我国在石油期货领域已经有过成功的探索。1993 年初，原上海石油交易所成功推出了石油期货交易。后来，原华南商品期货交易所、原北京石油交易所、原北京商品交易所等相继推出石油期货。其中原上海石油交易所交易量最大，运作相对规范，占全国石油期货市场份额的 70% 左右。其推出的标准期货合约主要有大庆原油、90# 汽油、0# 柴油和 250# 燃料油四种，到 1994 年初，原上海石油交易所的日平均交易量已超过世界第三大能源期货市场——新加坡国际金融交易所（SIMEX），在国内外产生了重大的影响。我国过去在石油期货领域的成功实践，为今后开展石油期货交易提供了宝贵经验。

（一）价格与单位

国际原油市场定价，都是以世界各主要产油区的标准油为基准。比如在纽约期交所，其原油期货就是以美国西得克萨斯出产的"中间基原油"（WTI）为基准油，所有在美国生产或销往美国的原油，在计价时都以轻质低硫的 WTI 作为基准油。因为美国这个超级原油买家的实力，加上纽约期货交易所本身的影响力，以 WTI 为基准油的原油期货交易就成为全球商品期货品种中成交量的龙头。通常来看，该原油期货具有良好的流动性及很高的价格透明度，是世界原油市场上的三大基准价格之一，公众和媒体平时谈到油价突破多少美元时，主要就是指这一价格。然而，世界原油 2/3 以上的交易量，却不是以 WTI 而是以同样轻质低硫的北海布伦特（Brent）原油为基准油作价。1988 年 6 月 23 日，伦敦国际石油交易所（IPE）推出布伦特原油期货，包括西北欧、北海、地中海、非洲以及也门等国家和地区，均以此为基准，由于这一期货合约满足了石油工业的需求，被认为是"高度灵活的规避风险及进行交易的工具"，也跻身于国际原油价格的三大基准。伦敦因此成为三大国际原油期货交易中心之一。布伦特原油期货及现货市场所构成的布伦特原油定价体系，最多时竟涵盖了世界原油交易量的 80%，即使在纽约原油价格日益重要的今天，全球仍有约 65% 的原油交易量是以北海布伦特原油为基准油作价。吨和桶之间的换算关系是：1 吨（原油）=7.33 桶（原油），

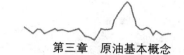
也就是一桶大约为 136 千克多一点。尽管吨和桶之间有固定的换算关系，但由于吨是质量单位，桶是体积单位，而原油的密度变化范围又比较大，因此，在原油交易中，如果按不同的单位计算，会有不同的结果。

石油最常用的衡量单位"桶"为一个容量单位，即 42 加仑。因为各地出产的石油的密度不尽相同，所以一桶石油的重量也不尽相同。具体换算关系参照表 3-2。

表 3-2　石油衡量单位换算关系

升	立方米	加仑（美）	加仑（英）	桶（油）
158.98	0.15898	42	34.973	1
1	0.001	0.26418	0.21998	0.00629
1000	1	264.18	219.98	6.30

资料来源：根据网络资料整理而得。

（二）交易品种

（1）纽约商品交易所：轻油、天然气、无铅汽油、热油、布兰特原油。

（2）新加坡交易所：中东原油。

（3）东京工业品交易所：汽油、煤油、柴油、原油。

（4）英国国际石油交易所：布伦特原油、柴油。

（三）原油交易影响

国际大宗商品市场上，原油是最为重要的大宗商品之一。原油对于黄金的意义在于，油价的上涨将推升通货膨胀，从而彰显黄金对抗通胀的价值。从历史数据上看，近三四十年，一盎司黄金平均可兑换 15 桶原油，油价与金价呈 80% 左右的正相关关系。

回顾最近十年原油价格，从 2005 年 6 月到 2015 年 6 月，最高时一度冲到 147 美元/桶的历史高位，也曾重挫至 33 美元/桶的罕见超级低位。分析价格疯涨的原因，主要是从 2007 年 11 月开始油价开始一路飙升，原因主要有三点：①欧

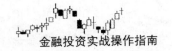

佩克决定减产，促使油价的走高。②全球经济快速增长，原油的需求强劲。③美联储降息，美元的大幅贬值，加大了对石油的投机。不过有增长就有衰落，2008年10月的金融海啸危及全球，石油也不能幸免。油价极速下坠至30~40美元的区间内。

虽然当前原油价格仍处在对前期上涨趋势的修正之中，但供给与需求脆弱平衡的局面在较长一段时间内仍将持续，因此油价难以出现深幅下跌，高位运行且再起风云依然值得期待。

同样地，国际大宗商品市场上其他商品价格的上涨，对于金价也有同样的作用。金价始于2000年的这轮牛市，伴随的是国际大宗商品市场以原油和铜等为首的能源和金属及部分农产品价格的大幅上涨。从1804~2004年世界商品价格走势图上来看，2000年左右恰是世界商品价格又一轮历史性大牛市的开端。在这两百年间，总计已有5次超级别的牛市，最短的持续时间为15年，最长的则为40年。每一次大牛市都伴随着战争和政治局势的紧张：19世纪初是1812年的英法战争；19世纪60年代是美国内战；20世纪的三次商品大市的重要促成因素分别是"一战"、"二战"和冷战。而近期，美国在全球范围内的"反恐战争"已在阿富汗、伊拉克打响，这意味着世界局势的紧张与动荡局面将长时期地持续下去。

石油交易是重要的金融交易方式，对于国家的经济发展及个人的财富创造都提供了更多的机会。国内的石油交易市场的起步比国外晚，机构体系都还在进一步的完善中，但这往往意味着广阔的发展空间以及潜力商机。

石油交易的形式主要包括石油期货交易以及石油现货交易。由于现货交易模式在许多方面都优于期货交易模式，石油现货交易是国际上广泛使用且备受关注的交易方式，尤其是在经济发达的国家中。

为增强自身在基准价格形成方面的影响力，身为全球第二大原油消费国的中国打算在推出原油合约后允许海外投资者参与交易。

根据上海国际能源交易中心网站发布的规则（征求意见稿），申请成为境外特殊经纪参与者必须具备的资质包括净资本不低于3000万元人民币或等值外币。经能源中心批准，外币资金、标准仓单、国债和其他"价值稳定、流动性强"的

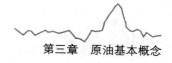

资产可以作为保证金。

随着对原油进口依赖的加大，中国希望拥有更大的石油定价话语权。据中国石油（106.93，－1.97，－1.81%）天然气集团称，2015 年中国的石油消费量中，进口石油所占比例将高于上年的 59.5%，首次突破 60%。

三、原油投资

（一）投资特点及优势

1. 新兴市场消费需求快速增长

虽然中国的经济扩张吸引了世界的眼球，但其他几个亚洲市场增长速度同样出色。马来西亚的经济增长自 2000 年第一季度以来，工业生产已加强，海外需求激增。新加坡国内生产总值年均增长速度也出现了令人难以置信的速度。巴西和印度的原油需求也迅速扩大，目前已成为显著增长的新兴市场之一。这些新兴市场对原材料保持旺盛的需求，包括对石油贪得无厌的渴望。由于发达国家市场需求仍然不活跃，发展中国家似乎已准备好接棒。

2. 中国市场需求强劲

根据路透测算，2012 年的石油表观消费量同比增长 4.7%至 4.9 亿吨。中石油集团经济技术研究院市场研究所所长单卫国在报告发布会上称，2013 年石油需求增长 4.8%至 5.14 亿吨，这一增速会高过 2012 年。根据需求预测模型的计算结果，综合考虑能源发展情况，2020 年中国石油需求将达 5.88 亿吨，2030 年将达到 7.0 亿吨。

中国是世界上最大的消费大国，供给减少的速度快于新原油注入市场的速度。这是经济学最基本的普通常识：假如需求上升，价格会随之上涨；假如供应量增加，价格就会下跌；当需求不断增加，供应却持续减少时，就预示了价格一

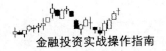

定会上涨。

石油输出国组织认为作为向上调整的主要驱动力在于中国的需求。世界上最大的新兴市场强劲的 GDP 推高了 80 万桶的需求。如果中国的经济保持了持续的增长，石油需求应该继续扩大。

3. 原油不只是燃料

对大多数消费者来说，石油被视为一种能源，是日常生活所需的动力源泉。但越来越多的投资者开始对原油有了一个新的认识：作为投资性资产。石油多头认为，石油不仅是燃料，还作为另一种资产，在对冲美元进一步疲软时具备很强的意义。虽然欧元和新兴市场近期的疲软也对美元需求有所增加，许多投资者仍对美元汇率长期命运表示担忧，仍然对通货膨胀率上扬的影响表示关注。由于石油是一个更受欢迎的避险方式，它不是简单地被汽车使用了。这种"投资状况"可以增加波动，同时也增加了对潜在买家的吸引力，大多数人很可能开始考虑在石油上投资。

4. 国际能源署的乐观看法

据《金融时报》2013 年 12 月 11 日报道，国际能源署（IEA）发布报告将2013 年全球石油日需求量预期上调 13 万~9120 万桶，同时预测 2014 年日需求量将较 2013 年增加 120 万~9240 万桶。此次上调的主要原因是经合组织（OECD）中的发达国家对石油需求强劲，超过该组织此前预期。较为强劲的全球经济复苏的期望支持更高的价格预测，特别是在石油输出国组织（OPEC）继续控制全球原油的供应的情况下，原油未来的上升空间可能更大。

（二）原油投资与其他金融投资对比

目前国内投资品种是比较多的，笔者只与目前国内的金融品种做对比，现货投资相对股票市场的十大优势具体如下：

1. 交易机制完善

（1）双向交易：中国 A 股只能买涨，股票下跌是不可能赚钱的，甚至会出现深套而又无能为力的情况。原油可以买涨，也可以买跌。也就是说，如果认为走

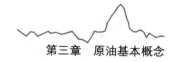

势会上涨，则做多，一旦后势上涨则可以获利；同样地，如果分析走势会下跌，则做空，一旦后势下跌也同样可以获利。

（2）24小时交易：中国A股的交易时间是周一到周五盘中4个小时的交易时间，我们的操作在时间上受到很大的局限性；原油的交易时间是周一早上7点到周六的凌晨4点，24小时不间断都可以交易。什么时候方便就什么时候操作，时间非常自由，白天可以上班或者做生意，晚上有时间有行情就操作。原油的交易最佳时间在北京时间的晚上8~12点。这期间是欧洲和美洲市场的白天，也是市场交易最活跃、行情变动最大的时候，这个时间段中国投资者有充裕的时间投入到市场交易中。同时由于24小时交易，不会出现因为消息而产生跳空行情，不会出现因为消息而无法控制的风险。

（3）T+0操作：股票当天买进之后不能卖出，有时大盘暴跌往往一买就套，却不能卖出，无可奈何。现货原油在操作上非常自由，这一分钟买进，一旦发现情况不对劲，只要愿意立即可以卖出。

（4）没有涨跌幅限制：A股市场有涨跌幅限制，最多涨10%，最多跌10%，也就是说即使涨停，理想状态下10个涨停就是翻倍，但是这种情况，可能大部分股民一生都遇不上。

（5）市商交易：不会出现有市无价、买不入、卖不出等情况。

2. 分析和操作更加简单容易

股票市场非常混乱，"十个炒股七个赔，两个平，一个赚"，赚的那个肯定不是自己。公司财务报表造假，内幕交易，庄家操纵股价，上市公司肆意圈钱，消息面影响太大，业绩好的股票不涨，ST股反而上涨，分析和操作难以下手，大部分的股民往往是"短线被套做中线，中线被套做长线，长线被套做贡献"。

A股两市超过2000只股票，从2000只股票里选出一只能强势上涨的股票，对于没有专业水准的股民朋友是非常困难的。原油是全球第一大股票，根本不需要选股，只需要专心研究其走势就可以了，这样我们的精力就可以集中在买卖点的把握上。

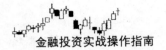

3. 风险可控制

股票存在停牌的风险，有些股票一停就是一个月，甚至几年，复牌的时候有可能连续跌停，你想卖都卖不出去。原油永远不会停牌，也不存在跌停卖不出去的风险。就算做错了方向，只需要设置好止损点位就可以。股票没有完善的止损功能，同时投资者心态必须非常好。

4. 以小博大

资金可以被放大50倍。投资5万元人民币就可以做250万元的交易，相当于1万元人民币就可以当成50万元人民币来操作。据统计，美国有1/3的亿万富翁都是从事原油投资成功的。比如：索罗斯、巴非特等人就是投资原油成功最经典的传奇人物，在世界首富排名榜上名列前茅。

5. 资金结算快速

股票卖出之后第二个交易日才可以转到银行，而原油投资平台的入金和出金都是即时的，当天就可以到账。

6. 安全性

原油是世界公认的最安全的保值产品。一旦发生战乱或者金融危机，原油必然成为资金抢筹的产品。

7. 门槛低

如果一只股票是50元一股，买1手就需要5000元，也就是买最小的交易单位，而且涨停也就10%个点，最多赚500元。

股票是100%的资金投入，期货保证金为10%，而原油的保证金投入是1%，资金利用率高。

8. 无恶庄控制

股票容易受庄家或机构、私募、集团操控，股票属于区域性市场，原油是国际市场，原油市场每天的成交量比股票、期货大很多。原油每日的交易量平均为20万亿元，而股票市场每日两市成交量只有区区几百亿元。原油的每日成交量是A股的200倍。不要说机构，连国家的财团都难以控制原油价格的走势。原油价格是市场自己调节，只需要学习简单的趋势判断方法就可以有比较高的操作

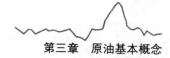

成功率。获利的机会远大于股票。

9. 交易成本低

假定目前一吨原油是 55 万元，市场价值 60 多万元的原油交易的手续费仅 500 元，那么手续费连千分之一都不到。

10. 利润空间大

股票可能长期在低价区蛰伏不动，有时蛰伏期可长达几年。即使在牛市到来时，某些股票也会长期不动。原油已经度过了萧条期，现在每天都有将近百点的波动，机会可以说是每天都有的，而且利润空间是和股市完全不能相提并论的。根据国际原油市场行情，按照国际惯例进行报价。因受国际上各种政治、经济因素，以及各种突发事件的影响，油价经常处于剧烈的波动之中。在原油市场上不存在牛市或熊市。不论油价是大起还是大落，对投资者而言都是机会。原油市场讲究的是行情。行情就是每日大盘的落差或波幅，即大盘最高价与最低价之间的差价。做过原油之后，就会发现现在的股市完全就不是所谓的投资市场，而像是一个某个超级大庄家开设的一个私人赌场。

本章小结

原油在我们生活的方方面面起着非常大的作用，在全球各国有很大的交易量。而且原油投资优势明显，与其他特别是虚拟资产投资相比有更大的投资价值。

第四章　原油价格影响因素分析

　　原油投资中最重要的是分析原油价格趋势走向，本章主要对原油价格进行影响因素分析。本章第一部分在全球经济发展状况下分析原油价格；第二部分分析原油价格受国内外金融形势的影响；第三部分不同于前两部分，是在微观角度下分析原油价格的趋势走向。

一、全球经济发展状况下原油价格走势分析

　　国际经济体系中的各个因素都会不同程度地对原油价格产生影响。美国经济发展状况的因素在全球经济增长中举足轻重。判断美国经济增长的前景，就成为投资者判断原油价格走向的重要参考因素。当然，除了经济发展趋势，通货膨胀对原油价格走势的影响也不容忽视。尤其在通货膨胀严重的时期，原油保值功能与黄金是一样的。投资者必然在通货膨胀的时期加大对原油的投资力度，减小因为价格上涨损失的资金量。这样一来，判断通货膨胀走势，显然成为投资者预测原油价格走向的重要基础因素。市场资金的流动性大小是通货膨胀高低的重要影响因素。根据流动性变化来判断通胀预期或者判断货币贬值的水平，显然有助于投资者判断原油价格的走向。

（一）从经济发展形势角度分析

经济发展状况严重影响着原油价格的走向。世界经济形势走得好的时候，投资者对原油的需求会比较稳定，原油的商品属性决定价格的趋势。当经济形势走得不好的时候，原油与黄金一样，就会体现出避险的功能。投资者追捧原油和黄金避险的过程中，自然推高了两者价格，那么原油价格的回升究竟是由于何种原因呢？我们可以从经济发展的状况来综合判断。

当国际经济形势稳定并且发展良好的时候，对原油的需求应该主要限定在工业需求上，投资者对原油保值功能不会太在意，因为收益偏好会刺激短期资本流向收益较高的实体经济或者虚拟经济领域的证券市场投资，进入原油市场的资金量就会下降，资金会更多地流向实体经济，而不是获利不高的黄金、原油的投资上。此时，通货膨胀情况比较温和，谈不上使用原油一类的商品来保值。因此，经济发展好的时候，供需成为影响原油价格的主要因素，原油价格的走势总体上会随着经济的运行规律上升。

反之，当国际经济形势面临通胀或衰退风险时，或者全球经济处于下滑的危机状态下，黄金和原油的避险作用就会得到体现。此时，人们的风险厌恶情绪升温，原油避险作用显现，进入原油市场的资金量将会大增，进而推动油价上涨。虽然原油早已经不是当年的商品，但是在经济不景气的情况下，却具备与黄金一样的避险功能。实际上，在2008年危机后的几年里，原油价格之所以与黄金一道大幅度攀升，与经济不景气有很大关系。各国经济在金融危机后遇到很大的困难。市场上庞大的资金量总要找到投资黄金投机的突破口，而原油的避险功能正好在这个时期发挥作用。油价在这个阶段节节攀升，显示出投资者避险情绪加深。避险功能不仅在原油上得到体现，美元、日元上涨以及黄金价格的攀升，都体现了投资者避险情绪。

全球经济的增长会通过改变石油市场的需求量影响石油价格，经济增长和石油需求的增长有较强的正相关关系，它们之间的比例关系一般用石油消费对GDP的弹性系数来表示（见图4-1，以美国为例）。

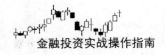
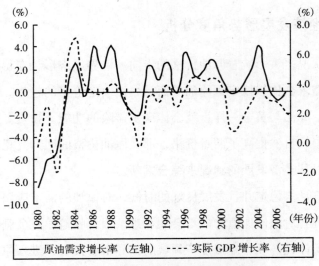

图 4-1 美国 GDP 与原油需求相关图

资料来源：BP、招商期货。

然而，经济增长率的变化不只可以用来解释中长期的油价上升，短暂经济衰退导致的油价回落也可在经济数据的变化中显现出来。如图 4-2 所示，1999~2008 年这十年中总体油价呈上涨趋势，其间至少有三次明显的阶段性回调，第

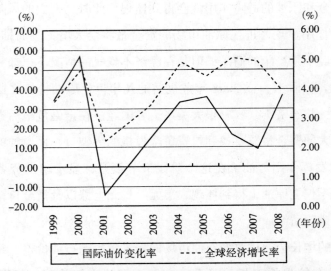

图 4-2 1999~2008 年全球经济增长率与油价变化率的对应变化

资料来源：Bloomberg，国信证券经济交易所。

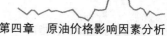

一次是 2000 年美国 NASDAQ 泡沫破裂后美国经济短暂下滑导致的需求下降，由全球经济增长率与国际油价的对比变化情况可以清楚地看到全球经济下滑对油价的影响。第二次则是 2006 年中空闲产能的短暂回升在短时间缓解了市场压力所致。第三次始于 2008 年中以来的油价深度回调，这更是与经济危机密不可分。

2010 年，世界经济曲折缓慢复苏，国际油价呈稳步上行趋势。如果世界经济复苏前景好于预期，经济金融市场信心得到恢复，通货膨胀压力加大，美元继续大幅走软，那么，国际油价上行趋势会更加明显。如果爆发新的金融危机，世界经济复苏遇阻，出现第二次经济衰退，为防止滞胀，美元在政策主导下转为强势，那么，国际油价运行平台存在下移的可能。

国际经济发展形势对黄金原油价格的影响，也常常通过重要经济政策导向的变化在黄金原油的属性和价格形成机制上表现出来。当前世界经济的发展在倡导市场经济充分竞争的条件下，政府的干预越来越频繁，例如政府通过财政政策、货币政策调节货币供应量等，都会直接影响到黄金原油的价格波动。

在分析国际经济形势对原泊价格的影响时，我们需要注意以下几点：

（1）国际重要经济体发生经济危机时，原油价格也会出现很强烈的波动。因为当某重要经济体发生经济危机，相关经济体会通过经济政策缓解经济危机形成的经济压力，从而缓解传导到油价上的价格波动幅度，使得其对油价的影响具有滞后效应。

（2）如果地缘政治形势稳定，国际经济形势对油价走势就会起决定性作用；一旦地缘政治形势有不稳定预期时，则需要综合考虑地缘政治及国际经济形势变化对油价的综合影响。因此，国际经济形势对油价的作用机制与地缘政治对油价的作用机制相互影响。

（3）重要经济体经济政治也会对原油价格产生重要的影响。比如，重要经济体经济形势发生变化后，各个经济体会采取各类经济政策来对经济进行调节，而政策最终会表现在原油价格上，所以可以通过重要经济体的政策目标、手段等的变化来判断原油价格走势。因此我们需要关注美联储及欧洲央行不同时期的货币及财政政策走向。

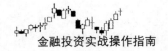

（二）从资金流动性角度分析

货币供应量的增加会在市场上提高资金的流动性。众多的资金必须找到用武之地，在流动性大幅度回升的情况下，资金除了流入实体经济，还会流向那些升值潜力大的商品。这个阶段，投资者大量买入黄金作为保值的工具是再好不过的选择。但是，考虑到原油产量不断萎缩、流动性增强的情况，必然会在黄金的带领下出现比较好的表现。投资者在原油上大量投入，也能够起到保值功效。

金融危机过后，世界各大国都采取了宽松的货币政策，导致经济中的流动性大幅回升。实体经济的流动性是有限度的。当资金在实体经济中找不到合适的"归宿"后，就会选择比之良好的工具来避险。黄金、原油自然是商家的选择，即便在严重通货膨胀时期，黄金和原油都会随着物价的上涨而同步上行，能够起到明显的保值甚至增值功效。

金融危机以后，值得关注的美国经济发展非常迟缓，而美国针对滞胀的经济不断打出宽松政策。连续第四轮的量化宽松以后，市场上的美元已经非常多了。在流动性过剩的情况下，必然对美元的价值形成压制。众所周知，美元与黄金价格的负相关是很明显的。流动性过剩导致美元贬值，必定增加黄金的价格。黄金与原油在流动性过剩面前的表现是一致的，价格会随着保值资金的流入而回升。在美国量化宽松不定的情况下，流动性的过剩会导致通货膨胀，也会无形中抬高原油的价格。这样看来，原油价格虽然在 2011 年 5 月初开始会回落，但回落并不是原油运行的主要趋势。驱动原油价格上涨的宽松政策还未结束，市场上的流动性也并未由此消失，原油价格上涨还是有支撑的。

（三）从通货膨胀角度分析

原油与通货膨胀之间总是存在着很强的联动性。在通货膨胀高企的时候，原油与黄金一样作为抗通胀的首选目标，自然会得到投资者的热烈追捧。实际上，原油作为抗通胀的重要工具，早在第二次世界大战之后的美国就已经使用过。

就在第二次世界大战结束的时候，欧洲各国因为战争耗损，损失了大量的黄金、原油。美国靠着战争发财，积累了数量可观的财富，黄金储备占世界总储量的 76%，并且在 1934 年通过 《白银收购法案》大量收购白银，使得白银库存增加至 60 亿盎司。

（1）1966~1968 年的通货膨胀。据资料显示，这期间的消费价格指数出现了大幅度回升，而食品、服务、居住价格的上涨，成为消费物价指数上涨的直接原因。虽然在通胀时期，工资水平也是不断提高的，但如果赶不上通货膨胀的话，投资者在这个时候买入原油进行保值，还是非常有必要的。如果在这个时候我们投资原油，也可以起到增值保值的作用。

（2）1971~1975 年的通货膨胀。这期间美国的通货膨胀也很严重，表现在农产品价格上涨、基础产品价格上涨和美元贬值上。在食品价格大幅度上涨了 19% 的情况下，世界对基础产品的需求快速攀升，导致基础产品也同样出现了大幅度上涨。值得一提的是，美国在 1973 年后的两年中，石油价格上涨幅度高达 51%，再加上美元在这一时期的持续贬值，造成了原油价格最终涨到了 1971 年的高位。就在 1975 年的时候，原油价格还运行在低点。可见原油在通胀时期的保值效果还是很惊人的。

（3）1978 ~1980 年的通货膨胀。美国在 20 世纪 70 年代后期经历了一次最为严重的通货膨胀，CPI 指数从 1978 年的 106.5 大幅度回升至 1980 年的 113.8 的高位，显示出因为通货膨胀导致的物价上涨还是很严重的。这一次通货膨胀的主要诱因是劳动力成本的不断提升。在通胀面前，原油价格的保值效果再一次应验了，显示出良好的抗通胀效果。

如果说原油的抗通胀还仅限于历史中出现，那么在接下来的 21 世纪的十几年时间里，原油价格显然说明了抗通胀的优势。

（四）从美国经济形势角度分析

美国是世界经济强国，经济总量占世界的 1/3，股市市值占全球股票市值的四成以上，最重要的是美元是主要国际储备货币，全球中央银行外汇储备的 2/3 是美元，重要商品如石油和黄金都是用美元标价和结算的，因此，美国经济形势

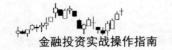

直接影响着世界经济形势的发展变化。分析原油价格走势的时候，美国经济是怎么也不可能绕开的。实际上，在判断原油价格走向的过程中，通过美元指数与原油的运行趋势，投资者就能够得到原油价格的基本波动方向。美元指数不仅与黄金呈现负相关的走势，还与原油呈现出类似的情况。因此，分析美元指数的波动规律，就能得到原油运行的大趋势。

美元不仅是美国的货币，也是世界各国争相储备的重要货币品种。即便是在美国经济不景气的情况下，美元的储备货币地位仍然不会轻易被取代。美国经济的活力非常具有弹性，在判断美国经济走向的过程中，投资者就能够得出美联储关于美元利率的决定，就能够得出原油价格的基本运行趋势。说到底美元还是为美国人民服务的，尤其在美国经济不景气的情况下，美联储通过超低利率来压制美元的价格，客观上促进了原油价格的走强。

在判断美国经济运行趋势时，投资者可以从最为重要的非农就业数据入手。非农就业数据是美国失业率数据中的一项，反映出农业就业人口以外的新增就业人数，和失业率同时发布。每个月发布一次的非农就业数据，如今已成为外汇市场不得不关注的重量级指标。该指标的发布，通常都会引起外汇市场的剧烈波动。即便是对数据的预期，也会对外汇市场造成很大的影响。

当非农就业数据公布的时候，既然外汇市场会出现较大波动，那么被美元走势左右的黄金和原油价格，自然也会出现类似的运行趋势。实战当中，投资者能够发现原油的价格走势其实已经受到美元指数（或者说是非农就业数据）的严重影响。当美元指数作为美国经济运行情况的重要指示指标，非农就业数据如果利好，将会提振美元，并且对黄金、原油形成压制。相反，如果非农就业数据不如预期，那么美元就会受到打压，相应的黄金和原油价格必然呈现出良好的上升趋势。

（五）从经济周期角度分析

在对国际原油价格的分析方面，我们必须考虑经济周期的不同时段对原油价格的影响变化。因此在不同的阶段，人们对原油的需求也是大有不同。

有些人会简单地认为：经济发展繁荣，人们生活水平普遍提高，人们进行投资的欲望就会增加，民间购买原油进行保值的能力也会有所增加，油价也会得到一定的支撑。相反，在经济萧条的时期，人们解决自身的温饱问题都存在困难，更不用说花钱去投资原油，这样一来，原油的需求自然会减少，油价也必然会下跌。这样说是没有错误，但是这么笼统的概述，对于投资者并没有任何指导意义。

一般来讲，经济周期内可分为四个阶段：繁荣期、衰退期、萧条期、复苏期。对投资者来说，可以根据经济的活动周期变化，以经济循环为出发点来进行油价变化的分析。

（1）繁荣期。国际经济形势稳定并且发展良好，其他领域充满投资机会，这时候人们会选择收益更好的经济领域进行投资，使得原油市场的资本存量和流量在短期内会减少，原油价格呈下降趋势。当经济发展过之后，必然会走向衰退，这时候投资者会开始担心通货膨胀，而因为原油具有对冲通货膨胀风险的功能，则原油市场的资本存量和流量在短期内会增加，原油价格自然会上涨。

（2）衰退期。很多人会受到经济衰退影响，当现金流出现问题时，人们便会套现手中持有的原油以解决一时的资金困难，从而增加了市场上原油的供给。与此同时，对未来经济前景不确定的预期，使人们不会继续在股票等风险较大的证券上投入资金而转投风险较小的品种。另外，政府为了刺激经济，会调低利率，这时将资金存入银行或者购买债券的低风险投资策略只是为了保值而已，如果遇到通货膨胀，实际价值还会下降。相比之下，原油具有内在稳定性，它不像纸币本身不具备价值、受发行纸币政府的信用和偿付能力的影响，是比较好的保值手段，这使有剩余资金的人更愿意持有原油，从而增加了原油的需求使其价格上涨。

（3）萧条期。萧条期是经济最艰难的一个时期，越来越多的人失业，人们对物品及服务的需求下降，本地居民生产总值的增长很低，甚至出现负增长，这时原油作为商品其价格会出现下降的走势。

（4）复苏期。若经济逐渐复苏转好，如美元的利息率上调，则投资者会舍原

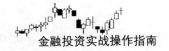

油取美元，油价将会受到承压。毕竟在国际经济形势中，美国经济形势对原油的价格有着特殊的影响，这主要是由美国的国际货币地位所决定的。

二、国内外金融形势下原油价格走势分析

在金融市场中，原油只不过是投资产品之一，众多的金融产品之间会互相影响，实际上，这就像有形的商品市场一样，当一种商品价格上涨的时候，买家就会逐步增加买入商品的数量，促使商品价格再次回升。一旦商品价格出现回落，那么买入商品的人就会抛售，造成价格出现回落的情况。在金融市场中，金融产品之所以吸引多投资者参与其中，无非是要在价格上涨的过程中获得利润而已。一旦金融形势不乐观的时候，金融产品的价格必然出现重大回落的走势，那么原油作为避险的资产必然受到追捧。尤其在金融危机的阶段，原油更会受到明显的追捧。金融市场良好运行的基础是经济发展良好，当经济不景气的时候，金融形势必然受到严重冲击，金融形势与经济发展是相互关联的两个方面，也会出现相互影响的情况。从金融形势、利率和股票市场三个方面来判断金融情况，有助于投资者准确判断原油价格的涨跌趋势。原油作为金融产品的重要补充，在金融产品价格表现不佳的情况下，即便从避险功能看原油也会受到追捧。

（一）从国际金融状况角度分析

国际金融市场的运行状况对原油价格的影响是非常大的。金融市场是为资金需求者提供资金、为资金投放者提供机会的地方。金融市场的稳定运行，对资金需求和资金提供都有很大的好处。有效的金融市场中，资金能够通过金融工具不断在资金的供需双方之间流动。当资金流动在任何一个环节出现问题时，金融的运行状况就会出现问题。在金融市场运行不佳的时候，原油这种类型的贵金属就会提供避险功能。金融危机情况下，原油的避险功能尤其引人注目。

说起金融危机，不得不说近年来由美国次级债引起的金融危机，以及接下来的欧洲债务危机。两种危机对金融市场的影响很大，原油价格在此期间的避险功能得到体现。如果说美国金融危机的爆发对原油价格的影响是短期利空的话，那么接下来欧洲主要的债务危机，显然构成了对原油价格的长期支撑。

在国际金融危机的初期，原油价格在 2008 年基本上处于下降通道中。原油之所以在美国次级债金融危机时出现下跌，与原油的商品属性有很大的关系。在金融危机的影响下，各国经济纷纷进入下跌通道，工业生产对原油的需求出现明显下滑，原油价格的商品属性决定了油价短期内的走势必然是下挫的。接下来的金融危机向纵向发展，欧洲债务危机随之不断发酵，引发了投资者对原油避险功能的热烈追捧。

原油价格之所以在欧洲债务危机期间大幅度拉升，与金融危机造成的避险情绪有很大关系。投资者在金融危机期间急于寻找合适的避险资产，而原油与黄金一道，成为非常重要的避险资产。在美元长期走弱的金融危机期间，原油作为贵金属出现持续回升的情况也是大势所趋。

（二）从各国利率状况角度分析

利率对原油的影响并不是直接的，而是间接地影响原油价格走势。利率是中央银行调节市场上资金成本的重要工具。通过利率的升降来调整货币供应成本，进而调整市场上的资金供应量，从而造成对经济的支撑或是打压。

在经济不景气的阶段，中央银行不需要用低利率来维持经济运行趋势。相反，在经济持续向好的情况下，通货膨胀会不断加重。当央行承受不起通货膨胀水平的时候，自然会采取加息的方法，来减少市场上的资金供应量。一旦经济因为金融危机出现严重的滞胀甚至下挫，那么央行同样会采取降息的办法，降低经济中的资金成本，促进经济的稳步回升。特别低的利率水平如果持续时间较长的话，往往会引起不同程度的通货膨胀。通货膨胀维持高位运行，就为原油价格的上涨提供了支撑。

投资者在通货膨胀面前，无非是要购买那些抗通胀能力较强的资产，而黄

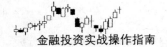

金、原油是贵金属中的典型品种，自然会受到投资者的追捧买入。在原油的买盘不断壮大的过程中，油价自然会不断上涨。2008年金融危机以后，各国为应对危机纷纷制定了降低利率的举措。在国际上资金成本大幅度降低的情况下，流动性造成明显的通货膨胀。

（三）从股票市场角度分析

股票是金融市场中的基础产品，是投入资金量相当高的市场。在经济向好的时候，股票市场会得到广大投资者的密切关注。股票价格在经济发展较好的时候持续上涨，而股市中存量资金也会不断回升。这个时期，黄金、原油的避险和保值功能不会得到投资者的认可，价格自然不会出现大幅度上涨。

一般来说，股市是经济发展状况的"晴雨表"，这种说法是有根据的。在经济发展向好的时候，股票价格指数是会不断上涨的。除非价格上涨过快，并且出现了很大的泡沫，那么股市才会向下回调。从大的运行趋势上来看，股票价格指数的运行趋势与经济发展方向非常一致。特别是在经济扩张时，上市公司盈利状况不断得到好转，股票价格必然反映上市公司良好的运营状况。众多股票价格同步上涨的过程中，股指也就随着经济一同回升了。

一旦国民经济遭到严重的经济危机，经济出现明显的下滑，股票的吸引力就会大幅度下挫。投资者不再为廉价的股价寻找买入股票的借口，而是不断卖出实际上被高估的价格，导致股票价格总指数出现持续大幅度回落。在股票市场随着经济发展遇到困难的时候，股市中的避险资金将会投入到那些保值增值的资产上去。保值增值的产品无非是房地产、黄金、白银、原油等。原油的交易市场会获得股市中转入的大量投资资金，导致油价不断回升并且创造历史新高。

三、从微观角度分析原油价格影响因素

（一）石油的商品属性——供求关系决定油价方向

决定原油价格长期走势的主要是原油供需基本面因素。由于原油是不可再生性资源，因此原油短期供给弹性较小，所以在没有新的大型油田被发现以及重大技术创新出现时，影响原油价格的最主要因素是决定原油需求的世界经济发展状况。

（1）因素一：原油需求。原油的需求主要由世界经济发展水平及经济结构变化、替代能源的发展和节能技术的应用决定。①全球石油消费与全球经济增长速度明显正相关。全球经济增长或超预期增长都会牵动国际原油市场价格出现上涨。反过来，异常高的油价势必会阻碍世界经济的发展，全球经济增长速度放缓又会影响石油需求的增加。②替代能源的成本将决定石油价格的上限。当石油价格高于替代能源成本时，消费者将倾向于使用替代能源。节能将使世界石油市场的供需矛盾趋于缓和。目前各国都在大力发展可再生能源和节能技术，这势必将对石油价格的长期走势产生影响。目前原油需求方面的数据主要看美国等大型工业国的用油需求量，如工业产出月率、制造业 PMI 值等。

（2）因素二：原油供给。影响供给的因素主要包括世界石油储量、石油供给结构以及石油生产成本。①石油供给必须以石油储量为基础。过去的几十年中，世界石油资源探明的储量一直在持续增加，但是，由于石油资源的不可再生性，国际能源机构预测世界石油产量将在 2015 年以前达到顶峰，全球石油供给逐步进入滑坡阶段。②世界石油市场的供给特点也对石油供给具有重大影响。目前世界石油市场的供给方主要包括石油输出国组织（OPEC）和非 OPEC 国家。OPEC 拥有世界上绝大部分探明石油储量，其产量和价格政策对世界石油供给和价格具

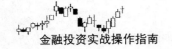

有重大影响。非 OPEC 国家主要是作为价格接受者存在，根据价格调整产量。③石油生产成本也将对石油供给产生影响。石油作为一种不可再生能源，其生产成本会影响生产者跨时期的产量配置决策，进而影响到市场供给量，间接地引起石油价格波动。目前供给上的影响主要通过美国 EIA 原油库存量、API 原油库存量及一些国际大型的石油输出国的产量来进行数据上的量化影响。

　　2008 年 7 月以前世界经济和石油需求增长较快，而石油供给相对增长缓慢，石油剩余产能明显不足，导致石油供求处于脆弱平衡状态。油价大涨不同于以往的最大特点——需求拉动型增长，而 2008 年 7 月以后国际油价出现大幅下跌，关键在于美国金融危机导致全球经济进入调整期，石油需求增长明显放缓，这表明传统经济规律和理论仍然是有效的，决定价格基本方向的根本原因仍然是供求关系。2009 年以来在各国前所未有的公共干预政策作用下，制造业反弹以及库存周期出现转折，全球经济出现企稳回升趋势，尤其是亚洲新兴和发展中经济体普遍走在了复苏的前列，使得国际石油需求有所增长，国际油价持续上涨。这两年原油价格持续下跌，有人说石油价格暴跌背后有政治势力的考量：第一，油价跌幅如此之快，本身不正常。第二，受到石油价格下跌困扰的石油出口国主要为俄罗斯、伊朗、委内瑞拉等，而这些国家与美国和西方的关系向来不佳，使得美国的阴谋嫌疑因此增大。第三，谁都不想放弃目前已占有的原油市场份额，因此就只能打价格战。同时这也可以使处于起步阶段的页岩油开发商破产。也有人说欧佩克决定让价格下跌，主要因为商业原因，沙特阿拉伯石油生产成本低，能够比竞争对手承受更长时间的低油价。而且美国所有的石油公司都是私营的，政府不可能要求这些公司增产或减产，同时低油价也会伤害美国的石油公司与其所雇用的工人。更有人说幕后推手主要是沙特阿拉伯，因为沙特阿拉伯为了打击伊朗，任由油价下跌，要抢占美国油气市场，遏制页岩油的繁荣。美国坐视油价下跌顺带打击了俄罗斯。从这一点上说，沙特阿拉伯和美国在能源领域激烈竞争，但在政治问题上机缘巧合地达成了一致。众说纷纭，而作为投资者的我们，油价真正的下跌不可能被我们洞悉，而我们能做的就是在这个事情上尽我们的力量去获取我们的利润。

（二）石油库存——影响油价波动预期

石油库存分为商业库存和战略储备，商业库存的主要目的是保证在石油需求出现季节性波动的情况下企业能够高效运作，同时防止潜在的原油供给不足；国家战略储备的主要目的是应付石油危机。

各个国家的石油库存在国际石油市场中起到调节供需平衡的作用，其数量的变化直接关系到世界石油市场供求差额的变化。在国际石油市场上，美国石油协会（API）、美国能源部能源信息署（EIA）每周公布的石油库存和需求数据已经成为许多石油商判断短期国际石油市场供需状况和进行实际操作的依据。近几年美国石油协会（API）石油库存状况如图4-3所示。

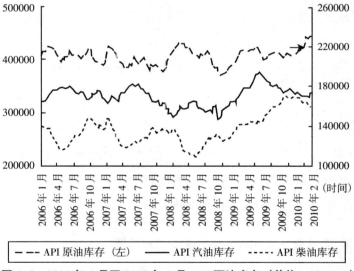

图4-3　2006年1月至2010年2月API石油库存（单位：1000bbl）
资料来源：Bloomberg，国信证券经济研究所。

石油库存和需求数据公布后，WTI油价选择向上或向下波动的方向，从而直接影响伦敦和新加坡布伦特油的走向，带动油品价格向上或向下波动。石油库存对油价的影响是复杂的，当期货价格远高于现货价格时，石油公司倾向于增加商业库存，减少当期供应，从而刺激现货价格上涨，期货现货价差减小；当期货价

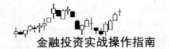

格低于现货价格时，石油公司倾向于减少商业库存，增加当期供应，从而导致现货价格下降，与期货价格形成合理价差。美国原油库存与国际油价如图 4-4 所示。

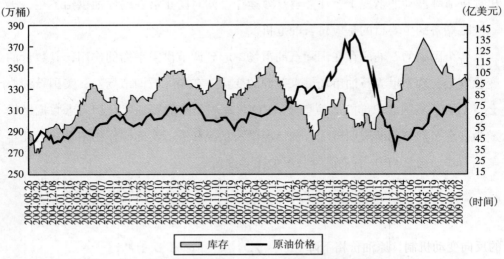

图 4-4　美国原油库存（INV）与国际油价（WTI）

资料来源：Bloomberg，国信证券经济研究所。

截至 2009 年 11 月末，经合组织国家商业石油库存达到 27.38 亿桶，高出上年同期 5100 万桶，可供满足 OECD 国家 60 天的石油需求，超过过去五年平均水平的上限。据美国能源情报署统计，2010 年 OECD 国家商业石油库存仍比较充裕，较高的库存会在一定程度上抑制油价上涨。

（三）汇率因素——影响油价的实际高低

由于国际原油交易主要以美元为标价，因此美元汇率也是影响原油价格涨跌的重要因素之一。当美元升值时，国际上黄金、石油、铜等大宗商品原料价格有下跌的压力；反之，当美元贬值时，此类大宗商品的价格将上涨。

自 2002 年到 2008 年 7 月，由于美元对世界主要货币的大幅贬值，导致原油价格节节攀升。美国为了缓解次贷危机所采取的利率调整和汇率政策，直接带来了流动性泛滥，引起了全球通货膨胀和美元持续贬值，导致包括原油在内的大宗

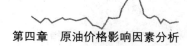

商品价格暴涨，油价在美国宽松的货币政策的推动下屡创新高，2008 年 7 月达到历史最高点 147 美元。在金融危机冲击实体经济的背景下，油价迅速一路下跌至 35 美元。因而，美元与油价之间存在典型负相关关系，美元疲软将会支撑油价上涨。

美元坚挺一般代表美国国内经济形势良好，美国国内股票和债券将受到投资者追捧，黄金作为价值储藏手段的功能受到削弱。美元汇率下降则往往与通货膨胀、股市低迷等有关，黄金的保值功能再次体现，在美元贬值和通货膨胀加剧时往往会刺激对黄金保值和投机性需求上升。美元对其他西方货币坚挺，则国际市场上金价下跌，如果美元小幅贬值，则金价就会逐渐回升。据统计，过去十年金价与美元走势存在 80% 的逆向性。

总之，货币供应量的变动方向与原油价格的变动方向是一致的。当货币供应量减少时，利率水平相应提高，该货币的汇率水平也随之提高，根据汇率与油价的反向变动机制，原油价格下降，货币供应量增加，利率水平相应下降；汇率水平下降，从而推动原油价格上升。

（四）突发事件与气候状况——使油价波动更加不确定

在影响油价的因素中，地缘政治是不可忽视的重要因素之一。在地缘政治中，世界主要产油国的国内外发生革命或者暴乱，中东地区爆发战争，包括恐怖分子在世界范围内的暴动等，都会对油价产生重大的影响。

石油除了具有一般商品属性外，还具有战略物资的属性，其价格和供应很大程度上受政治势力和政治局势的影响。近年来，随着政治多极化、经济全球化、生产国际化的发展，争夺石油资源和控制石油市场已成为油市动荡和油价飙涨的重要原因。紧张的地缘政治强化了国际石油市场对供给收缩的预期。针对石油设施的恐怖袭击、石油工人罢工、产油国政局动荡等地缘政治因素都会对国际油价带来冲击。目前，伊拉克恐怖袭击事件频发，石油设施经常遭受破坏。美国领导的阿富汗反恐活动"越反越恐"，阿富汗的局势不但至今未得到有效控制，反而不断升级，并逐步蔓延到巴基斯坦、伊朗等地。伊朗是世界重要的产油大国，其核

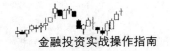

问题悬而未决，再加上"恐怖活动"添乱，国际原油的"恐怖溢价"也将日益高涨，并通过投机活动而进一步放大。局部的政治动荡或战争都会刺激油价的上涨。

气候状况会影响到原油的供给和需求，比如异常的天气可能会对石油生产设施造成破坏，导致供给中断，从而影响国际油价，但它对整个国际油价的影响作用是短期的。此外，欧美许多国家用石油作为取暖燃料，因此当气候变化异常时，会引起燃料油需求的短期变动，从而带动原油和其他油品价格发生变化。

国际上重大的政治、战争事件都将影响黄金原油的价格。政府为战争或为维持国内经济平稳增长而大量支出，政治动荡时大量投资者转向黄金保值投资。这都会扩大现货黄金原油的需求，刺激价格上涨。如第二次世界大战、美越战争、1976年泰国政变、1986年伊朗门事件，都使金价有不同程度的上升。再如2001年"9·11"事件曾使黄金价格飙升至当年的最高价。

（五）国际石油投机因素——加剧油价的短期波动

目前在国际石油期货市场上，国际投机资本的操作是影响国际油价不可忽略的因素。原油市场的投机与市场预期往往加大了原油价格的波动，国际原油市场中投机因素对原油价格有着10%~20%的影响力。尤其是某些突发性事件发生的时候，大量的投机资本便在国际原油期货市场上进行操作，加剧了国际石油价格的动荡。

在低油价时期，投机基金的规模比较小，对国际事件在石油期货价格形成中的作用放大能力有限。随着石油价格的逐步上升，石油期货市场吸引了越来越多的投机基金，投机基金的规模变得越来越庞大，"羊群效应"也越来越明显，任何敏感数据的出炉和事件的发生，如石油库存变化、油田爆炸、地缘政治关系、工人罢工以及气候变化等，在大规模投机基金的作用下，其影响都会骤然放大，加剧油价的波动。

（六）人们的预期——心理因素助长油价波动

近几年，对美元贬值以及通货膨胀的预期使得大量的投资基金选择长期投资石油以规避通胀风险。短期内又有大量的投机资本进入石油市场，利用各种预期或题材炒作，放大了油价上涨的趋势。投机资金借助于经济波动或一些突发事件，引导和利用人们的预期，在现货和期货市场上大肆炒作。预期的变化和投机行为互相影响，现货价格和期货价格互相推动，使得油价向上或向下突破关键价位后出现了类似于"超调"的特征，加剧了石油价格的波动。

本章小结

全球经济的发展情况对原油价格的走势影响非常大。一般来看，经济走势的长期趋势是影响原油价格的重要因素。经济发展处于扩张阶段的时候，工业生产等对原油的需求会不断回升，能够客观上拉高原油价格。当经济发展过热并且流动性不断创历史新高的时候，原油价格就会处于上升趋势中。原因很简单，经济过热和流动性过剩都是通货膨胀的征兆。在通货膨胀的情况下，有货币属性的原油就会表现出保值的一面，投资者追捧买入原油作为保值工具的时候，油价自然会出现上涨的情况。值得关注的是，投资者对于美国经济走向的研究一定不能忽视，美国经济对全球经济走向的影响都很大。考虑美国的经济地位，原油价格受到该国经济影响的情况会非常明显。掌握了美国经济的波动规律，才能更好地适应原油价格的走势。

各个国家的金融利率变化对原油价格走势的影响也非常大。利率的回升和下降，既影响了公司正常经营的筹资成本，也直接影响了经济发展速度。利率回升的时候，货币价值会得到凸显，那么对应的原油价格必然会出现回落的情况。特别是美国国内利率的变化，明显影响着美元指数跌宕起伏。以美元计价的黄金和原油的价格自然会出现相应的波动，美国利率的走向与美元指数呈正相关，却与黄金和原油的价格呈负相关，这一点投资者应该密切关注。当然，影响原油价格走向的，还有全国金融形势，以及股票市场的表现等，综合分析金融形势下的情

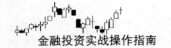

况，投资者能够比较正确地判断原油价格的走向，在实战当中，投资者正确认识价格趋势，不管是对短线投资交易还是对中长持仓操作，都是有很大帮助的。

在对原油价格影响同时出现利好和利空因素时，我们要抓住有主要影响力的因素进行分析，忽略次要因素的影响力。还有，不同的因素对原油价格影响力不同，影响力越大的因素导致金价的波动幅度也越大，影响力较小的因素对原油价格的波动幅度影响也越小。

当基本面和技术面发生矛盾时要服从技术面，市场决定一切也包括一切，尤其是在暴涨或暴跌时，投资者都处于非理性阶段，其价格走势往往会脱离基本面而独立运行。

美国宽松货币政策引发美元贬值预期加剧，令更多避险资产选择投资大宗商品，尤其是具有货币属性的贵金属，更加受投资者的青睐，其中原油的优势更为明显。相反，当美国经济复苏时美股走高，美元升值预期加剧时，更多投资者就会放弃稳健市场而选择风险类市场投资，此时贵金属中的黄金和原油就应是看空并做空趋势。

由于现货原油盘子相对黄金而言更小，因此其对流动性的刺激更为敏感，原油的振幅一般远大于黄金，尽管 QE3 的效果不如前两次货币宽松那么强烈，但相对于黄金而言，原油的涨幅和振幅更为明显。

影响原油价格的任何一个经济因素都不能单独作为参考标准，它必须在特定条件下考虑，即根据具体情况进行判断。任何一种事件和数据都要分清主要和次要级别、短期影响或中长期影响。由此，看懂趋势就做波段交易，看不懂趋势就做日内短差交易。

市场的上涨与下跌都有着内在的关联或者外在的联系等，在这个市场我们必须关注基本面，不管是消息面或者是政策面都需要我们去关注，虽然笔者是技术分析的崇拜者，但是在这个市场笔者也不得不承认一点，就是市场的数据能够让行情迅速给我们盈利的空间。所以，笔者首先是通过技术分析来研判市场，然后根据市场的影响因素去改变策略。

第五章 交易系统

什么是交易系统？交易系统是操盘手（个人）用于实盘交易的、较为完整的，并且具有实盘操作性的交易规则（盈利模式）体系。创建一套适合于自己的交易系统并使之不断完善，是每一位金融市场投资者在实施交易之初就必须要做的一件大事。否则，要想在资本市场的博弈中获胜几乎是没有可能的。

在现货市场，这里充满着希望和失望，梦想和彷徨。每一天都有人离开或者死去，每一天都会有人进入或者重生。这里不是天堂也不是地狱，这就是我们发展中的金融市场！奉劝人们，不要把投机作为生活的重心！那将会让自己生活的天平失去平衡。其实人不怕穷，就怕穷了悟不出正道。无论你怎么肆无忌惮，穷人不可能通过破坏达到富裕。同样，在期货领域，不怕你不入道，不怕你一无所有，就怕你找不到正道，很多人反而自以为是。笔者认为，只要交易5年以上的人都有过相同的经历，从理论学习进化为实盘操作再到研究市场规律最终走上系统交易，这是一个漫长的历程。笔者毫不夸张地说：10万人里很难有几个入道并能正确使用系统交易！也就说"大道至简"，得道太难。14年的交易经验告诉笔者：市场每年每月每日每时每分甚至每秒都在重复着四种趋线形态在循环演变。

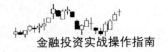

一、如何建立自己的交易系统

（一）交易系统概述

在股票市场中交易过两三年的人，几乎都有一套自己的交易方法。总有朋友跟笔者交流他的新的交易方法，包括他的新发现，然后让笔者给他看看这些方法好不好。但是很多人缺少的就是自身的实践，自己并没有实践，只是通过自己的分析判断然后研发出来的规律，同时有些人也实践了，但是并没有进行周期性的实验，笔者也认为这样的交易方法都是不完善的，需要继续进行修改或者实施。深入交谈以后，笔者发现他们的整体系统存在一些问题。比如，他不知道当他的预测出现错误的时候，应该如何处理？当得到一个买进信号的时候应该使用多少资金？什么时间应该加仓或者什么时间应该获利了结？

在笔者的大多数学生开始向笔者学习的时候，几乎都有一些实战经验。事实上，很多人的成绩相当不错，但是在交易的系统性方面却有明显的欠缺。我们应该认真地问一问自己，如何把所有的事项整理起来？除了市场分析以外，你还缺少什么东西？很显然，是缺少的东西妨碍了你长期稳定的获利。你的交易方法是否适合你？它是不是你有能力把握的方法？是否与你的投机目标相吻合？是否与你的个性相吻合？

如果你想长期稳定获利，那么整体的交易应该是一个过程，而绝不是简简单单的一次预测或者一次全仓买入。其间至少包括：

（1）如何处理判断失误？

（2）最大亏损能够被控制在什么范围内？

（3）什么时间追买？什么时间获利了结？

（4）市场出现非人力因素，如何处理？

（5）预期的目标是多少？是否满意？

（6）当市场价格变化以后，如何修正自己的交易计划？

大多数交易者心中都有一个强烈的愿望，就是希望他们的每一次交易都是正确的，但是理智地思考一下，华尔街的顶尖交易员在十年中的平均正确率仅仅是35%左右，你能做到多少？你是否现在就比他们优秀？

另外，大多数投机者相信有一个通向市场的魔术：一个指标，一个形态，或者一个机械的交易系统。肯定还有一小部分人正在使用着所谓的100%成功概率的技术或者指标，在努力地想揭开这个魔术的秘密，从此而获利。简直是笑话。

市场真的有能够长期稳定获利的方法吗？正确答案是有，而且答案就在你自己身上。笔者可以明确地说：成功交易的一个秘密就是找到一套适合你自己的交易系统。这个交易系统是非机械的，是适合自身个性的，是有完善的交易思想、细致的市场分析和整体操作方案的。交易系统，或者说系统的交易方法，才是长期稳定获利的正确方法。

（二）自我控制

笔者认识很多成功的投机者，他们毫无例外地能够认识到：市场的成功来自对自我的控制。

自我控制并不是很难达到，但是对大多数人来说，意识到这一点却非常困难。

我们看看成功的投机者所共有的特点：

（1）风险意识很强：他们在交易中经常出现亏损，但是任何一次都没有使他们承担过分的亏损。这与大多数亏损的交易者刚好相反，或者说，与我们的天性相反。风险控制首先是自我控制。

（2）在中国市场，成功的投机者成功率可以达到35%，甚至50%。他们之所以成功，并非因为他们正确预测了市场价格，而是因为他们的获利头寸要远远的高于亏损头寸。这也需要极大的自我控制，当然，还需要整体的交易方案。

（3）成功的投机者的交易思路与众不同。他们有很大的耐心去做别人都害怕做的事情，他们会非常耐心地等待一个看起来非常渺茫的机会。我们知道，投

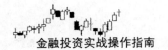

机，正是因为机会而获利。如果没有对自我的严格控制，很难做到这一点。

笔者的学生可以轻易地达到正确分析市场的程度，但是，要他们达到长期稳定的获利状态，却需要漫长的训练，训练的主要内容就是自我控制。很多时候，笔者会给客户一些现成的交易系统，他们非常喜欢，似乎有找到魔法的感觉，而如何正确地使用这些"魔法"，他们却不愿意关注——人们似乎更加愿意去做一些能够使自己兴奋的事情，而不考虑是否正确。

当其他人告诉你他们是如何交易的时候，他们只是告诉了你他们的行动，这是为什么大多股评或者机构推荐都会发生错误的原因。

我们假设今天的媒体向 100 家机构咨询，有 90 家机构认为市场会上升，那么你如何考虑？

实际他们并不是有意在欺骗你：因为他们在今天的交易中的确买入了。也许是他们因为看好而（已经）买入，或者是因为（已经）买入而看好，这都不重要，重要的是他们告诉了你他们的行动。

如果你认真思考，就可以发现，现在的市场有 90% 的潜在空头——那些今天已经买入，同时告诉你市场将进一步向上的人。当市场上 100% 都看好的时候，市场中便不再继续有多头，或者说，多头再也没有了维持的力量，因为他们已经全部买进了。市场还剩下什么？对了，只有空头，他们没有对手——一直到一轮下跌趋势以后。

自我控制要建立在正确的交易思想的基础上。在绝大多数情况下，自我控制并不是一件痛苦的事情。作为一名专业的投机者，应该建立并相信自己的交易系统（当然，笔者指的是成熟的交易系统）。必须知道你的系统在什么情况下发挥最正常，什么情况下可能产生亏损，那么你便有更超脱的心态去观察市场、观察交易行为。你会因为有完善的交易方案而不会对市场产生恐惧。

（三）亏损

我们可以从两个方面去寻求长期稳定的获利：

一是成功率：每次交易的盈亏相当，但是获利次数比较多。比如说每次盈亏

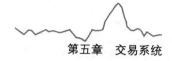

都为 3%，但是 10 次交易正确 7 次，错误 3 次，那么总和获利为 12%。

二是获利率：单次获利较大而亏损较小，不计较成功率。比如交易 10 次，亏损 7 次，每次 3%，获利 3 次，每次 10%，那么总和获利 9%。

当然，既有成功率，又有获利率是最好的。

很显然，没有任何人能够在一个相对长的时期内，准确判断每一次市场波动。那么，在交易中出现亏损，就是非常正常的事情，我们没有必要回避。一个真实的数据是：美国华尔街的顶尖交易员在十年中的交易成功率平均在 35% 左右。

交易系统的一个重要的组成部分就是如何对待亏损。

我们通常认为，所谓的亏损可以根据交易情况分成两个不同的部分，它们的性质也截然不同。

一种是在正常交易中的亏损，也就是说，在你的市场分析中所允许存在的误差而产生的亏损。

一般来说，每一次交易，我们不可能找到精确的位置，而是允许有一定的误差，这主要是因为价格本身的运动趋势是以区域的方式体现的。比如当我们判断原油在 4500~5000 点有比较高的交易价值，那么可能在这个区域开始逐步介入，或者从 5000 点逐步买进，一直到 4500 点；或者从 5500 点逐步买进，直到 5000 点，但是不管怎样，介入的区域就是 4500~5000 点。又假设止损设定在 4400 点，同时如果市场最终下跌，并跌破止损，这中间的 100 点，就是正常交易亏损。这种亏损没有任何办法回避，也无须回避。只要能够把它控制住，永远不会对你的交易资本产生重大的影响。

另一种是市场出现人力的或者非人力的因素，导致市场价格疯狂变化，方向对你不利。

从理论上说，这样的风险很难回避。但是，在日常的交易当中，我们可以养成良好的交易习惯来避免。就笔者个人的看法，给大家提供一些简单的建议。

（1）不要参与疯狂波动的时期，无论是上升中的还是下跌中的。

（2）多注意时事，多关注政策性公告、消息数据。

（3）严格遵守交易纪律。

（4）当意外情况发生的时候，坚决出场回避，不冒不必要的风险。

从历史的情况看，市场不会在一个较长的时期内走单边行情，因此，我们在交易中，无论在大趋势有利或不利的情况下，都能够找到比较从容地进出场的机会，尽量不要匆忙行动。

如果在交易中出现比较重大的失误，首先要做的是不要惊恐。最好的方法是清理所有的头寸，远离市场一段时间。记住：交易所不是明天就关闭。

任何交易者，在所有的交易记录中，都会包括获利交易和亏损交易两个部分，这是事实。即没有必要为获利的交易沾沾自喜，也没有必要为亏损的交易垂头丧气，长期稳定的获利，才是投机者的最终目的。

（四）简单交易系统

一个最简单的交易系统，至少包括四个部分：买进、卖出、止损、仓位控制。

作为投机者，我们是在利用市场的价格波动来获得利益。只有当市场出现你所能够把握的波动的情况时，你才有可能获利——看起来很简单，但是这一点非常重要——也就是说，一些波动你能够把握，另一些波动你不能够把握，或者根本不需要，比如向下的波动（股票市场），或者幅度非常小的波动。因此，交易是你的系统能够参与的波动，而不是所有的。

一个交易是一个过程，不是一次简单的预测。简单地说，你要判断在什么情况买入、买多少，如果市场并非像你想象的那样发展，你应该如何处理你的仓位；如果市场像你想象的那样发展，你应该如何处理。

在笔者的交易系统（杠杆操作法）中，关于买入有五条原则：

（1）在简单上升趋势中买入。

（2）在复杂上升趋势的回调中，出现向下分形的时候买入。

（3）向上突破前期高点的时候买入。

（4）在横盘趋势停顿的下沿买入。

（5）原油有做空做多机制，那么上面所讲的就是做多，反过来就可以做空。

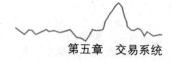

上述五条原则是交易的基本原则，当市场没有出现以上情况之一的时候，笔者根本不会考虑介入。

笔者这么写，并非要你也这么做，而是想说，作为交易者，你同样需要在你的交易系统中遵循类似的原则。另外，你还需要相当的卖出的原则。

如果你有一些交易经验，很多时候对市场变化会有一些"感觉"，这些"感觉"应该建立在你的交易系统之上。我们相信，交易在更多的时候是要依靠感觉的。

当市场按照你的系统发展的时候，你不需要做什么，耐心看着就可以，你必须明白，就交易的行为而言，是一瞬间的事情，一年两百多个交易日，真正交易的时候，可能只有几分钟、几十分钟，或者几个小时，机会有很多，但是更多的时候我们都在等待。

在市场有利的时候，你必须学会习惯于获利，这是区别交易者是否成熟的一个重要标志。假设你的成本是 4000 点，市场价格现在是 6000 点，但是趋势依然向上，你是否会坚定地持有？很多交易者在获利的时候惴惴不安，而亏损的时候却心安理得，这样如何能够长期稳定地获利？

无论什么样的交易系统，也不论什么样的交易原则，都可能发生错误。如何处理失误，是交易者是否成熟的另一个重要标志。

交易者都有一种本能，或者说内心的贪婪：他们希望自己所有的交易都是正确的，一旦失误，便去寻找各种各样的理由为自己开脱。

认真想一想就很可笑，你在对自己负责，不是要向谁交代，何必自欺欺人？自己原谅了自己如何？不原谅自己又如何？

任何一个交易者，即使是索罗斯（Soros），也都会出现"错误"的交易行为。不在于错误是否出现，而在于你如何看待错误。

最后是关于资金管理。这也是一个基础的，同时是交易系统中非常重要的一个环节。

一般来说，我们根据风险程度来确定资金比重。也可以根据市场变化方向的"概率"来确定。

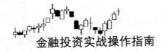

根据风险来确定使用资金，就是说，如果你能够将风险控制在一个你可以容忍的范围内，那么可以使用较多的资金，否则应该减少资金的使用。

比如市场分析，我们认为在5430点可以做一个原油多单，那么我们介入的价格就是5430点，同时我们把止损放在5400点，如果造成亏损，也就等于亏损了30个点，这就是我们可以承受的风险。而30个点占总资金的比重也是非常重要的，这个就是仓位的问题，如果你用20万元来操作1手100桶的原油单子，30个点等于就是3000元的亏损，而3000元是总资金的1.5%，这是非常小的。因为在我们操作的时候，原油单子基本上盈利都在50个点以上。盈利一个单子获利就是5000元，是总资金的2.5%，相对而言，是非常小的。

这是在市场中的资金使用原则。当然，在实际交易中，交易者应该有不同的投资组合，或者说，交易者应该持有不同的仓位。当大方向非常好的时候，可以增加仓位。这样的增加仓位就是顺势补仓，同时把风险控制好，那么我们的单子就可以获取更多的利润。

控制风险的卖出技巧是指止损、止平。

止损的方法主要有技术指标止损法、损失程度止损法、趋势形态止损法等。

（1）技术指标止损法：根据技术指标发出的卖出指示，作为止损信号，而不管自己的成本价在什么位置。具体方法很多，主要包括：①市场跌穿10分钟、30分钟或125分钟移动平均线；②市场下穿布林线的上轨线；③MACD出现绿色柱状线，MACD形成死叉时；④SAR向下跌破转向点时；⑤长中短期威廉指标全部高于-20时；⑥当WVAD的10分钟线下穿WVAD的60分钟线时；⑦当60分钟PSY移动平均线大于0.53时，PSY的10分钟移动平均线下穿PSY的60分钟移动平均线；⑧随机指标的J值向下穿破100时止损。

（2）损失程度止损法：投资者根据自己的损失程度，决定止损的方法。它具体还分为根据损失金额的多少止损和根据损失程度的百分比止损两种方法。该方法比较适合于当投资者的单子已经亏损，但目前亏损幅度不大，而且市场将来有可能继续深跌的时候使用，它特别适合在市场末期买入和追高买入失败时应用。

（3）趋势形态止损法：这种方法是通过对市场运行形态的分析，一旦发现市

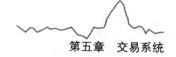

场出现破位形态，则坚决止损。具体方法主要包括：①市场跌穿趋势线的切线；②市场下穿头肩顶或圆弧顶等头部形态的颈线位；③市场跌穿上升通道的下轨；④市场跌穿跳空缺口的边缘。

止平的方法指的是绝不让自己已经盈利的单子变成被套的单子，当市场滑落到保本价时坚决卖出的一种操作技巧。这种方法与止损或止盈的不同之处在于，是以投资者自己的保本价设置为坚决卖出价，是一种可以有效防止投资者所持有的股票由盈转亏，避免被套的投资技巧。

巧用60分钟K图把握卖点。卖点的技法，从来都是一个很艰深，甚至是很"痛苦"的概念，个人感觉，这是一个比买还难以驾驭的东西。笔者相信很多朋友肯定都做过好的点位，但因为无法把握好的卖点，轻则中途震出或者利润缩水，重则面临利润全被吃掉，甚至从盈利到亏损被套。在买得好的情况下，能较好地把握卖点，可以保证利润的稳定性；买得不好，但卖得好，可以及时改正自己的错误，最大限度地控制风险的扩大，所以从另一个角度来看，卖甚至比买更为重要。对于大家比较熟悉的卖出法，个人感觉均不太科学，比如设置百分之几为自己的止盈点或止损点，这其实只是不顾价格客观走势，单纯只求心安的做法，还有在市场循环周期的基础上，60分钟生命线从上扬到走平为卖出的依据，此技法对于长期走牛或者有较为明显的大波段痕迹，同时在顶部停留的时间较长的时候是个不错的方法，但一来这样的情况少之又少，二来很多时候市场在中短线涨升后，根本不在顶部做长时间的停留即开始下跌，如果你要等到上扬的60分钟均线走平再卖，恐怕连你自己都不会答应。还有另外一些技法，因为篇幅的关系，同时和本书也没有太大的联系，恕不一一阐述，有心的读者可以自己多加鉴别，找出适合自己的方法。

笔者尝试从60分钟的角度，对短线卖出做一定程度的把握。笔者很看重60分钟图表，之所以选择它，是基于其既比5分钟、15分钟、30分钟稳定，不至于有太多的杂波，同时又比日线灵活，卖点不至于太过滞后，因此以60分钟为重要图表，同时辅以日线、市场近期态势等其他方面综合考虑。

对于涨升的股票，开始下跌，其实质无外乎开始洗盘做较大幅度的调整和短

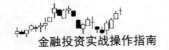

期内有减仓的迹象这两个方面，而这两个方面是我们短线交易者都必须回避的情况，更何况现在的市场和以前已大不相同，洗盘和出货已不是当年"长阴缩量"和"短阴放量"这么简单的区别，现在的洗盘越来越像出货，现在的出货怎么看都像以前的洗盘。所以我们绝对不能用"好像是在洗盘，不要紧，还会涨的……"这类自我安慰的话来掩盖即将到来的风险。作为短线交易者，一旦盘中上行能量不足或者前期比较安定的筹码开始出现剧烈震荡、松动的情况，我们必须提高警惕，出现卖点，不论盈亏，坚决出局，以回避后市的不可预知走势。

出现剧烈震荡的异动或者盘中上行能量不足，在 60 分钟图表上，具体表现如下：

（1）根据核心 K 线体系的原则，常态的上涨阳线（实体阳线或实体大于上下影的阳线）和常态的下跌阴线（缩量阴线，确切地说是量能小于均量的阴线），此为常态行情，价格在没有外力的作用下，仍旧会向原方向前进，我们可以安心持股。一旦某日出现剧烈的震荡或者是带量下跌，在 60 分钟上表现为长上影、长下影、长上下影，一小时内跌幅较大的阴线，同时量能大于均量，此类 K 线我们称为"异动 K 线"。

（2）在经过一段时间的放量涨升后，上行能量开始减退不足，显示上攻开始乏力或者准备进入较长时间的调整，在 60 分钟上表现为短期均量线下破长期均量线，显示短期量能释放的平均程度开始萎缩。

此两种情况出现任何一种甚至两种同时出现，我们必须临阵准备卖出状态，密切跟踪，随时准备根据后面的演化而短线出局或者短线做多。

最终卖点以及做空点的确认。在出现上述情况的前提下，如果某日出现下面三种情况中的一种，甚至是三种情况中的任意两种复合情况（下跌几乎就成为百分百），必须毫不犹豫，果断多单出局、空单进入。

（1）上涨阳量大于下跌阴量，我们称为良性量能，当某小时上涨阳量小于下跌阴量，同时随后出现的下跌阴量仍然在放大时，显示多空力量开始转化，空方占优，同时价格跌破 5 单位均线，指标在技术高位死叉，为空单点。

（2）某小时下破 5 单位均线后，两个小时都被均线压制，无法站回均线，5

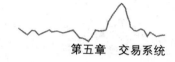

单位均线向下拐头，结合指标的技术位置，为空单点。

（3）突然没有任何征兆的下跌，技术指标快速下滑至 20 以下超卖区，耐心等待其技术反抽，在指标重新反抽到技术高位时，为做空点。

同样的道理，当出现 1、2 卖点时，如果价格已下滑到重要均线支撑位或者指标下滑到超卖区，可不必急忙卖出，等待其进行技术反抽。

本技法适用于止盈，同样也适用于在错误追高后的止损。本技法只适用于短线，并不适用于窄幅牛皮震荡的行情和总体处于下跌趋势的行情，前者个人认为短线交易者不应参与横盘震荡的行情，在选择突破方向之前，极早退出，在选择方向后，再做打算也不迟，后者总体处于下跌趋势，90% 的时候做空都是对的，只有一次是错的，那就是在下跌见底的时候。

二、三重滤网的原则

三重滤网解决了指标和交易周期存在的相互冲突的矛盾。

首先在长期图表上采用趋势指标做出战略决策。——这是第一重滤网。然后在中间图表上运用振荡指标来确定入场点和出场点。——这是第二重滤网。三重滤网理论提供了数种方法来设置多空交易单。——这是第三重滤网。我们可以采用中间图表或短期图表来安排交易单。

首先选取你最喜欢的交易周期，把这个合乎心意的周期定义为中间周期。然后把这个周期的长度乘以四倍，得到长周期。在这个长周期上采用趋势指标，制定战略决策，确定做多、做空或是观望。观望也是合理的做法。如果长期图表看多或看空，则返回到中期图表，用振荡指标来寻找顺应着长期趋势方向的入场点和出场点。在切换至短期图表之前，设置好停损和获利目标位，如果可能，精确地调整好入场点和出场点。

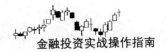

（一）　第一重滤网

如果你选择 30 分钟线作为中间周期，则立刻将注意力移至日线，即你的长期图表上进行分析。在这个决策过程里，不允许再看 30 分钟图，因为这会影响你对周图的分析。如果日内交易者把 10 分钟图作为中间周期，则须将注意力立即移至小时图。小时图与 10 分钟的四倍，即 40 分钟图略有差异，不过无碍大局，毕竟交易只是一门技艺而不是精确的科学。如果你是长线交易者，你可以选择日线作为中间图表，并把周线作为长周期。在周线上采用趋势指标进行分析，并制定出战略决策以确定做多、做空或是观望。最早的三重滤网理论采用 60 分钟图的 MACD 柱线的坡度作为趋势指标。它非常敏感并发出许多买卖信号。现在笔者更喜欢采用 60 分钟上的指数加权移动平均线作为长期图表上的主要趋势指标。当 60 分钟图上的指数加权均线上升时，则表明是上升趋势，应当做多或观望。当它下降时，则表明是下降趋势，应当做空或观望。笔者采用 60 分钟的 26 均线，原因是它代表了市场大众的交易活动。交易者可以测试均线的参数并寻找到适应特定市场的优化均线。其他指标亦如此。

笔者在 60 分钟图上继续运用 MACD 柱线，当指数加权均线与 MACD 柱线协调一致、彼此呼应时，则表明确立了动力十足的趋势，鼓励交易者投入较重仓位。60 分钟图上 MACD 柱线与价格发生的背离，则是技术分析中最强烈的信号，甚至超过了指数加权均线的提示。

（二）　第二重滤网

返回到中间图表，并且采用振荡指标来寻找顺应长期趋势方向的交易机会。当日线趋势看涨时，等待 60 分钟线振荡指标回落并发出买入信号。在回调时买进，比在浪顶买入要安全。日线看涨，而 60 分钟线振荡指标看跌时，也可以把先前的多单平仓，获利出局。不过，交易者不能在此位置建立空头仓位。

当日线看跌时，等待 60 分钟线震荡指标上涨并发出做空信号。在反弹时做空，要比创新低时跟进做空安全。当 60 分钟线上的振荡指标发出买入信号时，

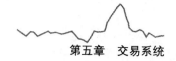

可以把空单平掉，获利出局，不过不应当在此建立多头。振荡指标的选择，取决于你的交易风格。

保守的交易者会选择一个相对慢速的振荡指标，例如 60 分钟线上的 MACD 柱线或 KD，以用于第二重滤网的分析。当日图看涨时，等待 MACD 柱线回落至零轴之下，并再度弯头向上时，或者等 KD 回落至超卖区发出买入信号时寻找做多机会。

熊市则相反。当日图的趋势指标表明趋势向下，则 60 分钟图的零轴之上的 MACD 柱线掉头向下，或者 KD 上涨至超卖线并且发出做空信号时寻找做空机会。

在主要趋势的早期阶段，慢速振荡指标效果颇佳，此阶段价格运行较为迟缓。在趋势的加速期，价格拉回修正的幅度较浅，要想跳上快速运动的趋势，交易者需采用快速的振荡指标。

积极的交易者可采用强力指数（Force Index）的双日加权指数均线（参数可长一些，依据对市场的研究，得出最优化的均线参数）。周图趋势向上，日图上的强力指数回落至零轴之下，则出现买入机会；熊市则反之。周图趋势向下，强力指数的两日加权指数均线回升至零轴之上，则出现卖出机会。

（三）　第三重滤网

其他指标也可应用于三重滤网，第一重滤网可采用趋向系（Directional System）或趋势线。第二重滤网可采用 MTM、RSI、艾达透视指标（Elder-ray Index）等。在第二重滤网阶段，设立盈利和止损目标，并在衡量风险与潜在的收益之后，做出是否交易的决定。

设立止损：止损是安全网，它会截断糟糕的交易招致的损失。交易必须设损，以防止一笔或一连串的不利交易带来的损失毁掉账户。要想成为赢家，这是必经的步骤，然而许多人却不设止损，认为那样做会两面挨打。如果不设止损，原来的亏损单最终会获利。设损会让他们很快遇到麻烦，因为无论如何设损，市场一定会打掉他们的止损单。

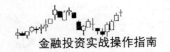

本章小结

　　交易能力一定要和交易系统相匹配。不要试图让三岁的小孩去开航天飞机，更不能因为三岁的小孩开不好航天飞机就认为这个小孩和航天飞机都没用。事实上大部分投资者的交易能力在市场面前就如三岁的小孩，但他获利的欲望却和成年人一样，这导致交易往往眼高手低。当你向他推荐一套成熟有效的交易系统时，就如向三岁的小孩推荐一架航天飞机一样，他很兴奋，也很乐意接受，但这并不能改善他的交易。再次强调一下：运用交易系统的能力远比交易系统本身更重要！

第六章　技术学习

本章共分九个部分，具体进行原油投资的相关技术指导。第一至第三部分主要讲解 K 线、移动平均线、布林线（BOLL）；第四部分、第五部分为 MACD 以及 KDJ 指标的讲解；第六部分至第九部分分别为背离王、趋势阶梯、彩虹线、点位测算等知识点，希望通过阅读以下内容能对读者投资技术有所帮助。

一、K 线

K 线是指股票走势中的 K 线图，源于日本德川幕府时代（1603~1867 年），被当时日本米市的商人用来记录米市的行情与价格波动，后因其细腻独到的标画方式而被先引入期货，很多人都以为 K 线是先从股市开始的。通过 K 线图，我们能够把每日或某一周期的市况完全记录下来，股价经过一段时间的盘档后，在图上即形成一种特殊区域或形态，不同的形态显示出不同意义。插入线、抱线和利好刺激线这三种 K 线组合是最常见的经典见底形态。

日本的"K"并不是写成"K"字，而是写做"罫"（日本音读 kei），K 线是"罫线"的读音，K 线图称为"罫线"，西方以英文第一个字母"K"直译为"K"线，由此发展而来。

首先我们找到该日或某一周期的最高价和最低价，垂直地连成一条直线；然后再找出当日或某一周期的开市和收市价，把这两个价位连接成一条狭长的长方

柱体。假如当日或某一周期的收市价较开市价为高（即低开高收），我们便以粗实线来表示，或是在柱体上留白，这种柱体就称为"阳线"。如果当日或某一周期的收市价较开市价为低（即高开低收），我们则以虚线表示，又或是在柱上涂黑色，这柱体就是"阴线"了。K线基本概念及图解如图6-1所示。

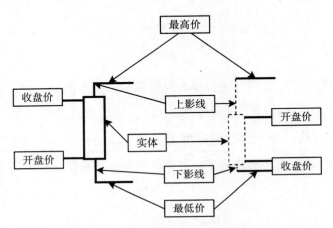

图6-1　K线基本概念及图解

资料来源：平安银行国际金融信息平台，http://bank.pingan.com/xiazaizhongxin.shtml.

K线图有直观、立体感强、携带信息量大的特点，蕴含着丰富的东方哲学思想，能充分显示股价趋势的强弱、买卖双方力量平衡的变化，预测后市走向较准确，是各类传播媒介、电脑实时分析系统应用较多的技术分析手段。

日K线是根据股价（指数）一天的走势中形成的四个价位即开盘价、收盘价、最高价、最低价绘制而成的。收盘价高于开盘价时，则开盘价在下，收盘价在上，二者之间的长方柱用红色或空心绘出，称之为阳线；其上影线的最高点为最高价，下影线的最低点为最低价。收盘价低于开盘价时，则开盘价在上，收盘价在下，二者之间的长方柱用黑色或实心绘出，称之为阴线，其上影线的最高点为最高价，下影线的最低点为最低价。其他周期的K线也是根据当时的周期时间来形成的。这里就不一一详细介绍了。

K线是我们去学习的基本，也是我们去看盘的最直接的图形，K线是价格运行轨迹的综合体现，无论开盘价还是收盘价，甚至是上下影线都代表着深刻的含

义，但是运用 K 线绝对不机械地使用，趋势运行的不同阶段出现的 K 线或者 K 线组合代表的含义不尽相同，首先我们需要理解的就是 K 线最原始的七种形态（见图 6-2）。

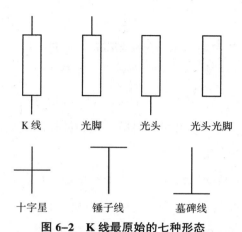

图 6-2　K 线最原始的七种形态

资料来源：平安银行国际金融信息平台，http://bank.pingan.com/xiazaizhongxin.shtml.

K 线的实体和上下影线都代表着市场上涨、下跌的力量，展示着市场本身的规则。我们去学习 K 线的同时也必须注意不被 K 线所误导。可信却不可尽信，必须通过其他的方面结合使用。

下面我们再来看看市场通常会遇到的组合图形。

（一）K 线图经典图解：早晨之星

"早晨之星"是由三根 K 线组成的 K 线组合形态，它是一种行情见底转势的形态。这种形态如果出现在下降趋势中应引起注意，因为此时趋势已发出比较明确的反转信号，是一个非常好的买入时机。具体的 K 线显示情况如图 6-3 所示。

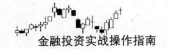

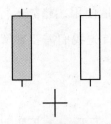

图 6-3　K 线图经典图解——早晨之星

资料来源：平安银行国际金融信息平台，http://bank.pingan.com/xiazaizhongxin.shtml.

　　K 线图经典图解——"早晨之星"的形态特征如下：

　　（1）在下降趋势中某一天出现一根抛压强劲的长阴实体，显示短期走势可能会仍然向下，跌势可能会继续。

　　（2）第二天出现一根向下跳空低开的十字型或锤型，且最高价可能低于第一天的最低价，与第一天的阴线之间产生一个缺口，显示跌幅及波幅已略有收缩，带来可能转好信号。具体的第二根 K 线的位置有时会不同，需要我们灵活把握。

　　（3）第三天出现一根长阳实体，买盘强劲，显示市况已转好，逐步收复失地。

　　"早晨之星"的 K 线形式一般出现在下降趋势的末端，是一个较强烈的趋势反转信号，谨慎的投资者可以结合成交量和其他指标分析，得出相应的投资参考。

（二）K 线图经典图解：黄昏之星

　　"黄昏之星"是一种类似"早晨之星"的 K 线组合形式，可以认为是后者的翻转形式，因此"黄昏之星"在 K 线图中出现的位置也与后者完全不同。具体的 K 线显示情况如图 6-4 所示。

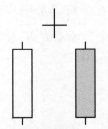

图 6-4　K 线图经典图解——黄昏之星

资料来源：平安银行国际金融信息平台，http://bank.pingan.com/xiazaizhongxin.shtml.

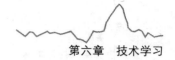

K线图经典图解——"黄昏之星"的形态特征如下：

（1）在上升趋势中某一天出现一根长阳实体，显示出继续上涨的趋势。

（2）次日出现一根向上跳空高开的十字型或锤型，且最低价可能高于头一天的最高价，与前一天的阳线之间产生一个缺口，有时可能会有一些变形，我们需要灵活把握。

（3）第三天出现一根长阴实体，卖盘强劲。

"黄昏之星"的情况同"早晨之星"正好相反，它是较强烈的上升趋势中出现反转的信号。"黄昏之星"的K线组合形态如果出现在上升趋势中应引起注意，因为此时趋势已发出比较明确的反转信号或中短期的回调信号，对于我们来说可能是非常好的买入时机或中短线回避的时机。同时如能结合成交量的研判，对于提高判断的准确性有更好的帮助。

（三）K线图经典图解：红三兵

"红三兵"是一种很常见的K线组合，这种K线组合出现时，后势看涨的情况居多。尽管如此，但我们却很难给"红三兵"的K线组合形式下一个准确的定义，为了便于大家的判断，我们还是给出一种常见的特征形式。具体的K线显示情况如图6-5所示。

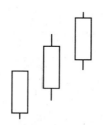

图6-5　K线图经典图解——红三兵

资料来源：平安银行国际金融信息平台，http://bank.pingan.com/xiazaizhongxin.shtml.

K线图经典图解——"红三兵"的形态特征如下：

（1）每日的收盘价高于前一日的收盘价。

（2）每日的开盘价在前一日阳线的实体之内。

（3）每日的收盘价在当日的最高点或接近最高点。

使用中"红三兵"如果发生在下降趋势中，一般是市场的强烈反转信号；如果股价在较长时间的横盘后出现"红三兵"的走势形态，并且伴随着成交量的逐渐放大，则是股票启动的前奏，可引起密切关注。

（四）K线图经典图解：三只乌鸦

"三只乌鸦"是"红三兵"的反面"副本"，在上升趋势中，"三只乌鸦"呈阶梯形逐步下降，当出现"三只乌鸦"的组合形态，表明当前市场要么靠近顶部，要么已经有一段时间处在一个较高的位置了，出现此类K线形态一般表明股价后势将进一步下跌。具体的K线显示情况如图6-6所示。

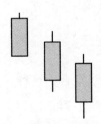

图6-6　K线图经典图解——三只乌鸦

资料来源：平安银行国际金融信息平台，http://bank.pingan.com/xiazaizhongxin.shtml.

K线图经典图解——"三只乌鸦"的形态特征如下：

（1）在上升趋势中连续三天出现长阴线。

（2）每根阴线的收盘价低于前一天的最低价。

（3）每天的开盘价在前一天的实体之内。

（4）每天的收盘价等于或接近当天的最低价。

（五）K线图经典图解：乌云盖顶

"乌云盖顶"的K线组合一般出现在上升趋势中，同刺穿线一样，是明显的趋势反转形态，其中阴线刺进前一根阳线的程度越深，顶部反转的可能性也越大。具体的K线显示情况如图6-7所示。

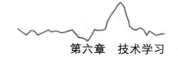

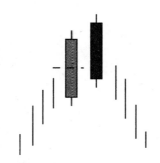

图 6-7 K 线图经典图解——乌云盖顶

资料来源：平安银行国际金融信息平台，http://bank.pingan.com/xiazaizhongxin.shtml.

K 线图经典图解——"乌云盖顶"的形态特征如下：

（1）上升趋势中第一天是继续上涨的长阳线。

（2）第二天出现一根开盘价高于第一天最高点的阴线。

（3）第二天的阴线的收盘价低于第一天阳线实体的收盘价。

在实际 K 线走势中，当出现"乌云盖顶"的形态时，我们还应结合盘中的其他信息（如成交量是否放大等），这对于我们提高判断的成功率有较大的帮助。

（六）K 线图经典图解：圆弧底

"圆弧底"是股价走势中重要的反转形态之一，其反转的趋势是由下而上缓慢攀升，呈现出一个圆弧形走势，有时也称之为"锅底形"，当股价维持一段缓慢攀升后，接着突破盘整或压力区并加速上升行情。

该形态形成机理如下，市场在经过一段卖方力量强于买方力量的下跌之后，卖方趋弱或仅能维持原来的购买力量，使跌势缓和，而买方力量却不断加强，即行情回落到低水平时渐渐稳定下来，这时候成交量很少，投资者不会不计价抢高，只有耐性地限价收集筹码，后期则由买方完全控制市场，于是价格逐步向上运行形成一个圆弧的底部。

"圆弧底"也往往是机构大户炒作的产物，他们有着充足的资金，但不能一下子买的太多使股价上升过快，这样不利于其低位吸筹和坐庄，当吃进足够的筹码后，才会用资金推动股价拉升到一个很高的位置。具体的 K 线显示情况

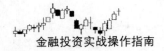

如图 6-8 所示。

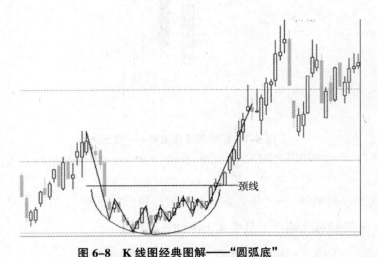

颈线

图 6-8   K 线图经典图解——"圆弧底"
资料来源：平安银行国际金融信息平台，http://bank.pingan.com/xiazaizhongxin.shtml.

K 线图经典图解——"圆弧底"的形态特征如下：

（1）"圆弧底"是在经历股价大幅下跌之后形成的，一般筑底的时间较长，几周、几月甚至几年都有。

（2）底部股价波幅小，成交量亦极度萎缩，盘整到尾段时，成交量呈缓步递增，之后是巨量向上突破前期阻力线。

（3）在形成"圆弧底"后，股价可能会反复徘徊形成一个平台，这时候成交已逐渐增多，在价格突破平台时，成交必须显著增大，股价才会加速上升。

（4）假如"圆弧底"出现时，成交量并不是随着价格作弧形的增加，则该形态不宜信赖，应该等待进一步的变化，待趋势明朗时再作决定。

当出现"圆弧底"时我们可以遵循以下操作策略。由于"圆弧底"没有像其他走势图形有着明显的买入点，但一般以股价连续几天拉小阳线，突破 30 日均线并且成交量同步温和放大时为介入点；或是在圆底之后出现平台，在成交量缩小到接近突破之前成交量水平时关注，再次放量上行时即时介入，后市一般将有一段颇有力度的快速拉升行情。

（七）K 线图经典图解：圆弧顶

"圆弧顶"反转形态不同于头肩形、W 形、V 形反转形态那样剧烈，它是市场渐进渐变的结果，圆形顶反转是由上而下进行的，呈现出一种圆弧形的走势。

"圆弧顶"的形成机理如下：

（1）场在经过一段买方力量强于卖方力量的升势之后，买方趋弱或仅能维持原来的购买力量，使涨势缓和，而卖方力量却不断加强，最后双方力量均衡，此时股价会保持没有下跌的静止状态。

（2）如果卖方力量超过买方力量，股价就开始回落，开始只是慢慢改变趋势，跌势并不明显，但后期则由卖方完全控制市场，跌势便告转急，说明一个大跌趋势即将来临，未来下跌之势将转急变大。

（3）在多空双方拉锯形成"圆弧顶"期间，影响股价的经济、政治、市场人气、突发消息等各种因素均没有发生，市场只是物极必反的转势心理占据了主导地位，如是个股则是"温水煮青蛙"式的出货情况。

具体的 K 线显示情况如图 6-9 所示。

图 6-9　K 线图经典图解——圆弧顶

资料来源：平安银行国际金融信息平台，http://bank.pingan.com/xiazaizhongxin.shtml.

K 线图经典图解——"圆弧顶"的形态特征如下：

（1）在形态形成的初期市场中往往弥漫着极度乐观的气氛。

（2）成交量没有固定明显的特征，盘面上有时出现巨大而不规则的成交量，一般呈 V 形，有时也呈圆顶形状。

（3）圆顶反转的理论目标点位价格很难确定，一般只有通过支撑压力、百分比、黄金分割等方法来预测价格。

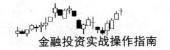
（4）有时当圆形头部形成后，股价并不马上快速下跌，只是反复横向发展形成徘徊区域，当股价一旦向下突破这个横向区域，就会有加速下跌的趋势。当出现"圆弧顶"走势后我们可以遵循以下的操作策略：由于"圆弧顶"没有像其他图形有着明显的卖出点，但其一般形态耗时较长，有足够的时间让投资者依照趋势线、重要均线及均线系统卖出逃命。

我们能够找到的 K 线图形不下上百种，笔者就不一一去讲解了，笔者把主要我们能够看见，用的相对比较多的做空、做多图形做了一个归纳，使读者能够去了解学习一下（见图 6-10）。

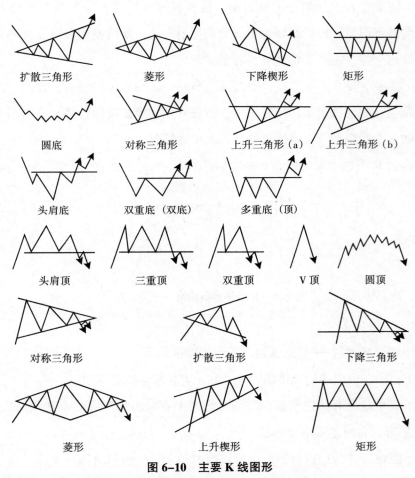

图 6-10　主要 K 线图形

资料来源：吴晓求. 证券投资学［M］. 北京：中国人民大学出版社，2009.

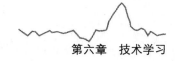

二、均线

移动平均线（Moving Average，MA），原本的意思是移动平均，由于我们将其制作成线形，所以一般称之为移动平均线，简称均线。它是将某一段时间的收盘价之和除以该周期。比如"日线 MA5"指 5 天内的收盘价除以 5 。

移动平均线是由著名的美国投资专家 Joseph E.Granville（葛兰碧，又译为格兰威尔）于 20 世纪中期提出来的。均线理论是当今应用最普遍的技术指标之一，它帮助交易者确认现有趋势、判断将出现的趋势、发现过度衍生即将反转的趋势。

移动平均线常用线有 5 天、10 天、30 天、60 天、120 天和 240 天的指标。其中，5 天和 10 天的是短期移动平均线即短线操作的参照指标，称作日均线指标；30 天和 60 天的是中期均线指标，称作季均线指标；120 天、240 天的是长期均线指标，称作年均线指标。对移动平均线的考查一般从几个方面进行。股民朋友在选股的时候可以把移动平均线作为一个参考指标，移动平均线能够反映出价格趋势走向，所谓移动平均线，就是把某段时间的股价加以平均，再依据这个平均值做出平均线图像。股民朋友可以将日 K 线图和平均线放在同一张图里分析，这样非常直观明了。

移动平均线最常用的方法就是比较证券价格移动平均线与证券自身价格的关系。当证券价格上涨，高于其移动平均线，则产生购买信号；当证券价格下跌，低于其移动平均线，则产生出售信号。之所以产生此信号，是因为人们认为，移动平均线的"线"是支撑或阻挡价格的有力标准。价格应自移动平均线反弹。若未反弹而突破，那么它应继续在该方向上发展，直至其找到能够保持的新水平面。

移动平均线具有以下几个基本特点：①追踪趋势，注意价格的趋势，并追随

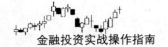

这个趋势，不轻易放弃；②稳定性，因为 MA 的变动不是一天的变动，而是几天的变动，一天的大变动被几天一分摊，变动就会变小而显现不出来；③滞后性；④助涨助跌性；⑤依靠性；⑥支撑线和压力线的特性。

当我们将每日不同大小的移动平均数标于图表上，连接起来，便得到一条上下起伏的曲线，这便是著名的移动平均线。移动平均的种类很多，但总的来说，可分为短期、中期、长期三类。

第一类是短期移动平均线。短期移动平均线主要是 5 日和 10 日的。5 日的是将 5 天数字之和除以 5，求出一个平均数，标于图表上，然后类推计算后面的，再将平均数逐日连起，得到的便是 5 日平均线。由于上证所通常每周有 5 个交易日，因而 5 日线亦称周线。由于 5 日平均线起伏较大，震荡行情时该线形象极不规则，无轨迹可寻，因而诞生了 10 日平均线，此线取 10 日为样本，简单易算，是供投资大众参考与使用的最广泛的移动平均线。它能较为正确地反映短期内股价平均成本的变动情形与趋势，可作为短线进出的依据。

第二类是中期移动平均线。首先是月线，采样为 24 日、25 日或 26 日，该线能让使用者了解股价一个月的平均变动成本，对于中期投资而言，有效性较高，尤其在股市尚未十分明朗前，能预先显示股价未来变动方向。其次是 30 日移动平均线，取意仍是以月为基础，不过由于以 30 日为样本，计算较前者简便。最后是季线，采样为 72 日、73 日或 75 日。由于其波动幅度较短期线移动平均线平滑且有轨迹可寻，较长期移动平均线又敏感度高，因而优点明显。

第三类是长期移动平均线。首先为半年线，采样为 146 日或 150 日，由于沪市上市公司一年分两次公布其财务报表，公司董事、监事与某些消息灵通人士常可先取得这方面的第一手资料，进行炒作，投资者可借此获坐轿之利，不过由于沪市投机性浓厚，投资者注重短线差价利润，因而效果也打了点折扣。200 日移动平均线，是葛南维（Granville）专心研究与试验移动平均线系统后着重推出的，但在国内运用不甚普遍。年线取样 255 日左右，是超级大户、炒手们操作股票时参考的依据。

那么笔者在这里讲到的是在日线上面的使用方法，更多的适合于股票市场，

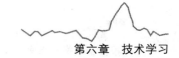

那么在现货市场基本上看不到用日线操作的投资者,所以更多的是在几分钟的 K 线图上面使用,但是并不影响它的实战效果,所以我们在使用均线操作的时候记得使用好周期,同时按照当时的周期去使用均线。它们的原理不管是在多少的分时上面都可以使用得非常好,也非常具备实战的效果。下面笔者依然会在股票市场上面去与大家交流这些技术,但是并不影响它们在现货市场上面使用的效果。

所有平均线种类不外乎上述几种:取样太小,线路不规则;取样太大,线路过于平滑,无明显转点,这是投资者应注意的。

(一)移动平均线特征分析

移动平均线的一些特性对于市场分析是十分重要的,我们就其中的 12 种情形做出具体分析判断:

1. 多头稳定上升

当多头市场进入稳定上升时期,10MA、21MA、68MA 向右上方推升,且三线多头排列(排列顺序自上而下分别为 10MA、21MA、68MA),略呈平行状。

2. 技术回档

当 10MA 由上升趋势向右下方拐头而下,而 21MA 仍然向上方推升时,揭示此波段为多头市场中的技术回档,涨势并未结束。

3. 由空转多

股市由空头市场进入多头市场时,10MA 首先由上而下穿越 K 线图(注意是 K 线图),处于 K 线图的下方(即股价站在 10MA 之上),过几天 21MA、68MA 相继顺次,由上往下穿越 K 线图(既股价顺次站在 21MA、68MA 之上)。

4. 股价盘整

股价盘整时 10MA 与 21MA 交错在一起,若时间拉长 68MA 也会黏合在一起。

5. 盘高与盘低

股价处于盘局时若 10MA 往右上方先行突破上升,则后市必然盘高;若 10MA 往右下方下降时,则后市必然越盘越低。

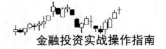

6. 空头进入尾声

空头市场中，若 68MA 能随 10MA 于 21MA 之后，由上而下贯穿 K 线图（即股价站在 68MA 之上），则后市会有一波强劲的反弹，甚至空头市场至此已接近尾声。

7. 由多转空

若 21MA 随 10MA 向右下方拐头而下，68MA 也开始向右下方反转时，表示多头市场即将结束，空头市场即将来临。

8. 跌破 10MA

当市场由多头市场转入空头市场时，10MA 首先由下往上穿越 K 线图，到达 K 线图的上方（股价跌破 10MA），过几天 30MA、68MA 相继顺次由下往上穿越 K 线图，到达 K 线图的上方。

9. 移动平均线依次排列

空头市场移动平均线均在 K 线图之上，且排列顺序从上而下依次是 68MA、21MA、10MA。

10. 反弹开始

空头市场中，若移动 10MA，首先从上而下穿越 K 线图时（K 线图在上方，10MA 在下方），即股价站在 10MA 之上，是股价在空头市场反弹的先兆。

11. 反弹趋势增强

空头市场中，若 21MA 也继 10MA 之后由上而下穿越 K 线图，且 10MA 位于 21MA 之上（即股价站在 21MA 之上，10MA、21MA 多头排列），则反弹趋势将转强。

12. 深幅回档

若 21MA 随 10MA 向右下方拐头而下，68MA 仍然向右上方推升时，揭示此波段为多头市场中的深幅回档。应以持币观望或放空的策略对应。

（二）移动平均线性质

（1）追踪趋势。注意价格的趋势，并追随这个趋势，不轻易放弃。如果从股价的图表中能够找出上升或下降趋势线，那么MA的曲线将保持与趋势线方向一致，能消除中间股价在这个过程中出现的起伏。原始数据的股价图表不具备这个保持追踪趋势的特性。

（2）滞后性。在股价原有趋势发生反转时，由于MA的追踪趋势的特性，MA的行动往往过于迟缓，掉头速度落后于大趋势。这是MA的一个极大的弱点。等MA发出反转信号时，股价掉头的深度已经很大了。

（3）稳定性。通常越长期的移动平均线，越能表现安定的特性，即移动平均线不轻易往上往下，必须等股价涨势真正明朗了，移动平均线才会往上延伸，而且经常股价开始回落之初，移动平均线却是向上的，等到股价下滑显著时，才见移动平均线走下坡，这是移动平均线最大的特色。越短期的移动平均线，安定性越差，越长期的移动平均线，安定性越强，但也因此使得移动平均线有延迟反应的特性。

（4）助涨助跌性。当股价突破了MA时，无论向上突破还是向下突破，股价有继续向突破方面再走一程的愿望，这就是MA的助涨助跌性。

股价从平均线下方向上突破，平均线也开始向右上方移动，可以看作是多头支撑线，股价回跌至平均线附近，自然会产生支撑力量，短期平均线向上移动速度较快，中长期平均线向上移动速度较慢，但都表示一定期间内平均成本增加；卖方力量若稍强于买方，股价回跌至平均线附近，便是买进时机，这是平均线的助涨功效；直到股价上升缓慢或回跌，平均线开始减速移动，股价再回至平均线附近，平均线失去助涨效能，将有重返平均线下方的趋势，最好不要买进。

反过来说，股价从平均线上方向下突破，平均线也开始向右下方移动，成为空头阻力线，股价回升至平均线附近，自然产生阻力，因此平均线往下走时股价回升至平均线附近便是卖出时机，平均线此时有助跌作用。直到股价下跌缓慢或回升，平均线开始减速移动，股价若再与平均线接近，平均线便失去助跌意义，将有重返平均线上方的趋向，不需急于卖出。

（5）支撑线和压力线的特性。由于MA的上述四个特性，使得它在股价走势中起支撑线和压力线的作用。

（三）移动平均线买点卖点普通战法

（1）上升行情初期，短期移动平均线从下向上突破中长期移动平均线，形成的交叉叫黄金交叉，预示股价将上涨。黄色的 5 日均线上穿紫色的 10 日均线形成的交叉、10 日均线上穿绿色的 30 日均线形成的交叉均为黄金交叉。

（2）当短期移动平均线向下跌破中长期移动平均线形成的交叉叫作死亡交叉，预示股价将下跌。黄色的 5 日均线下穿紫色的 10 日均线形成的交叉、10 日均线下穿绿色的 30 日均线形成的交叉均为死亡交叉。但是，不是所有的黄金交叉和死亡交叉都是进货点和出货点。原因是庄家有时会进行骗线。尤其是在上升途中或者下跌途中，庄家可能会进行震荡洗盘或震荡出货。此时，黄金交叉和死亡交叉所指示的买卖点是非常不可靠的，这种情况下，投资者应该小心。

（3）在上升行情进入稳定期，5 日、10 日、30 日移动平均线从上而下依次顺序排列，向右上方移动，称为移动平均线多头排列。预示股价将大幅上涨，如图 6-11 所示。

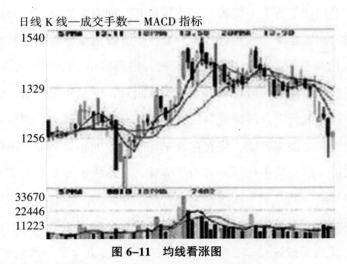

图 6-11 均线看涨图

资料来源：吴晓求. 证券投资学 ［M］. 北京：中国人民大学出版社，2009.

（4）在下跌行情中，5 日、10 日、30 日移动平均线自下而上依次顺序排列，向右下方移动，称为空头排列，预示股价将大幅下跌。

（5）在上升行情中股价位于移动平均线之上，走多头排列的均线可视为多方的防线；当股价回档至移动平均线附近，各条移动平均线依次产生支撑力量，买盘入场推动股价再度上升，这就是移动平均线的助涨作用。

（6）在下跌行情中，股价在移动平均线的下方，呈空头排列的移动平均线可以视为空方的防线，当股价反弹到移动平均线附近时，便会遇到阻力，卖盘涌出，促使股价进一步下跌，这就是移动平均线的助跌作用。

（7）移动平均线由上升转为下降出现最高点，以及由下降转为上升出现最低点时，是移动平均线的转折点。预示股价走势将发生反转。

（8）当移动平均线在底部出现双底形态或三重底形态，就是最佳买入时机。当移动平均线在顶部出现双顶形态或三重顶形态，就是最佳卖出时机。

（9）转点移动平均线运行一段时间后，会出现波峰和波谷，这就是转点。移动平均线的转点非常重要，它通常预示着趋势的转变。当一种移动平均线向上运行，无法再创新高，并显示波峰状，即是股价无力创新高并可能转变趋势下行的征兆，这种转点通常又称为卖点。在下跌过程中，移动平均线向下运行，曲线转平并掉头时，波谷就出现了，即人们所说的买点。投资者应紧跟移动平均线，及时发现转点（波峰和波谷）来寻找买卖点，均线买卖点指示图如图6-12所示。

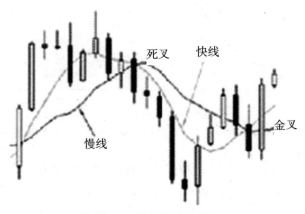

图6-12　均线买卖点指示

资料来源：平安银行国际金融信息平台，http://bank.pingan.com/xiazaizhongxin.shtml.

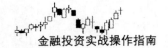

（10）移动平均线简单实用、易于掌握，很受投资人的喜爱。但同时，它也有缺点。主要是在股指、股价窄幅整理或庄家进行震荡洗盘时，短期移动平均线会过多，出现买卖信号，这类信号不易辨别，容易造成误导。另外，投资者的持仓成本对了解移动平均线也很重要。

（11）当10日移动平均线由上升移动而向右下方反折下移时，30日移动平均线却仍向右上方移动，表示此段下跌是多头市场的技术性回档，涨势并未结束。

（12）如果30日移动平均线也跟随10日移动平均线向右下方反折下跌，而60日移动平均线仍然向右上方移动，表示此波段回档较深，宜采取出局观望为主。

（13）如果60日移动平均线也跟随10日、30日移动平均线向右下方反转而下跌，表示多头市场结束，空头市场来临，移动平均线如图6-13所示。

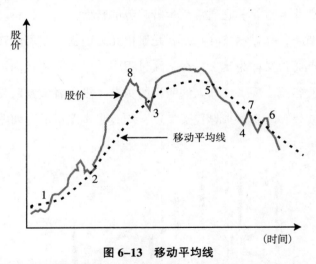

图6-13　移动平均线

资料来源：平安银行国际金融信息平台，http://bank.pingan.com/xiazaizhongxin.shtml.

（14）盘整时，5日、10日、30日移动平均线会纠缠在一起，如盘局时间延长，60日移动平均线也会与之黏合在一起。

（15）大势处于盘局时，如5日、10日移动平均线向右上方突破上升，则后市必然盘高；如5日、10日移动平均线向右下方下行，则后市必然盘跌。

（16）空头市场中，如股价向上突破5日、10日移动平均线并站稳，是股价在空头市场中反弹的征兆。

（17）空头市场中，如股价向上突破 5 日、10 日移动平均线后又站上 30 日移动平均线，且 10 日与 30 日移动平均线形成黄金交叉，则反弹势将转强，后市有一定上升空间。

（18）空头市场中，如股价先后向上突破了 5 日、10 日、30 日移动平均线，又突破了 60 日移动平均线，则后市会有一波强力反弹的中级行情，甚至空头市场就此结束，多头市场开始。

（四）格兰维尔法则

1962 年 7 月，美国投资专家葛兰威尔（Joseph E.Granville）在他出版的新书《葛兰维尔投资法则——对付股价变动最有效的策略》中透露了他的最新发明——移动平均线。出乎他的意料，移动平均线这一追踪趋势的工具，很快就风靡全球。该法则主要体现八种基本特征，因此也叫"八大法则"，如图 6-14 所示。

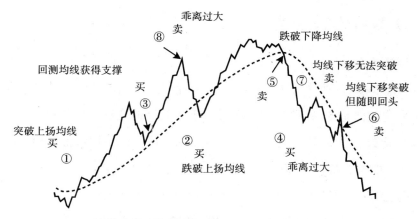

图 6-14　格兰维尔移动平均线八大法则

资料来源：吴晓求.证券投资学［M］北京：中国人民大学出版社，2009.

（1）移动平均线从下降逐渐走平且略向上方抬头，而股价从移动平均线下方向上方突破，为买进信号。

（2）股价位于移动平均线之上运行，回档时未跌破移动平均线后又再度上升时为买进时机。

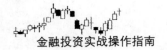
（3）股价位于移动平均线之上运行，回档时跌破移动平均线，但短期移动平均线继续呈上升趋势，此时为买进时机。

（4）股价位于移动平均线以下运行，突然暴跌，距离移动平均线太远，极有可能向移动平均线靠近（物极必反，下跌反弹），此时为买进时机。

（5）股价位于移动平均线之上运行，连续数日大涨，离移动平均线越来越远，说明购买股票者获利丰厚，随时都会产生获利回吐的卖压，应暂时卖出持股。

（6）移动平均线从上升逐渐走平，而股价从移动平均线上方向下跌破移动平均线时说明卖压渐重，应卖出所持股票。

（7）股价位于移动平均线下方运行，反弹时未突破移动平均线，且移动平均线跌势减缓，趋于水平后又出现下跌趋势，此时为卖出时机。

（8）股价反弹后在移动平均线上方徘徊，而移动平均线却继续下跌，宜卖出所持股票。

（五）移动平均线分类

1. 按算法分类

（1）算术移动平均线。所谓移动平均，首先是算术平均数，如 1~10 十个数字，其平均数便是 5.5；移动则意味着这十个数字的变动。假如第一组是 1~10，第二组变成 2~11，第三组又变成 3~12，那么，这三组平均数各不相同。这些不同的平均数的集合统称为移动平均数。

举例说明：某股连续十个交易日收盘价分别为（单位：元）：

8.15、8.07、8.84、8.10、8.40、9.10、9.20、9.10、8.95、8.70

以五天短期均线为例：

第五天均值 = （8.15 + 8.07 + 8.84 + 8.10 + 8.40）/5 = 8.31

第六天均值 = （8.07 + 8.84 + 8.10 + 8.40 + 9.10）/5 = 8.50

第七天均值 = （8.84 + 8.10 + 8.40 + 9.10 + 9.20）/5 = 8.73

第八天均值 = （8.10 + 8.40 + 9.10 + 9.20 + 9.10）/5 = 8.78

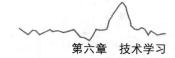
第九天均值 = (8.40 + 9.10 + 9.20 + 9.10 + 8.95)/5 = 8.95

第十天均值 = (9.10 + 9.20 + 9.10 + 8.95 + 8.70)/5 = 9.01

（2）加权移动平均线。 加权的原因是基于移动平均线中，收盘价对未来价格波动的影响最大，因此赋予它较大的权值。加权方式分为四种：

1）末日加权移动平均线：计算公式：

$$MA(N) = (C_1 + C_2 + \cdots + C_n \times 2)/(n + 1)$$

2）线性加权移动平均线：计算公式：

$$MA = (C_1 \times 1 + C_2 \times 2 + \cdots + C_n \times n)/(1 + 2 + \cdots + n)$$

3）梯型加权移动平均线：计算方法（以 5 日为例）：

[（第 1 日收盘价 + 第 2 日收盘价）× 1 +（第 2 日收盘价 + 第 3 日收盘价）× 2 +（第 3 日收盘价 + 第 4 日收盘价）× 3 +（第 4 日收盘价 + 第 5 日收盘价）× 4]/（2 × 1 + 2 × 2 + 2 × 3 + 2 × 4）即为第五日的阶梯加权移动平均线

4）平方系数加权移动平均线：公式（以 5 日为例）：

MA = [（第 1 日收盘价 × 1 × 1）+（第 2 日收盘价 × 2 × 2）+（第 3 日收盘价 × 3 × 3）+（第 4 日收盘价 × 4 × 4）+（第 5 日收盘价 × 5 × 5）]/（1 × 1 + 2 × 2 + 3 × 3 + 4 × 4 + 5 × 5）

（3）指数平滑移动平均线。当指数平滑移动平均线起算基期不同时，起算基期较晚的计算结果会与起算基期较早的数字有所差异。比如从 10 月 30 日起算 5 日指数平滑移动平均线的人，其所计算出的 11 月 5 日的数字一般和 9 日和 10 日起算的人所得的 11 月 5 日的指数平滑移动平均线有所不同。这一差异经过稍长一段时间的平滑运算以后会趋于一致，不会有太大的差异。因此，投资者在计算 EMA 时或运用 EMA 技巧的技术指标如 RSI 和 KD 线时，如计算与他人数字有出入，并非运算有错误。

根据上述现象，投资者不见得需要用算术移动平均线来运算 EMA 的第一个值，事实上第二日即可算出 5 日 EMA 或 10 日 EMA。从 5 日指数平滑移动平均线为例，计算方式首先以算术移动平均线计算出第一移动平均线，第二移动平均线为：（第 6 日收盘价 × 1/5）+（前一日移动平均线 × 4/5）。

公式 $EMA = C_6 \times 1/5 + EMA5 \times 4/5$

2. 按时间分类

（1）短期移动平均线。一般都以 5 天及 10 天为计算期间，代表一周的平均价，可作为短线进出的依据。

（2）中期移动平均线。大多以 30 日为准，称为月移动平均线，代表一个月的平均价或成本，亦有扣除四个星期日以 26 天来做月移动平均线。另有 72 日移动平均线，俗称季线。大致说来月移动平均线有效性极高，尤其在股市尚未十分明朗前，预先显示股价未来变动方向。

（3）长期移动平均线。在欧美股市技术分析所采用的长期移动平均线，多以 200 天为准。因为美国投资专家葛南维经过研究与试验移动平均线系统后，认为 200 日移动平均线最具代表性，在国内则是超级大户、实户与做手操作股票时参考的重要指标，投资人将未来一年世界与国内经济景气动向、各行业的展望、股票发行公司产销状况与成长率仔细研究后，再与其他投资环境（例如银行利率变动、房地产增值比率，以及投资设厂报酬率）做一比较，若投资股票利润较高，则进行市场操作。由于进出数量庞大，炒作期间长，必须要了解平均成本变动情形，故以此样本大小最能代表长期移动平均线。

平均线从下降转为水平，并且有改变移动方向往右上方移动的迹象，而股价多为企稳或反弹向上。在平均线继续向上运行时，股价多会同步向上。其间虽然出现回跌，但依然维持向上移动。平均线走势从上升趋势逐渐转变为盘局，显示股票价格已经相当高，股价多有伴随着回跌。移动平均线处于下降趋势，股价多已出现下跌，股价下跌后有时会出现反弹，或上涨到下跌依托的平均线附近，但很快又会处于下降状态。特别是中长期均线与股价方向一致，呈现"多头排列"的市场环境下，此时的股价上涨如顺水行舟。

在实战中，逆水行舟的股票绝大多数的走势都不理想。这些股票都曾经在中长期均线"下压"的情况下出现逼空式的暴涨，但是这并不说明均线分析错误，这属于均线的另外一种现象——"均线扭转"。这样的情况是属于小概率的事件，不具有普遍性。毕竟这样的股票连 1% 的概率都达不到，在 1000 多家股票中每年

出现几只是很正常的，这并不是普遍的现象。

移动平均线在实战运用时，首先要明确移动平均线的优点和缺点，优点是可以让投资者做到顺势而为，缺点是在震荡市道中较难把握。充分发挥移动平均线的优点，在单边市上涨行情中可很好地把握市场机会，在单边市的下跌行情中可很好地规避市场风险。这犹如顺水行舟时，船在水流的冲击下，发动机提供足够的动力加上水流的动力，行驶就会很轻松。在实战中，股票的股价相当于船，而均线相当于水，当中长期均线的方向与股价的方向相同的时候，进行相应方向的操作，顺水行舟，这样采用充分利用移动平均线（即水）的力量，在实战中的意义是非常大的，可帮助自己更好地把握市场机会规避市场风险。所以在"均线与股价方向一致、多头排列"的情况下，成交量活跃的价值股是值得重点关注的好股票。"逆水行舟"和"顺水行舟"在股价的运动趋势中是非常重要的，如果你能够深刻理解它，把握它，并熟练运用它，那么你的财富就会随之滚滚而来。

利用均线组合来把握市场机会。采用两条移动平均线组合分析时，天数少的移动平均线升破天数多的移动平均线即为买入信号，反之跌破天数多的移动平均线即为卖出信号。移动平均线的优点在于辨认长期趋势，在移动平均线向自己有利的方面发展时，可继续持股，直到移动平均线掉头转向才平仓，可获巨大利润；在移动平均线对自己不利的方面发展时，可及早抛出，将风险降至最低。短期的移动平均线可以取至 3~5 天，中期可取 12 天，长期取一个月，超长为两月以上。

三、布林线

布林线（Boll）指标是通过计算股价的"标准差"，再求股价的"信赖区间"。该指标在图形上画出三条线，其中上下两条线可以分别看成是股价的压力线和支

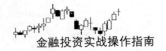

撑线，而在两条线之间还有一条股价平均线，布林线指标的参数最好设为 20。一般来说，股价会运行在压力线和支撑线所形成的通道中。

布林线由四条线构成，分别为 B1 线、B2 线、B3 线及 B4 线。B1 线为指数（或股价）阻力线，B4 线是支撑线，从布林线的宽度可以看出指数或股价的变动区间，股价盘整时，四线收缩，称收口；股价向上或向下突破时，四线打开，称为开口。当股价向上击穿 B1 阻力线时，卖点出现，向下击穿 B4 线时，买点出现，当股价沿着阻力线（支撑线）上升（下降），虽并未击穿支撑线（压力线），但已回头突破 B2 线（B3 线）时，也是较佳卖（买）点。该指标计算较复杂，不用赘述，股民朋友可从钱龙动态、静态中调出，须指出的是，动态中布林线是三条线，B2 线、B3 线合二为一为 MB 线，操作方式与静态钱龙相同。

技术指标布林通道线的运用，通常是作为研判股价走势的辅助指标，即通过股价所处于布林通道内的位置来评估股票走势的强弱，当价格线位于布林线中轨之上时，则多半为多头市场，可持股或买入，而当价格线处于布林线中轨之下时，则多半为空头市场，介入宜小心，布林通道的两极为上轨和下轨，表示极强和极弱。那么，能否根据股价在布林通道中运行的轨迹寻找出一套行之有效的买卖方法呢？答案是肯定的，而且在许多种情形下，运用布林线指标进行买卖，其操作的成功率远胜于借助于 KDJ、RSI 甚至移动平均线进行买卖。巧用布林线买卖将使我们有可能避开庄家利用一些常用技术指标诱多或者诱空的陷阱，因为庄家要想在布林通道线上做手脚，几乎是不可能的。

(一) 布林带的原理

BOLL 指标是美国股市分析家约翰·布林根据统计学中的标准差原理设计出来的一种非常简单实用的技术分析指标。一般而言，股价的运动总是围绕某一价值中枢（如均线、成本线等）在一定的范围内变动，布林线指标正是在上述条件的基础上，引进了"股价通道"的概念，其认为股价通道的宽窄随着股价波动幅度的大小而变化，而且股价通道又具有变异性，它会随着股价的变化而自动调整。正是由于它具有灵活性、直观性和趋势性的特点，BOLL 指标渐渐成为投资者广

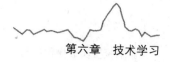

为应用的市场上的热门指标。

在众多技术分析指标中，BOLL 指标属于比较特殊的一类指标。绝大多数技术分析指标都是通过数量的方法构造出来的，它们本身不依赖趋势分析和形态分析，而 BOLL 指标与股价的形态和趋势有着密不可分的联系。BOLL 指标中的"股价通道"概念正是股价趋势理论的直观表现形式。BOLL 利用"股价通道"来显示股价的各种价位，当股价波动很小，处于盘整时，股价通道就会变窄，这可能预示着股价的波动处于暂时的平静期；当股价波动超出狭窄的股价通道的上轨时，预示着股价的异常激烈的向上波动即将开始；当股价波动超出狭窄的股价通道的下轨时，同样也预示着股价的异常激烈的向下波动将开始。

投资者常常会遇到两种最常见的交易陷阱：一是买低陷阱，投资者在所谓的低位买进之后，股价不仅没有止跌反而不断下跌；二是卖高陷阱，股票在所谓的高点卖出后，股价却一路上涨。布林线认为各类市场间都是互动的，市场内和市场间的各种变化都是相对性的，是不存在绝对性的，股价的高低是相对的，股价在上轨线以上或在下轨线以下只反映该股股价相对较高或较低，投资者做出投资判断前还需综合参考其他技术指标，包括价量配合、心理类指标、类比类指标、市场间的关联数据等。

总之，BOLL 指标中的股价通道对预测未来行情的走势起着重要的参考作用，它也是布林线指标所特有的分析手段。

（二）布林带的作用

布林线指标的一般用法在许多书上都有讲述，这里就不多讲了。笔者主要想讲一讲布林线指标对行情的预告作用，虽然，像 KDJ、MACD 等指标可以通过低位向上交叉来作为买入信号或通过高位向下交叉来作为卖出信号，但这些指标都有一个缺点，就是在股价盘整的时候会失去作用或产生骗线，给投资者带来损失。通常在股价盘整的过程中，投资者最想知道的一定是股价要盘整到什么时候才会产生行情。因为如果太早买入股票，股票却又迟迟不涨，资金的利用率就会降低，而且投资者还要承担股价下跌的风险。布林线指标则恰恰可以在这时发挥

其神奇的作用，对盘整的结束给予正确的提示，使投资者避免太早买入股票。

在选定布林线指标开口较小的股票后，先不要急于买进，因为布林线指标只告诉我们这些股票随时会突破，但没有告诉我们股价突破的方向。符合以下几个条件的股票向上突破的可能性较大：第一，上市公司的基本面要好，这样主力在拉抬时，才能吸引大量的跟风盘。第二，在 K 线图上，股价最好站在 250 日、120 日、60 日、30 日和 10 日均线上。第三，要看当前股价所处的位置，最好选择股价在相对底部的股票，对那些在高位横盘或上升和下降途中横盘的股票要加倍小心。第四，指标 W%R（10）和 W%R（30）的值都大于 50；指标 DMI（14）指标中 +DI 大于 –DI，ADX 和 ADXR 均向上走。笔者认为最佳的买入时机是在股价放量向上突破，布林线指标开口扩大后。

布林线指标本身没有提供明确的卖出信号，但笔者经过观察，可以利用股价跌破布林线股价平均线作为卖出信号。

（三）布林带的功能

布林线具备以下几大功能：①布林线可以指示支撑和压力位置；②布林线可以显示超买，超卖；③布林线可以指示趋势；④布林线具备通道作用。

布林线因具备多种功能，使用起来非常方便有效，一旦掌握，信号明确，使用灵活，受到了专业投资者的喜爱，同时也是国际金融市场上最常用的技术指标之一。

1. 在常态范围内，布林线使用的技术和方法

常态范围通常是股价运行在一定宽度的带状范围内，它的特征是股价没有极度大涨大跌，处在一种相对平衡的状态之中，此时使用布林线的方法非常简单。

（1）当股价穿越上限压力线（动态上限压力线，静态最上压力线 $BOLB_1$）时，为卖点信号。

（2）当股价穿越下限支撑线（动态下限支撑线，静态最下支撑线 $BOLB_4$）时，为买点信号。

（3）当股价由下向上穿越中界限（静态从 $BOLB_4$ 穿越 $BOLB_3$）时，为加码

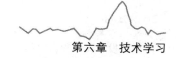

信号。

（4）当股价由上向下穿越中界线（静态由 $BOLB_1$ 穿越 $BOLB_2$）时，为卖出信号。

2. 在单边上升行情下布林线的使用方法

在一个强势市场中，股价连续上升，通常股价会运行在 $BOLB_1$ 和 $BOLB_2$ 之间，当股价连续上升较长时间，股价上穿 $BOLB_1$，次日又下穿 $BOLB_1$ 且进一步打破 $BOLB_2$，带动 $BOLB_1$ 曲线，出现由上升转平的明显拐点，此时为卖出信号。

3. 缩口的意义

（1）股价经过数波下跌后，随后常会转为较长时间的窄幅整理，这时我们发现布林线的上限和下限空间极小，越来越窄，越来越近，盘中显示股价的最高价和最低价差价极小，短线没有获利空间，经常是连手续费都挣不出来，盘中交易不活跃，成交量稀少，投资者要密切注意此种缩口情况，因为一轮大行情可能正在酝酿中，一旦成交量增大，股价上升，布林线开口扩大，上升行情宣告开始。

（2）如布林线在高位开口极度缩小，一旦股价向下破位，布林线开口放大，一轮跌势将不可避免。

4. 布林线开口的意义

（1）当股价由低位向高位经过数浪上升后，布林线最上压力线和最下支撑线开口达到了极大程度，并且开口不能继续放大转为收缩时，此时是卖出信号，通常股价紧跟着是一轮大幅下跌或调整行情。

（2）当股价经过数次大幅下跌，布林线上限和下限的开口不能继续放大，布林线上限压力线提前由上向下缩口，等到布林线下限支撑线随后由下向上缩口时，一轮跌势将告结束。

5. 使用布林线的注意事项

（1）布林线参数的设定不得小于 6，静态钱龙值通常是 10；动态钱龙设定时通常为 20。

（2）使用布林线要注意判明是在常态区还是非常态区，在非常态区不能单纯以"破上限卖，破下限买"为原则。

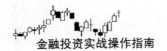
（3）动用开口缩小，在低位容易捕捉住牛股，但在高位或一旦缩口后，股价向下突破，常会有较大的下跌空间。

（4）可将布林线和其他指标配合使用，效果会更好，如成交量、KDJ 指标等。我们接下来可以详细看看，布林带的特殊使用方法。

图 6-15 和图 6-16 中，也用加粗的圆圈做了标示，我们可以看看这些加粗的圆圈里面的图形，这也是接下来要讲的一种做空方法，如果能够看出它们的共同点，那么基本可以知道一些原理了。

图 6-15　布林带做空图 a

资料来源：平安银行国际金融信息平台，http://bank.pingan.com/xiazaizhongxin.shtml.

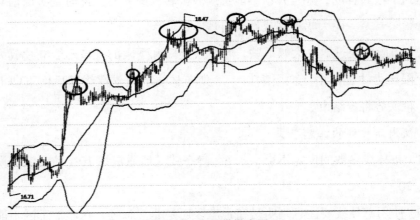

图 6-16　布林带做空图 b

资料来源：平安银行国际金融信息平台，http://bank.pingan.com/xiazaizhongxin.shtml.

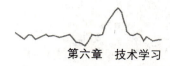

首先我们可以看见它们之间的共同点是都上穿了布林带的上轨，然后回调下来。而且利润不管是多少，但是都有相应的回调，这些回调最少是 30 个点，大一些的回调是几百个点的行情，如果做过相关投资则应该知道这些点意味着什么。那么我们现在去学习一下做单点，"什么时候介入这个空单"。首先明白的是，市场上涨，肯定是以阳线的方式上涨上去，那么下跌肯定是以阴线的方式跌下来，所以当市场以阳线的方式上涨上去收第一根阴线的时候，此时至关重要。布林带做空图 c 如图 6-17 所示。

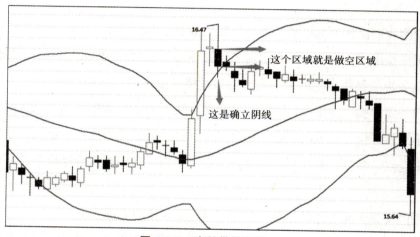

图 6-17　布林带做空图 c

资料来源：平安银行国际金融信息平台，http://bank.pingan.com/xiazaizhongxin.shtml。

在做单子之前，行情必须满足的条件：

（1）阳线实体上穿布林带上轨（布林带参数 26）。

（2）必须收阴线，而且阴线实体越大越好。

（3）布林带上轨到中轨必须有获利空间。

（4）阴线必须确立（阴线必须走完确定，不能还是在跳动的）。

满足上面四个条件以后，接下来就是做单了，那么在刚刚讲到的第四条里面，收阴线确立以后，阴线的实体范围都是后面行情的做空区域。

在确立阴线走出来以后，后面的阴线就走在了确立阴线的实体区域里面，也就是我们的做空区域，我们的空单就是在确立阴线后面的 K 线时间里面操作，这

是一个区域，不是一个点，所以单子是绝对可以做进去的。接下来的就是一波下跌，这种操作方法，是我们自己研究了很久，通过实际行情验证无数次，绝对是可行的操作方法。我们经过统计，发现这个交易系统的成功概率在84%，当然无法实现100%的成功概率，我们在目前的市场上面也没有发现过100%成功概率的交易系统，后面我们会讲到华尔街的投资秘术，华尔街的投资大师江恩老师的投资成功概率最高也就是92.7%，无法达到100%的成功概率，所以在目前的市场上，想绝对盈利，想绝对赚钱，或者有人向你保证100%赚钱时，绝对是忽悠人的。

刚刚我们讲到了把单子做进去，那么接下来我们需要去分析一下，什么时候把单子平仓出来。在市场上有一句老话说，"会买的是徒弟，会卖的是师傅"，那么现在分析的操作系统就是"会买的是师傅，会卖的是徒弟"。因为"买"比较难，但是要"卖"却很容易：第一目标是中轨，第二目标是下轨；只有两个目标位，第一目标位是稳健的平仓点，第二目标位是最后的平仓点，也可以理解为激进的平仓点。目标非常简单，同时也必须讲明白，我们的这套操作系统必须带上止损。

刚刚讲到了此方法的好处，但是同时也必须讲讲它的劣势。

此交易方法必须在30分钟或者60分钟行情上面操作。此种交易系统需要满足的图形出现概率很少，基本一个星期出现一次，所以这个交易系统，基本一个星期只会使用一次，如果错过了，短期内就不会再给机会。也就是说市场一个星期会送一次钱，看是否能按照所说的去把握。

我们再把这个操作系统提升一个层次，也就是用更加完善的方法，成功率会提升到90%，但是读者必须把握了前面所讲到的操作系统才能去学习接下来的操作方法，最好能够熟练把握上面的操作方法再来学习下面的内容。

我们下面要讲两方面内容：第一，如何提升成功概率？第二，如何以更好的点位进去？

（1）如何提高成功概率？在市场中，有一个说法叫做"相互验证"，而我们说到的提高成功概率也就是通过结合使用来提高。这里可以结合的指标很多，包

括量能指标、摆动类指标，但是切忌使用趋势类指标。这个操作系统属于逆势操作系统，所以千万不能使用顺势思维，不然只会自相矛盾。在下面一个操作系统里面，我们会详细讲到结合以后的结果。

（2）如何以更好的点位进去？这个是需要重点讲的，前文讲到的是在市场阴线确立的时候再进去，基本点位都会晚一些，如果市场直接下去了，那么都没有进去的可能。现在就来详细讲解一下行情没有走出来之前的入场方法。首先，如果是 60 分钟的阴线，肯定是由两个 30 分钟的 K 线组成的，我们发现 30 分钟的阴线已经走阴线，那么说明市场很弱，这个时候我们就需要去判断市场走阴线的概率，当然不能 100% 肯定走阴，只有当行情完全走出来才能确定走阴，不然都有失败的可能。那么基本上，在一个 30 分钟走完，在第二个 30 分钟里面，我们基本就可以去判断行情的走阳还是阴。这个时候，如果我们能够判断行情的走阴，那么也就是我们的进场时间，这个时候的进场会更早，也会更好，同时会避免错过行情，当然更加高深的就是 15 分钟甚至 5 分钟的行情去判断了，那就更加难判断了，我们就不详细继续往下讲了。图 6-18 和图 6-19 就是 60 分钟和 30 分钟的行情判别。

图 6-18 市场 60 分钟线

资料来源：平安银行国际金融信息平台，http://bank.pingan.com/xiazaizhongxin.shtml.

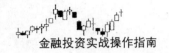

图 6-19　市场 30 分钟线

资料来源：平安银行国际金融信息平台，http://bank.pingan.com/xiazaizhongxin.shtml.

四、MACD

MACD 称为指数平滑异同平均线，是从双指数移动平均线发展而来的，由快的指数移动平均线（EMA）减去慢的指数移动平均线，MACD 的意义和双移动平均线基本相同，但阅读起来更方便。当 MACD 从负数转向正数，是买的信号。当 MACD 从正数转向负数，是卖的信号。当 MACD 以大角度变化，表示快的移动平均线和慢的移动平均线的差距非常迅速地拉开，代表了一个市场大趋势的转变。

MACD 在应用上应先行计算出快速（一般选 12 日）移动平均值与慢速（一般选 26 日）移动平均值。以这两个数值作为测量两者（快速与慢速线）间的"差离值"依据。所谓"差离值"（DIF），即 12 日 EMA 数值减去 26 日 EMA 数值。因此，在持续的涨势中，12 日 EMA 在 26 日 EMA 之上。其间的正差离值（+DIF）会越来越大。反之在跌势中，差离值可能变负（-DIF），也越来越大。至于行情开始回转，正或负差离值要缩小到一定的程度，才真正是行情反转的信

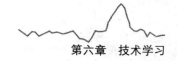

号。MACD 的反转信号界定为"差离值"的 9 日移动平均值（9 日 EMA）。在
MACD 的指数平滑移动平均线计算公式中，都分别加 T+1 交易日的分量权值，以
现在流行的参数 12 和 26 为例，其公式如下：

12 日 EMA 的计算：EMA12 = 前一日 EMA12 × 11/13 + 今日收盘 × 2/13

26 日 EMA 的计算：EMA26 = 前一日 EMA26 × 25/27 + 今日收盘 × 2/27

差离值（DIF）的计算： DIF = EMA12 − EMA26

根据差离值计算其 9 日的 EMA，即离差平均值，是所求的 MACD 值。为了
不与指标原名相混淆，此值又名 DEA 或 DEM。

今日 DEA =（前一日 DEA × 8/10 + 今日 DIF × 2/10）

计算出的 DIF 与 DEA 为正值或负值，因而形成在 0 轴上下移动的两条快速
与慢速线。为了方便判断，用 DIF 减去 DEA，用以绘制柱状图。

MACD 指标是由两线一柱组合起来形成，快速线为 DIF，慢速线为 DEA，柱
状图为 MACD。在各类投资中，有以下方法供投资者参考：

（1）当 DIF 和 MACD 均大于 0（即在图形上表示为它们处于零线以上）并向
上移动时，一般表示为行情处于多头行情中，可以买入开仓或多头持仓。

（2）当 DIF 和 MACD 均小于 0（即在图形上表示为它们处于零线以下）并向
下移动时，一般表示为行情处于空头行情中，可以卖出开仓或观望。

（3）当 DIF 和 MACD 均大于 0（即在图形上表示为它们处于零线以上）但都
向下移动时，一般表示为行情处于下跌阶段，可以卖出开仓和观望。

（4）当 DIF 和 MACD 均小于 0 时（即在图形上表示为它们处于零线以下）
但向上移动时，一般表示为行情即将上涨，股票将上涨，可以买入开仓或多头
持仓。

根据移动平均线原理所发展出来的 MACD，一来克服了移动平均线假信号频
繁的缺陷，二来能确保移动平均线最大的战果（见图 6-20）。

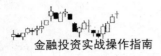

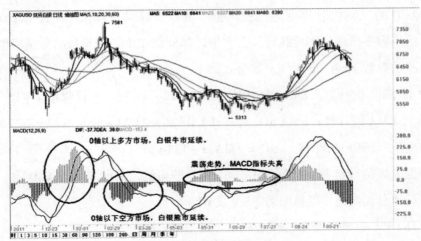

图 6-20　MACD 趋势

资料来源：平安银行国际金融信息平台，http://bank.pingan.com/xiazaizhongxin.shtml.

其买卖原则为：

（1）DIF、DEA 均为正，DIF 向上突破 DEA，买入信号参考。

（2）DIF、DEA 均为负，DIF 向下跌破 DEA，卖出信号参考。

（3）DIF 线与 K 线发生背离，行情可能出现反转信号。

（4）MACD 的值从正数变成负数，或者从负数变成正数并不是交易信号，因为它们落后于市场。

（一）MACD 的构造原理

MACD 指标是基于均线的构造原理，对价格收盘价进行平滑处理（求出算术平均值）后的一种趋向类指标。它主要由两部分组成，即正负差（DIF）、异同平均数（DEA），其中，正负差是核心，DEA 是辅助。DIF 是快速平滑移动平均线（EMA1）和慢速平滑移动平均线（EMA2）的差。在现有的技术分析软件中，MACD 常用参数是快速平滑移动平均线为 12，慢速平滑移动平均线参数为 26。此外，MACD 还有一个辅助指标——柱状线（BAR）。在大多数技术分析软件中，柱状线是有颜色的，低于 0 轴以下是绿色，高于 0 轴以上是红色，前者表示趋势向下，后者表示趋势向上，柱状线越长，趋势越强。

下面我们来说一下使用 MACD 指标所应当遵循的基本原则：

（1）当 DIF 和 DEA 处于 0 轴以上时，属于多头市场。

（2）当 DIF 和 DEA 处于 0 轴以下时，属于空头市场。

（3）柱状线收缩和放大。

（4）牛皮市道中指标将失真。

（二）MACD 指标的应用

MACD 指标在应用中的基本用法：

（1）MACD 金叉：DIFF 由下向上突破 DEA，为买入信号。

（2）MACD 死叉：DIFF 由上向下突破 DEA，为卖出信号。

（3）MACD 由绿转红：MACD 值由负变正，市场由空头转为多头。

（4）MACD 由红转绿：MACD 值由正变负，市场由多头转为空头。

（5）DIFF 与 DEA 均为正值，即都在零轴线以上时，大势属多头市场，DIFF 向上突破 DEA，可做买。

（6）DIFF 与 DEA 均为负值，即都在零轴线以下时，大势属空头市场，DIFF 向下跌破 DEA，可做卖。

（7）当 DEA 线与 K 线趋势发生背离时为反转信号。

（8）DEA 在盘整局面时失误率较高，但如果配合 RSI 及 KD 指标可适当弥补缺点。

MACD 指标在应用中存在以下缺点：

（1）当行情忽上忽下、幅度太小或盘整时，按照信号进场后随即又要出场，买卖之间可能没有利润，也许还要赔点价差或手续费。

（2）一两天内涨跌幅度特别大时，MACD 来不及反应，因为 MACD 的移动相当缓和，比较行情的移动有一定的时间差，所以一旦行情迅速大幅涨跌，MACD 不会立即产生信号，此时，MACD 无法发生作用。

由于网上炒股的快捷、便利、信息传播快、辅助软件分析等带来的便利，使得越来越多的投资者更加偏爱于技术面的分析，在技术面指标中，KDJ 和 MACD

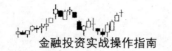

金融投资实战操作指南

被广大投资者所运用。大多数非专业投资者觉得，KDJ 指标发出的买卖信号太过频繁，出错几率较大，一般投资者往往不太适用这种判断指标。相对于 KDJ 而言，MACD 指标的使用相对要简单且出错几率较小。特别是在判断长期趋势中，长周期 K 线的 MACD 指标准确率更高。

MACD 的经典用法为：

（1）顺势操作——金叉/死叉战法。就是追涨杀跌，在多头市场时金叉买入，在空头市场时死叉卖出。

（2）逆市操作——顶底背离战法。就是逃顶抄底，在顶背离时卖空，在底背离时买多。

在一轮多头行情中，价格是创新高后还有新高，均线是完美的多头排列，光看价格和均线似乎上涨行情会没完没了。然而，当市场情绪完全被当前趋势所感染的时候，市场往往已经运行在第五浪了。这时候上涨空间有限，而下行空间无限。用 MACD 的头肩顶模式（右肩背离）——是一帖有效的清醒剂，往往可以提醒投机者行情随时有结束的可能性。

（三）MACD 与 KDJ 合作

市场最常用的技术指标是 KDJ 指标与 MACD 指标。KDJ 指标是一种超前指标，运用上多以短线操作为主；MACD 又叫平滑异同移动平均线，是市场平均成本的离差值，一般反映中线的整体趋势。理论上分析，KDJ 指标的超前主要体现在对股价的反应速度上，在 80 附近属于强势超买区，股价有一定风险；在 50 为徘徊区；在 20 附近则为较安全区域，属于超卖区，可以建仓，但由于其速度较快而往往造成频繁出现的买入与卖出信号失误较多。MACD 指标则因为基本与市场价格同步移动，使发出信号的要求和限制增加，从而避免了假信号的出现。这两者结合起来判断市场的好处是：可以更为准确地把握住 KDJ 指标短线买入与卖出的信号。同时由于 MACD 指标的特性所反映的中线趋势，利用两个指标将可以判定股票价格的中、短期波动。

当 MACD 保持原有方向时，KDJ 指标在超买或超卖状态下，股价仍将按照

已定的趋势运行。因此在操作上，投资者可以用此判断市场是调整还是反转，同时也可以适当地回避短期调整风险，以博取短差。观察该股，横盘调整已经接近尾声，可以看到 MACD 仍然在维持原有的上升趋势，而 KDJ 指标经过调整后也已在 50 上方向上即将形成金叉，预示着股价短线上依然有机会再次上扬。总的来说，对于短期走势的判断，KDJ 发出的买卖信号需要用 MACD 来验证配合，一旦二者均发出同一指令，则买卖准确率将较高。

五、KDJ

KDJ 指标又叫随机指标，是一种相当新颖、实用的技术分析指标，它起先用于现货市场的分析，后被广泛用于股市的中短期趋势分析，是现货和股票市场上最常用的技术分析工具。

随机指标 KDJ 一般是用于现货分析的统计体系，根据统计学原理，通过一个特定的周期（常为 9 日、9 周等）内出现过的最高价、最低价及最后一个计算周期的收盘价及这三者之间的比例关系，来计算最后一个计算周期的未成熟随机值 RSV，然后根据平滑移动平均线的方法来计算 K 值、D 值与 J 值，并绘成曲线图来研判现货走势。

KDJ 指标的中文名称又叫随机指标，最早起源于期货市场，由乔治·莱恩（George Lane）首创。随机指标 KDJ 最早是以 KD 指标的形式出现，而 KD 指标是在威廉指标的基础上发展起来的。不过 KD 指标只判断股票的超买超卖现象，在 KDJ 指标中则融合了移动平均线速度上的观念，形成比较准确的买卖信号依据。在实践中，K 线与 D 线配合 J 线组成 KDJ 指标来使用。KDJ 指标在设计过程中主要是研究最高价、最低价和收盘价之间的关系，同时也融合了动量观念、强弱指标和移动平均线的一些优点。因此，能够比较迅速、快捷、直观地研判行情，被广泛用于股市的中短期趋势分析，是期货和股票市场上最常用的技术分析

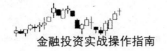

工具。

随机指标 KDJ 是以最高价、最低价及收盘价为基本数据进行计算，得出的 K 值、D 值和 J 值分别在指标的坐标上形成一个点，连接无数个这样的点位，就形成一个完整的、能反映价格波动趋势的 KDJ 指标。它主要是利用价格波动的真实波幅来反映价格走势的强弱和超买超卖现象，在价格尚未上升或下降之前发出买卖信号的一种技术工具。它在设计过程中主要是研究最高价、最低价和收盘价之间的关系，同时也融合了动量观念、强弱指标和移动平均线的一些优点，因此，能够比较迅速、快捷、直观地研判行情。由于 KDJ 线本质上是一个随机波动的观念，故其对于掌握中短期行情走势比较准确。

（一）KDJ 的计算方法

KDJ 的计算比较复杂，首先要计算周期（n 日、n 周等）的 RSV 值，即未成熟随机指标值，然后再计算 K 值、D 值、J 值等。以日 KDJ 数值的计算为例，其计算公式为：

n 日 RSV = $(C_n - L_n) \div (H_n - L_n) \times 100$

公式中，C_n 为第 n 日收盘价；L_n 为 n 日内的最低价；H_n 为 n 日内的最高价。

其次，计算 K 值、D 值与 J 值：

当日 K 值 = 2/3 × 前一日 K 值 + 1/3 × 当日 RSV

当日 D 值 = 2/3 × 前一日 D 值 + 1/3 × 当日 K 值

若无前一日 K 值与 D 值，则可分别用 50 来代替。

J 值 = 3 × 当日 K 值 – 2 × 当日 D 值

以 9 日为周期的 KD 线为例，即未成熟随机值，计算公式为：

9 日 RSV = $(C - L_9) \div (H_9 - L_9) \times 100$

公式中，C 为第 9 日的收盘价；L_9 为 9 日内的最低价；H_9 为 9 日内的最高价。

K 值 = 2/3 × 第 8 日 K 值 + 1/3 × 第 9 日 RSV

D 值 = 2/3 × 第 8 日 D 值 + 1/3 × 第 9 日 K 值

J 值 = 3 × 第 9 日 K 值 – 2 × 第 9 日 D 值

若无前一日的 K 值与 D 值，则可以分别用 50 代替。

（二）KDJ 的应用基础

KDJ 随机指标反应比较敏感快速，是一种进行中短期趋势波段分析研判的较佳的技术指标。一般对做大资金大波段的人来说，一般当月 KDJ 值在低位时逐步进场吸纳；主力平时运作时偏重周 KDJ 所处的位置，对中线波段的循环高低点做出研判结果，所以往往出现单边式造成日 KDJ 的屡屡钝化现象；日 KDJ 对股价变化方向反应极为敏感，是日常买进卖出的重要方法；对于做小波段的短线客来说，30 分钟和 60 分钟 KDJ 又是重要的参考指标；对于已指定买卖计划即刻下单的投资者，5 分钟和 15 分钟 KDJ 可以提供最佳的进出时间。

KDJ 的使用技巧为：

（1）K 值与 D 值永远介于 0 到 100 之间。D 值大于 70 时，行情呈现超买现象；D 值小于 30 时，行情呈现超卖现象。

（2）上涨趋势中，K 值大于 D 值，K 线向上突破 D 线时，为买进信号。下跌趋势中，K 值小于 D 值，K 线向下跌破 D 线时，为卖出信号。

（3）KD 指标不仅能反映出市场的超买超卖程度，还能通过交叉突破发出买卖信号。

（4）KD 指标不适于发行量小、交易不活跃的股票，但是 KD 指标对大盘和热门大盘股有极高准确性。

（5）当随机指标与股价出现背离时，一般为转势的信号。

（6）K 值和 D 值上升或者下跌的速度减弱，倾斜度趋于平缓是短期转势的预警信号。

KDJ 的指标分析：

面对变幻莫测的中国股市行情，学会并准确利用相关技术指标进行股票分析就显得很有必要，它可以帮助我们更好地抓住规律，更好地着手操作。下面从五个方面讲解炒股的入门知识——关于 KDJ 指标的分析。

第一个方面，KD 指标的背离。在 KD 处在高位或低位，如果出现与股价走

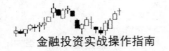
向的背离，则是采取行动的信号。

第二个方面，J 指标取值超过 100 和低于 0，都属于价格的非正常区域，大于 100 为超买，小于 0 为超卖。

第三个方面，KD 的取值。KD 的统一取值范围是 0~100，我们可以将其划分为三个区域：80 以上为超买区，20 以下为超卖区，其余为徘徊区。但是这里股票投资者需要注意的是：这种划分只是一个信号提示，不能完全按这种分析的方法进行操作。

第四个方面，KD 指标的交叉。K 与 D 的关系就如同股价与 MA 的关系一样，也有死亡交叉和黄金交叉的问题。

第五个方面，KD 指标曲线的形态。当 KD 指标在较高或较低的位置形成了头肩形和多重顶（底）时，是采取行动的信号。这里股票投资者同样需要注意的是，这些形态一定要在较高位置或较低位置出现，位置越高或越低，结论越可靠。

（三）KDJ 的实战

KDJ 常用的默认参数是 9，就笔者个人的使用经验而言，短线可以将参数改为 5，不但反应更加敏捷、迅速和准确，而且可以降低钝化现象，一般常用的 KDJ 参数有 5，9，19，36，45，73 等。实战中还应将不同的周期综合来分析，短中长趋势便会一目了然，如出现不同周期共振现象，说明趋势的可靠度加大。

实战形势的判断：

（1）K 线是快速确认线——数值在 90 以上为超买，数值在 10 以下为超卖；D 线是慢速主干线——数值在 80 以上为超买，数值在 20 以下为超卖；J 线为方向敏感线，当 J 值大于 90，特别是连续 5 天以上，股价至少会形成短期头部，反之 J 值小于 10 时，特别是连续数天以上，股价至少会形成短期底部。

（2）当 K 值由较小逐渐大于 D 值，在图形上显示 K 线从下方上穿 D 线，所以在图形上 K 线向上突破 D 线时，俗称"金叉"，即为买进的信号。

实战时当 K 线与 D 线在 20 以下交叉向上，此时的短期买入的信号较为准

确；如果 K 值在 50 以下，由下往上接连两次上穿 D 线，形成右底比左底高的"W 底"形态时，后市股价可能会有相当的涨幅。

（3）当 K 值由较大逐渐小于 D 值，在图形上显示 K 线从上方下穿 D 线，显示趋势是向下的，所以在图形上 K 线向下突破 D 线时，俗称"死叉"，即为卖出的信号。实战时当 K，D 线在 80 以上交叉向下，此时的短期卖出的信号较为准确；如果 K 值在 50 以上，由上往下接连两次下穿 D 值，形成右头比左头低的"M 头"形态时，后市股价可能会有相当的跌幅。

（4）通过 KDJ 与股价背离的走势，判断股价顶底也是颇为实用的方法：①股价创新高，而 KD 值没有创新高，为顶背离，应卖出；②股价创新低，而 KD 值没有创新低，为底背离，应买入；③股价没有创新高，而 KD 值创新高，为顶背离，应卖出；④股价没有创新低，而 KD 值创新低，为底背离，应买入。

需要注意的是，KDJ 顶底背离判定的方法，只能和前一波高低点时 KD 值相比，不能跳过去相比较。

基本搜索投资者往往会在指标运用过程中产生这样的疑惑：有时指标严重超买，价格却继续上涨；有时指标在超卖区钝化十几周而价格仍未止跌企稳。实际上，投资者在这里混淆了指标与价格的关系。指标不能决定市场的走向，价格本身才决定指标的运行状况。价格是因，指标是果，由因可推出果，由果来溯因则是本末倒置。事实上，最能有效体现市场行为的是形态，投资者首先应当从技术形态中分析市场参与者的心理变化并服从市场。在涨跌趋势未改变之前，不要试图运用指标的超买、超卖或钝化等来盲目断定市场该反弹、该回调了。所以我们应当灵活地运用 KDJ 指标，充分发挥其辅助参考作用。

（四）KDJ 的钝化问题

KDJ 指标是技术分析人员经常使用的一种指标，此种指标的优点在于反应敏感，能给出非常明显的进货信号和出货信号，如黄金交叉进货、死亡交叉出货，使用者易于掌握，只要看进货出货信号就可以了。但 KDJ 指标又有非常明显的不足，如它的反应过于敏感，使使用者不是进货太早被套牢，就是出货太早被轧

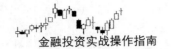

空，也就是所谓 KDJ 指标的低位钝化和高位钝化问题。很多 KDJ 指标的使用者常常抱怨 KDJ 指标的骗线问题，使用起来经常会有上当受骗的感觉，认为 KDJ 指标是庄家拿来故意骗人的，实际上是因为他们没能处理好钝化问题。

KDJ 指标是一种非常好的指标，但是它有一个使用范围，通常股价或股指在一个有一定幅度的箱形之中运动，KDJ 指标将发出非常准确的进货信号和出货信号。在此情况下，按照低位黄金交叉进货、高位死亡交叉出货，准确率非常高，投资者按此方法操作，可以胜多输少。

通过多年的实践操作经验和教学经验，总结出如下方法，可以比较有效地解决 KDJ 指标的钝化和骗线问题。

（1）放大法。因为 KDJ 指标非常敏感，因此经常给出一些杂信，这些信号容易误导投资者，认为产生进货信号或出货信号，因此操作而失误。如果我们放大一级来确认这个信号的可靠性，将会有较好的效果。如在日 K 线图上产生 KDJ 指标的低位黄金交叉，我们可以把它放大到周线图上去看，如果在周线图上也是在低位产生黄金交叉，我们将认为这个信号可靠性强，可以大胆去操作。如果周线图上显示的是在下跌途中，那么日线图上的黄金交叉可靠性不强，有可能是庄家的骗线手法，这时候我们可以采用观望的方法。

（2）形态法。由于 KDJ 指标的敏感，它给出的指标经常超前，因此我们可以通过 KDJ 指标的形态来帮助找出正确的买点和卖点，KDJ 指标在低位形成 W 底、三重底和头肩底形态时再进货；在较强的市场里，KDJ 指标在高位形成 M 头和头肩顶时，出货的信号可靠性将加强。

（3）数浪法。KDJ 指标和数浪相结合，是一种非常有效的方法。在 K 线图上，我们可以经常清晰地分辨上升形态的一浪、三浪、五浪。在 K 线图上，股价盘底结束，开始上升，往往在上升第一子浪时，KDJ 指标即发出死亡交叉的出货信号，这时候，我们可以少考虑这个卖出信号，因为它很可能是一个错误信号或是一个骗线信号。当股指运行到第三子浪时，我们将加大对卖出信号的重视程度，当股指运动到明显的第五子浪时，这时如 KDJ 指标给出卖出信号，我们将坚决出货。这时候 KDJ 指标给出的信号通常将是非常准确的信号，当股指刚刚

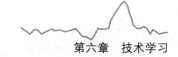

结束上升开始下跌时，在下跌的第一子浪，应少考虑 KDJ 指标的买进信号，当股指下跌了第三子浪或第五子浪时，才考虑 KDJ 指标的买入信号，尤其是下跌五子浪后的 KDJ 指标给出的买进信号较准确。

（4）趋势线法。在股指或股价进入一个极强的市场或极弱的市场，股指会形成单边上升走势和单边下跌走势：在单边下跌走势中，KDJ 指标会多次发出买入信号或低位钝化，投资者按买入信号操作了，将被过早套牢，有的在极低的价位进货的，结果股价继续下跌，低了还可以低。如果要有效解决这个问题，可以在 K 线图上加一条下降趋势线，在股指和股价没有打破下跌趋势线前，KDJ 发出的任何一次买入信号，都将不考虑，只有当股指和股价打破下降趋势线后，再开始考虑 KDJ 指标的买入信号。在单边上升走势中，市场走势极强，股指会经常在高位发出卖出信号，按此信号操作者将丢失一大段行情，我们也可以在日 K 线上加一条上升趋势线，在股价或股指未打破上升趋势线前，不考虑 KDJ 指标给出的卖出信号；当股指和股价一旦打破上升趋势线，将坚决执行 KDJ 给出的卖出信号，不打折扣。

（五）KDJ 的使用要领

KDJ 指标由三条曲线组成，移动速度最快的是 J 线，其次是 K 线，最慢的是 D 线。下面来说一下 KDJ 的使用要领。

（1）KDJ 指标的区间主要分为三个小部分，即 20 以下、20~80 和 80 以上。其中 20 以下的区域为超卖区；80 以上的区域为超买区；20~80 的区域为买卖平衡区。

（2）如果 K 值、D 值、J 值都大于 50 时，为多头市场，后市看涨；如果 K 值、D 值、J 值都小于 50 时，为空头市场，后市看空。

（3）KDJ 指标图形中，D 曲线运行速度最慢，敏感度最低；其次是 K 曲线，J 曲线敏感度最强。

（4）当 J 大于 K、K 大于 D 时，即三条指标曲线呈多头排列，显示当前为多头市场，三条指标出现黄金交叉时，指标发出买入信号。

（5）当三条指标曲线呈空头排列时，表示短期是下跌趋势；三条曲线出现死

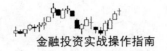

亡交叉时，指标发出卖出信号。

（6）如果 KD 线交叉突破反复在 50 左右震荡，说明行情正在整理，此时要结合 J 值，观察 KD 偏离的动态，再决定投资行动。

六、背离王

我们都知道技术分析主要研究的就是量和价，以及价和量转化过程中所需的时间。一直以来关于价的研究理论较多，诸如切线理论、K 线理论、图形理论、移动平均线理论等，而对于量的研究理论上却寥寥无几。在这方面，背离王指标可谓以量为研究重点用以判断价格涨跌、资金进出的理想工具。

在道氏理论里面讲到，两个指数必须相互验证。一旦两个指数不相互验证，那么这个市场意味着行情不正常，那么这个时候基本会出现反转行情，这种情况在市场的大方向改变的时候都会提前出现，指数与指标基本形态如图 6–21 和图 6–22 所示。那么本章讲到的是，指数与指标也必须相互验证，如果不能相互验证，也意味着市场的大方向将发生改变。市场的涨跌完全取决于多空力量的强弱，当市场上涨，但是力量并没有跟上反而减弱的时候，这样的上涨就已经出现问题了，市场往往在随后就会出现下跌行情，而我们就是通过背离王这个指标，在行情没有走出来之前，提前去判断后市的涨与跌，这就是本章必须掌握的知识。此系统是我们必须掌握的分析系统，他能够在任何投资市场上面使用，而且使用效果非常明显。

从图 6–21 和图 6–22 中就可以明显看出，指数创出了新高，而指标并没有创出新高。那么我们理解为背离。背离在投资市场是非常常用的指标，并且很多指标也会体现出这样的背离情况，比如 KDJ、MACD、RSI 等指标，都可以使用到背离，当然使用效果也不一样。那么市场上哪些我们可以理解为背离呢？下面我们将以图形的方式展现。

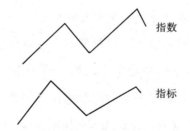

图 6-21 指数与指标基本形态 a

资料来源：吴晓求. 证券投资学［M］. 北京：中国人民大学出版社，2009.

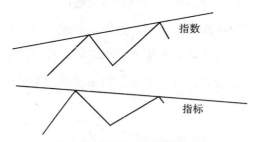

图 6-22 指数与指标基本形态 b

资料来源：吴晓求. 证券投资学［M］. 北京：中国人民大学出版社，2009.

图 6-23 所展现的背离是最标准的背离，也是我们最喜欢的背离，因为这样的背离是最明显的，也是最强劲的。如果考虑力度问题的话，此背离如果背离幅度越大，那么展现的力度就会越大，这样引起的反转行情也会越大。

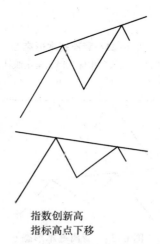

指数创新高
指标高点下移

图 6-23 背离基本形态 a

资料来源：吴晓求. 证券投资学［M］. 北京：中国人民大学出版社，2009.

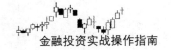

图 6-24 和图 6-25 反映出来的背离也是比较好的背离情况，但是相对于前面两个力度肯定会小一些，但是也是不可忽视的。在背离里面，我们主要考虑到的就是行情的反转。其能够在行情走出来之前，提前告诉我们行情的未来变化方向。也就是反转的提醒。我们更多地会把背离作为预警信号。背离分为两种，一种是顶背离，另一种是底背离。由图 6-24 和图 6-25 我们看见的全部都是顶背离，并没有底背离，如果把书反过来看，那么我们看见的就是底背离，所以我们就不针对底背离再做详细的介绍了，我们只需要明白，一个是顶背离，另一个是底背离，原理相同，只是所在位置不同。另外，必须明白一点，只有在上升趋势中才会出现顶背离，只有在下降趋势中才会出现底背离。前文我们已经讲了很多的基本知识，如果还无法理解，可以去找我们录制的相关视频去学习。

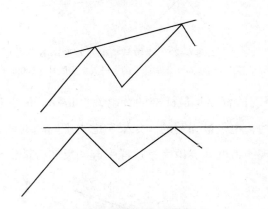

图 6-24　背离基本形态 b

资料来源：吴晓求. 证券投资学 [M]. 北京：中国人民大学出版社，2009.

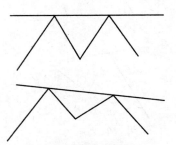

图 6-25　背离基本形态 c

资料来源：吴晓求. 证券投资学 [M]. 北京：中国人民大学出版社，2009.

接下来，我们会讲到中亿背离王这个指标在行情的运行过程中的实战效果。以下为图形展示（见图6-26）。

图6-26 顶背离基本形态

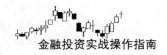

图 6-26　顶背离基本形态（续）

资料来源：平安银行国际金融信息平台，http://bank.pingan.com/xiazaizhongxin.shtml.

通过图 6-26，我们可以看出行情在反转之前，总会有背离的现象出现。只要产生背离，行情都会走出反转行情，如果我们能够提前去预知行情未来的方向，那么相信对于我们的做单以及操作都会有非常大的帮助，而且可以让我们知道做空、做多。上文我们看见的全部都是顶背离行情，并没有看见底背离的出现。我们下面会展现一下底背离的实战效果（见图 6-27）。

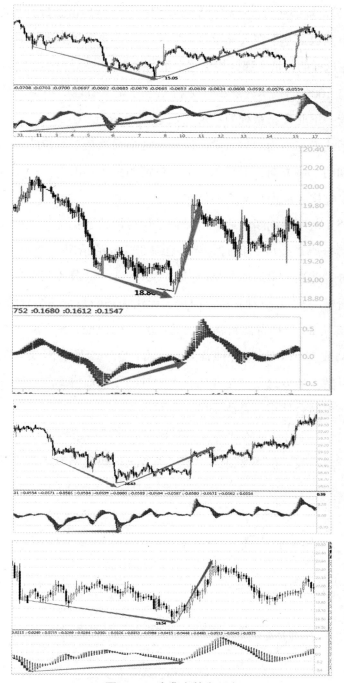

图 6-27　底背离基本形态

资料来源：平安银行国际金融信息平台，http://bank.pingan.com/xiazaizhongxin.shtml.

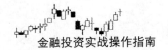

图 6-27 为市场的底背离行情。最终我们都可以看出市场最后都走出了反转行情。行情的空间也都基本在大几十个点以上，给了我们足够的获利空间。如果我们能够把握住这样的行情，那么相信这个市场给大家的就是一个"取款机"了。

市场没有 100% 的技术，那么此分析系统肯定也有他的不足之处，我们在这里详细去解读一下此交易系统的不足之处。

此交易系统没有明确的买入卖出信号，这个系统是对行情的预判系统，可以预判市场后期的发展方向，但是无法给出行情的买入卖出点，所以需要结合其他指标来操作，这样才能保证我们的做单。

背离系统无法明确判断背离的情况：任何行情的变化都是从小到大，这个市场应该非常适合蝴蝶效应。我们的背离也属于这样的情况，首先是 1 分钟背离，才会引起 5 分钟背离，最后就是 10 分钟、30 分钟、60 分钟甚至日线背离都会出现。那么当行情处于 30 分钟背离的时候，无法去判断是否还会延续背离到 60 分钟，或者直接从 30 分钟背离行情，启动反转。同样地，5 分钟背离的时候，行情也可能启动或者发展到 10 分钟背离，然后一级一级发展，或者在其中一级里面行情发生反转。所以这里就是我们在上面的问题里面讲到的，没有明确的买入卖出信号，需要结合使用。背离是可以失败的。

从图 6-28 中我们看见的就是首先有顶背离，然后市场走出来了更大级别的背离。那么这就是我们前图文讲到的第二种情况，即发展到更大级别的背离。

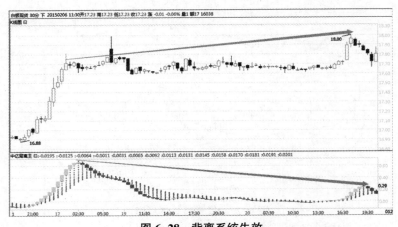

图 6-28 背离系统失效

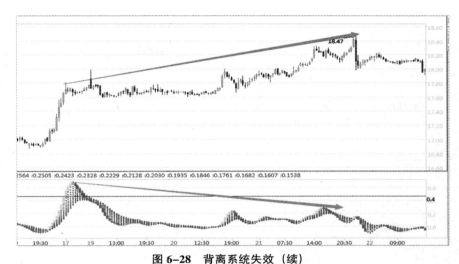

图 6-28　背离系统失效（续）

资料来源：平安银行国际金融信息平台，http://bank.pingan.com/xiazaizhongxin.shtml.

从图 6-29 就可以看出，市场首先由顶背离，但是后面市场继续创新高，同时顶背离消失。那么这就是背离失败的时候。这样的行情在市场中失败的情况比较少，大概 10 次最多 1 次的概率。对于概率这个词，我们已经讲到很多次。投资市场不可能毫无风险，也没有任何一种交易系统能够达到 100% 的概率。所以做投资就应该控制风险，一定要在自己可以控制或者可以接受的范围之内。如果我们能够保持成功概率在 60% 以上，我们去做投资基本上赚钱已经没有问题（前提是每一单的亏损和盈利差不多的情况下）。所以如果有一个操作系统能够达到 70% 以上的成功概率，那么这个操作系统绝对是毫无问题的，算是非常优秀的操作系统。市场的钱是赚不完的，所以做投资不要想着一夜暴富，而应该有一个长期投资的准备，慢慢投资，同时也不要因为亏损一两单而放弃投资。只要我们坚持，同时不断改进，一定可以在这个市场成为最后的获利者。

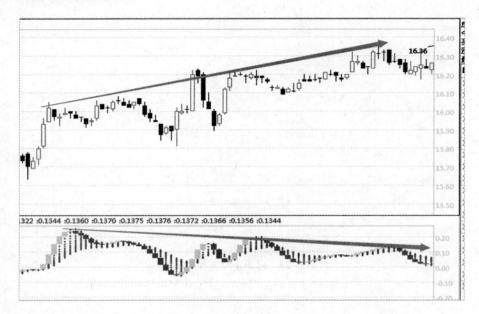

图 6-29　背离趋势升级

资料来源：平安银行国际金融信息平台，http://bank.pingan.com/xiazaizhongxin.shtml.

七、趋势阶梯

趋势阶梯是以趋势为基础衍生出来的新的交易系统。在道氏理论中，价格的趋势变化可分为：长期基本运动、中期运动和短期运动，而趋势阶梯就是通过特有的设计理念，把价格的趋势用图形的方式展现出来，以此帮助投资者对当前市场趋势进行精确判断。

趋势阶梯指标中以白线为主线，它的方向代表市场当前运行的基本方向，有利于投资者在买卖之前制定基本的操作策略。在趋势阶梯中红色的阶梯 K 线和绿色阶梯 K 线表示持有区域，借助它投资者可以把握市场的买卖时机。

趋势阶梯根据主线与红绿阶梯的关系进行买卖：

（1）当趋势阶梯的红色阶梯上穿趋势阶梯主线为做多点，当趋势阶梯的绿色阶梯下穿主线为做空点。

（2）趋势阶梯在主线上方由绿色变红色为买点，由红色变为绿色为轻仓做空点。

（3）趋势阶梯在主线下方，由红色变绿色为做空点，由绿色变成红色为轻仓做多点。

根据 K 线与主线的关系确定买卖点趋势阶梯中的主线对股价起到压力或支撑的作用，根据股价与趋势阶梯主线的关系就可以确定买卖点。趋势阶梯主线向上，K 线调整回落到主线并受到支撑为买点；反之趋势阶梯主线向下，K 线由下方上涨到主线时受到主线的压制出现回落为卖点。

（4）主线上方的阶梯与主线下方的观望股价在主线上方运行代表上升趋势，但是上升趋势总有结束的时候，那么，上升趋势结束时便是阶梯 K 线变成绿色的时候，但有时阶梯 K 线变成绿色时我们无法判断这是上升调整的结束还是上升趋势的终结。此时谨慎的投资者可以考虑减仓或观望，而没有买入的投资者则

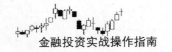

不要急于买入，需等待市场给出明确的买点信号再说。

八、彩虹线

大趋势的反转不是一蹴而就的，一个趋势通常要经历形成、发展和消亡的过程，其中形成和消亡的过程一般以横向运动来完成，一般这一过程持续的时间越长，反转的幅度也越大。

彩虹线就是根据市场运动的这一规律，运用移动平均线原理，结合成交量和时间的因素，研判市场运动的发生、发展和转折过程。

（一）彩虹线的基本应用

（1）构成：弘历彩虹由五种颜色组成，分别是红、绿、黄、蓝、白五种颜色共16根线，其中白线4根代表长期趋势、蓝线4根代表中长期趋势、黄线4根代表中短期趋势、红线3根代表短期趋势。绿线作为市场生命线单独存在。

（2）应用：彩虹线的应用很多，但总的来说分为以下四种：

第一，辨明趋势的方向：白色线代表长期趋势的方向，也是最重要的一组，其次为黄色。我们在应用的时候应多关注这两种颜色线的变化。

第二，支撑和压力：各组彩虹线对股价都具有支撑和压力的作用。市场如果在彩虹线之下，向上反弹分别会遇到黄线、蓝线和白线的压力。反之，股价在彩虹线之上，向下调整则受到黄线、蓝线和白线的支撑。同样，我们重点关注黄、白彩虹线的作用。

第三，买卖持有作用：不同类型的投资者可根据所操作的类型选择彩虹线其中一种颜色作为买卖决策。例如中短期投资者可以参考黄线，当市场向上突破黄线时可作为买点，反之当市场向下穿越白线可作为卖点。

第四，变盘作用：当彩虹线各种颜色的线聚集在一起时说明各周期成本集

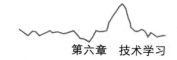
中，此时极易发生变盘，投资者应重点关注变盘的方向。

（二）彩虹线的特征

（1）彩虹线的最大特点是用来追踪价格运动的大方向，适合于大盘走势分析和强势大行情的追踪分析。对于横盘震荡走势的市场则应慎重使用。

（2）对于急速拉升的市场来说，市场上涨的角度陡峭、速度很快，市场一度会远离彩虹线，此时短线投资者可配合动态筹码、乖离率指标（B、A、I、S）等进行短线逃顶。

九、点位测算

在讲点位预测之前，首先要讲分形，因为这决定着对预测的取点。无数的投资者在为现货是否可以预测而争论不休。不管是投资大师还是投资新手，在这个市场总是有各种质疑或者受到各种质疑。很多人难以理解仅凭着几个数字模型就能预测出市场未来的走势，并且成功率达到惊人的程度。曾经有媒体人当面质疑华尔街的投资大师：影响市场的因素是多种多样的：宏观经济、供求关系、政策、世界格局和国内外经济等因素都会影响市场，怎么可能通过几个数字模型来预测出市场未来的走势呢？华尔街的投资大师说，股价的运行就像水的流动一般，在没有外力的影响下，水通常都会从高处流向低处，人可以借助外力使水从低处流向高处，但是一旦外力消失，水仍旧会按照其固有的从高处往低处流的特征来运行。股价的运行也是如此，各种外部因素可以在短期内影响市场的运行，但是一旦这些外力消失，市场将仍旧遵循其固有的运行规律。

普通投资者在通过点位预测的时候，最大的困难就是找不准以哪个点为基础进行计算。要想解决这个问题，就需要我们来认识一下预测学的基础：分形理论。

分形理论是当今十分风靡和活跃的新理论、新学科。分形的概念是美籍数学

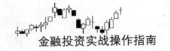

家曼德布罗特首先提出的。1967 年他在美国权威的《科学》杂志上发表了题为《英国的海岸线有多长?》的著名论文。海岸线作为曲线，其特征是极不规则、极不光滑的，呈现极其蜿蜒复杂的变化。我们不能从形状和结构上区分这部分海岸与那部分海岸有什么本质的不同，这种几乎同样程度的不规则性和复杂性，说明海岸线在形貌上是自相似的，也就是具备形态和整体形态的相似。在没有建筑物或其他东西作为参照物时，在空中拍摄的 100 公里长的海岸线与放大了 10 倍的 10 公里长的海岸线的两张照片，看上去十分相似。事实上，具有相似性的形态广泛存在于自然界中，如连绵的山川、飘然的云朵、岩石的断裂口、布朗粒子运动的轨迹、树冠、花菜、大脑皮层……曼德布罗特把这些部分与整体以某种方式相似的形体称为分形。1975 年，他创立了分形几何学。在此基础上，形成了研究分形性质及其应用的科学，称为分形理论。

分形理论的核心内容是事物的整体与局部之间存在着很大的相似性。这一点被引入到股市中，极大地扩展了技术分析的范畴。分形是股市中的基本概念之一，它分为上分形与下分形。

上分形是指股价见到最高点后开始下跌，在最高点的左侧出现两个相对降低的高点（注意不一定是两根 K 线），在最高点的右侧也出现两个相对降低的高点，这几根 K 线就构成了一个基本的上分形（见图 6-30）。

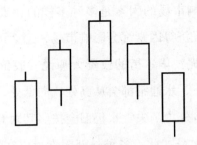

图 6-30　上分形

资料来源：吴晓求. 证券投资学［M］. 北京：中国人民大学出版社，2009.

下分形是指股价见到最低点后，开始上涨，在最低点的左侧出现两个相对抬高的高点（注意不一定是两根 K 线），在最高点的右侧也出现两个相对抬高的高点（见图 6-31）。

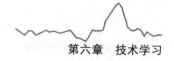
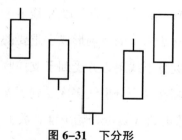

图 6-31 下分形

资料来源：吴晓求.证券投资学［M］.北京：中国人民大学出版社，2009.

上分形的最高点与下分形的最低点在预测中具有最强的分析意义。

（一）分形线判断支撑压力

分形概念中还有一个重要的概念——分形线。分形线分为上分形中的分形线以及下分形中的分形线。上分形中的分形线是指以上分形左侧的第三个低点为基础画出的水平线。下分形中的分形线是指以下分形左侧第三个高点为基础画出的水平线。分形线会对股价形成重要的支撑与压力。

如图 6-32 所示，现货原油市场在 C 点形成最高点，K 线 A 是高点前的第一

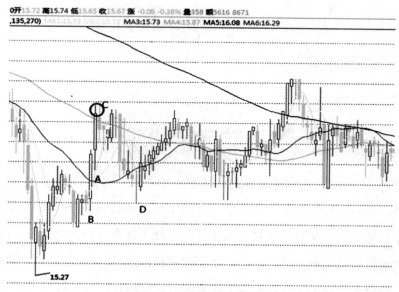

图 6-32 分形线的支撑与压力

资料来源：吴晓求.证券投资学［M］.北京：中国人民大学出版社，2009.

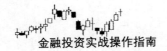
根 K 线，K 线 B 是高点前的第二根 K 线，以 K 线 B 最低点为基础画出水平线，这就是分形线。该分形线对于未来的市场形成了重要的支撑，市场最后在未来一波下跌里面，下影线打到此分形线附近并受到了支撑收出阳线，之后市场出现了连续的上涨行情。随后市场在这个分形线多次受到了支撑收出阳线，并且获利。

如图 6-33 所示，行情走到 A 点处开始上涨，我们去寻找最低单左侧依次抬高的两个高点，K 线 B 的最高点高于 K 线 A，K 线 C 的最高点高于 K 线 B，所以 B、C 两个 K 线成立。那么以 K 线 C 的最高点为基础画出水平线，也就是分形线。此分形线对未来股价的反弹形成了重要的阻力。未来市场上涨到此分形线受到压力，同时产生暴跌。

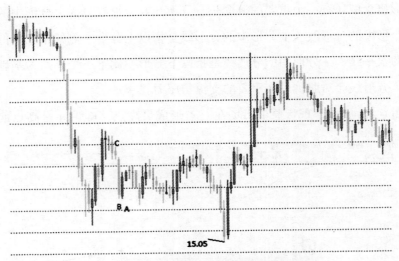

图 6-33 分形线的支撑与压力位置

资料来源：吴晓求. 证券投资学 ［M］. 北京：中国人民大学出版社，2009.

如图 6-34 所示，这个也是我们必须重点学习的一个图，K 线 a 为当时市场的最低点，我们需要往市场左侧依次寻找两个抬高的高点。但是 K 线 b 过后，K 线 c、d、e 的最高点都没有超过 K 线 b，所以都不在统计范围之内，K 线 f 的最高点依次抬高的第二根 K 线，所以以 K 线 f 的最高点为基础，画出水平线，就是分形线。该分形线对未来市场形成了重要压力，市场在后面的行情里面受到了分形线的压力，最后市场引来大的暴跌。

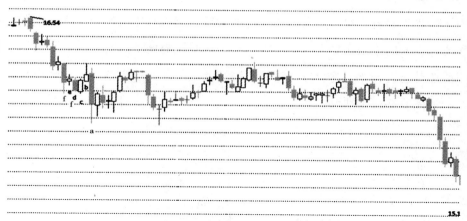

图 6-34 分形线的支撑与压力区域

资料来源：吴晓求. 证券投资学［M］. 北京：中国人民大学出版社，2009.

（二）分形线判断趋势的终结

从上述例子中我们看到了分形线对于未来市场的支撑与压力作用。反之如果市场突破了分形线的支撑或者压力，通常表明原有趋势的终结与新的趋势的开始。

如图 6-35 所示，行情在 K 线 a 处发生转折，K 线 c 和 K 线 d 为依次降低的两根 K 线，形成了上分形，以 K 线 d 的最低点为基础画出一根分形线。此分形

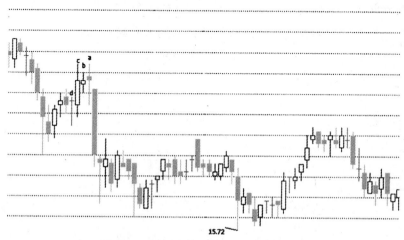

图 6-35 分形线的支撑与压力趋势变化

资料来源：吴晓求. 证券投资学［M］. 北京：中国人民大学出版社，2009.

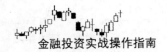

线对于股指下跌有支撑，对市场破了支撑再反弹起来有压力作用，随后市场直接破了支撑，同时未来市场在这里反弹，再一次受压力往下。同时也表明了一个新的下降趋势已经开始。将分形线与趋势线结合起来，能够更精确地判断出趋势的终结，如图6-36（a）所示。

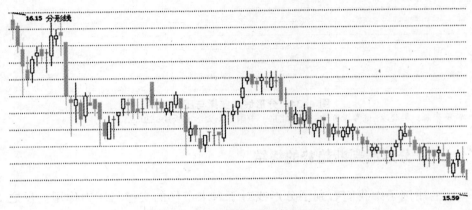

图6-36（a） 分形线的支撑与压力识别

资料来源：吴晓求. 证券投资学 ［M］. 北京：中国人民大学出版社，2009.

如图6-36（b）所示，市场在a点处形成最低点，往左侧寻找依次抬高的高点，K线b、K线c的高点依次抬高，所以以K线c的最高点为基础画出水平线就是它的分形线。市场在随后的上涨中多次受到了分形线的压力，随后市场突破分形线，也就意味着原有的下降趋势终结，新的上升趋势开始。

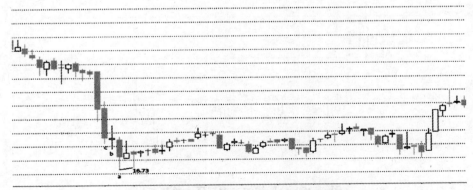

图6-36（b） 分形线的支撑与压力趋势识别

资料来源：吴晓求. 证券投资学 ［M］. 北京：中国人民大学出版社，2009.

（三）点位预测

每一位投资者在现货市场投资的过程中，一直试图想发现现货市场的规律，也不断有新的规律被发现，其实从人类的整个发展史，也是这样在找寻自然界中的明显和隐性的一些规律，那么什么是规律呢？规律的特点就是，不管你发现还是没发现，它一直存在，不管你知道不知道它，它不曾消失也从未改变。你信或者不信，它就在你的身边左右着你的投资。关键是我们怎么去发现它，应用很简单，重在发现。发现这些规律之间有什么样的内在关系，人类发现自然界的规律以后，有的叫做真理、有的叫做定律，其实就是本身它就已经具备的这种规律。现货市场也就是人和人之间的交易行为，由群体所组成的这种交易模式，它必然是有规律可循的，就像马克思说的"世界是物质的，物质是运动的，运动是有规律的"。

（1）第一目标：对数与形的理解。综观人类的发展史，我们可以得到结论：东方重形，西方重数。我们都知道东方人的观点，更多的是重视形，尤其是在我们国学里，所提倡更多的都是一种对形的认识，突出的是什么？是大而博的艺术，也就是说有法术，更多重视的是道。道就是一种形，就是一种轮廓，而不是用简单的标准来衡量的，东方人认为的"人心"，不是实际上的心脏，而是一种抽象的形，形的特点就是不具体的轮廓。而西方更多重视的是数，很多明显和隐性的东西，它都可以用数字、用统计、用数据来诠释，统计内在的规律。就像毕达哥拉斯认为，数是接近上帝最短的途径，提出了"万物皆数"的理论。柏拉图在学院门口也赫然立了一块石碑，"不懂几何者不许入内"，这些都突出了西方人对数的执迷。历史告诉我们，单独的重视数，就会偏离市场，所以现货市场虽然产生于西方，但成就于东方。蜡烛图就是很好的证明，K线就是典型的东方思维，将数字变成图标，单独的重视形，就发现不了股市内在规律，并且形式是可以变化的，就是我们现货市场中常说的骗线。单独的重视数和重视形都有其不确定性，这就像近些年来西方的一些文化很被人尊崇，可是随着时间的推移，现在呢？为什么还会有国学热？人们就是发现了这种数背后的缺点和瑕疵，所以又开

始追求形的东西，但是单独的形或单独的数都不足以说是完美。只有充分地认识到"数中有形，形中有数，形中有形，数中有数"的数形共存的原则，才能对规律有更好的发现和挖掘，才会有巨大的突破。

在现货市场中也是如此，什么叫做"数和形"？数和形在现货市场中的规律又是怎么样的呢？如果简单理解的话，也很容易。比如说一个直角三角形，它的规律就是"勾三股四弦五"，直角三角形是一个形，"勾三股四弦五"就是数。那么它讲究的是什么呢？一个形的背后肯定有一个数字，知道这个数字以后就可以确定一个形态，它们之间是可以相互影响的。

例如，虽然两个三角形大小不等，但是它们都有共同的规律，这两个三角形的面积不一样，但是都属于直角三角形，短直角边叫勾，长直角边叫股，斜边叫弦，这就是勾股定理，都属于直角三角形，它们内在的规律呢？是相等的，这叫做形和形之间的影响。形和数之间有什么影响呢？"勾三股四弦五"说明的是形中有数，符合勾股定理的三角形，就是形中有形。符合"勾三股四弦五"规律的就是直角三角形，这就是数中有形。那什么是数中有数呢？通过勾股定理我们可以知道，勾是单数的情况下，勾的平方就等于股和弦的和。那我们就得到了这么一个规律，即都是直角三角形，如果勾是 5 的话，股和弦又是整数，那么股就变成了 12，弦就变成了 13，12+13 等于 25，25 是 5 的平方，同样的道理，也就是 $5^2+12^2=13^2$。那么勾是 7，股是 24，弦是 25。如果勾是偶数的情况下，且股和弦又都是整数，那么就会发现，$勾^2=(股^2+弦^2)/2$，这样我们就知道了如果勾是 6，那么股就是 8，弦就是 10。如果勾是 8，那么股就是 15，弦就是 17，这就是数决定形，且数中有数的规律。

我们明白了这些数形之间的规律，应用到实际的股市中去，模型理论的台阶密码就是典型的数形集合。股市发展有其自身的规律或密码，或者说每一只股票都有自己的密码，这些密码也是不断地转换的，我们一旦找到了这些密码，就可以把复杂的股市简单化了。我们的模型理论的核心就是数和形之间的关系。如果有了解过笔者其他学习视频的，可能就看见笔者录制的关于中国股市的台阶预测。

谈到预测，给投资者的感觉总是充满着神秘，技术分析讲究量价时空，而本

次我们将讲到的就是技术分析里面最神秘的部分：空间与时间。本套系统的核心原理来自于华尔街投资大师的一套秘术。他曾经通过这个交易系统在市场达到了92.6%的成功概率，在这个投资市场赚得盆满钵满。

投资者对市场的看法都是不一样的，有的人认为这个市场就是赌博市场，有人认为这个市场就是骗人的市场，也有人认为这个市场是一个充满机遇的市场，智者见智、仁者见仁，众说纷纭，但是笔者想告诉大家的是，这个市场有着其内在的规律，而这个规律一直在延续。

笔者坚信股市、期市存在着宇宙中的自然法则。市场运动方式不是杂乱无章的，而是可以预测的。每一种市场都拥有一个独特的波动率，它主宰着市场价位的升跌。时间是决定市场走势的最重要因素，历史确实重复发生，你了解过去，便可以预测将来。正如圣经所说："阳光之下没有新的东西。"比如，地球绕太阳公转一圈为一年，月球绕地球公转一圈是一个月，这是我们都知道的事情，而这个就是规律，自然界一直延续着这个内在的规律。就好像我们的季节——春、夏、秋、冬，春过完就是夏，夏过完肯定是秋，秋过完是冬，然后又到春，一直循环。自然界存在着这个必然的规律，而这些规律都是我们已经知道的规律，还有更多的规律我们根本就不知道，所以我们才会认为这些东西是不存在的。有投资者以前问笔者，"彩票有规律吗？"笔者认为：肯定有，只是这个规律是目前我们还没有发现的规律。而今天笔者就是想告诉各位这样的规律，就像夏天过完就是秋天一样，这样的必然联系让市场的运转如此奇特。

市场的上涨、下跌都有尽头，而整个现货市场的不变规律就是涨完了就要跌，跌完了就要涨，而我们这套交易系统就是捕捉市场的转折点，也就是我们投资者最希望的抄底逃顶。当然现货市场是可以做空的，那么就是抄底了，还要抄顶。我们在市场看见的交易法则要么是左侧交易法则，要么就是右侧交易法则，而这个交易法则就是 B 点买卖法则，即市场最完美的交易法则。下面笔者用几个图形给大家做一个展示。

这是一个完美空单，我们在极限位第三目标 50.64 做了这个空单（见图6-37）。

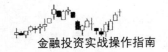

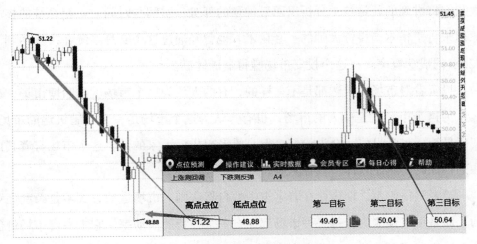

图 6-37　三目标点位预测

资料来源：平安银行国际金融信息平台，http://bank.pingan.com/xiazaizhongxin.shtml.

这是我们操作的一个原油单子，我们成功地在 16.77 做了空单，最后市场下跌到了 16.06，下跌了 140 个点（见图 6-38）。

图 6-38　点位预测之空单操作

资料来源：平安银行国际金融信息平台，http://bank.pingan.com/xiazaizhongxin.shtml.

在 17.17 我们又操作一个多单，整体上涨有 100 多个点（见图 6-39）。

这个多单，从 15.65 操作多单，市场从这个地方上涨，到最后有快 200 个点的上涨（见图 6-40）。这些单子所有获利最少都有几十个点，如果按照一标准手操作，那么最少获利会有大几千的盈利，当然如果操作 10 手或者几十手，那盈

利也是非常丰厚的。这里重要的就是操作的成功概率，我在这里告诉各位一个数据，这个操作系统并不能100%的成功，也会有失败的概率，笔者亲自做了几组统计（每组一百单），成功概率在84.6%。这个成功概率在目前的国内投资市场已经非常高了，但是相对这个操作系统的研发者而言，还是有一些差距的，也是笔者需要提升的。"青出于蓝而胜于蓝"是笔者的目标。

图6-39　点位预测之多单操作

资料来源：平安银行国际金融信息平台，http://bank.pingan.com/xiazaizhongxin.shtml.

图6-40　点位与目标关系

资料来源：平安银行国际金融信息平台，http://bank.pingan.com/xiazaizhongxin.shtml.

163

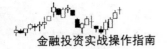

在传统的思维模式中，我们都说"会买的是徒弟，会卖的是师傅"，但是在这个交易系统中，"会买的是师傅，会卖的是徒弟"，因为这样的操作方法非常特殊，当我们操作进去的时候，单子就开始盈利，对于盈利的单子，只是赚多赚少出来，那么进去的点是最重要的，出来的点反而会更简单，因为都是赚，只是赚多少的问题。所以"会买的是师傅，会卖的是徒弟"。有一次笔者做现场授课的时候，向投资者问过这样一个问题，"是心态重要还是技术重要，只能二选一"，很多投资者都选了心态，确实，心态是一个非常重要的东西，缺少了它，我们的所有操作都会出现盲目、迷失、赚钱的单子亏钱等。但是在我们这套交易系统里面，技术是最重要的，心态反而弱一些，因为这个单子，你抄底了，你想亏钱，市场都不会给你机会，因为没有更低的价格，只会出现赚钱的结果，除非你想反着做。所以没有任何的交易模式是固定的，市场有很多操作系统，会让很多投资者对市场有不同的看法，但是在这个市场永远都是哭的多、笑的少。希望大家读了这本书以后，能够让投资者变成笑到终点的人。

我们已经展示了实战的图片，有些人可能还有些顾忌，或者认为这样的方法有各种各样的问题，那么接下来，笔者会针对这个方法进行详细的讲解。

此套点位预测，讲到的就是空间概念，并不代表不能预测时间，笔者在这里先给大家介绍空间的使用方法。

市场的上涨都是以一步一个台阶的方式上涨，它不会出现一次性的上涨方式上涨上去。总会涨一段，再跌一小段，然后开始继续一段上涨，以这样的方式上涨上去，那么我们就知道了，市场的上涨会出现回调，然后再选择继续上攻，而这个回调的最低点就是我们预测的目标，同理，我们也可以预测市场下跌的反弹的最高点。市场的上涨和下跌都有其内在的密码，而这个密码就是点位预测软件的核心，能够通过两个数字，把市场的台阶密码测算出来，然后以便我们能够预测市场上涨的回调低点和下跌的反弹。

在目前的中国市场内，想找到成功率能够达到84.6%的喊单成功率加上 B 点买卖法则，同时获利最少都在几十个点的盈利方式，基本上已经找不到了。如今笔者把这套交易系统给大家分享，也算对中国投资市场做了一些贡献，说实在

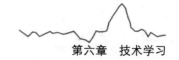

的，及时把这个交易系统教给读者，也不可能马上改变中国投资市场的格局，因为中国投资者都是很聪明的。

好了，话不多说，我们进入实战部分。市场上涨，涨到一定的高点，市场上涨动能结束，那么市场将会下跌；同样地，市场下降到一定的低点，做空力量衰竭，那么市场就会开始上涨，这是一个比较笼统的说法，没有实际的操作意义，就好像我们听评书说的，"上下震荡向右走，高抛低吸"，但是何是高，何是低？

通过图 6-41，我们可以看见，这里有两个数字，就是低点点位和高点点位。然后通过这两个点位我们计算出了后面的三个点位，即第一目标、第二目标、第三目标。

图 6-41 点位计算

资料来源：平安银行国际金融信息平台，http://bank.pingan.com/xiazaizhongxin.shtml.

我们再次回到刚刚这个测算（见图 6-42），发现是从 15.65 这个地方操作的多单，那么前面两个点位又有什么用？下面笔者给大家做一个详细的讲解，通过已知的两个点，我们可以测算出三个点位，这三个点位分别代表着不同的含义。在上涨测回调里面，第一目标为弱势回调位，第二目标为正常位，第三目标为极限位。第一目标代表如果市场下跌到这个地方，会受到支撑，这个地

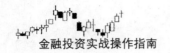

图 6-42　点位含义

资料来源：平安银行国际金融信息平台，http://bank.pingan.com/xiazaizhongxin.shtml.

方市场有 10% 的概率上涨上去，那么既然市场只有 10% 的上涨概率，那么当市场走到这个地方受支撑的时候，我们什么也不要操作，因为还有 90% 的概率会继续往下走。

在图 6-43 中，S1 和 S2 就是测算里面我们用来输入的低点点位和高点点位，通过两个点位，我们去计算 S3 这个点位，也就是意味着 S3 有三种可能，如果 S3 在第一目标位就受到支撑，开始上涨站稳，那么市场后面必然是一波暴涨，而且必然会创出 S2 的新高。

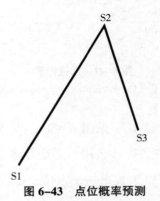

图 6-43　点位概率预测

资料来源：吴晓求. 证券投资学 ［M］. 北京：中国人民大学出版社，2009.

（2）第二目标：我们的正常位置，也就是意味着，行情一般会走到这个地方，而这个地方也会有相应的支持，这个地方受到支撑上涨的概率为60%，也就是意味着这个地方有60%的概率上涨，我们可以轻仓去操作一个多单，如果是稳健的投资者，这个多单都可以放弃，直接到第三目标去操作多单。正常位置的启动的行情，从名字来看，就是行情波动不会出现异常，通常的表现是中规中矩。

（3）第三目标：最后的重点点位，这个点位为极限位，从字面上来看，可以理解为行情下跌到这个地方，已经下跌到了极限，所以这个位置是我们做多的问题，不管任何投资者都要记住，这样的极限位都是必须操作的，因为这个位置有84.6%的成功概率正确，还有15.4%的概率失败，对于这个概率问题，笔者后面会做详细的讲解，在这个位置，笔者告诉投资者，只要是这样的机会就不要错过，带好止损，直接做多，等着收获胜利的果实。

下面笔者给各位投资者算一个账，也就是关于成功概率的账，笔者的所有操作都会带上止损，虽然笔者的成功概率已经很高，但是笔者也会带上止损，因为不带止损的人，在这个市场最终都会离开，这是笔者的见证。因为不带止损，那么就有解套的可能，但是很多投资者可能会忽略一个问题，就是现货市场的风险，我们都知道现货市场的收益是非常高的，同时它的风险也是非常高的，而笔者选择了把风险控制在自己可以承受的范围之内，这样亏损就固定了，而我的收益却是放开的。如果不带止损，可能一次、两次，甚至三次市场都因为我们没有带止损，给了我们解套的机会，但是只要是一个失误，那么操作的后果就是巨亏甚至爆仓。相信爆过仓的投资者全部都是抗爆的，而不是因为带上止损仓爆的，因为只要是有带上止损，就不可能发生爆仓。下面笔者详细给各位算一个账：

我们操作100单，其中有84.6单是正确的，还有15.4单是错误的，我们直接划分为84单正确，16单错误。在我们的获利里面，打最少获利，基本在40个点以上，有时候是80个点，上百个点都是有的，笔者只以40个点计算。那么亏损方面，因为笔者都是带固定止损的，所以损一个单子加上手续费基本会亏

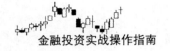

35 个点左右。我们可以计算一下：

总盈利=总正确单子×每个单子的盈利=84×40=3360

总亏损=总错误单子×每个单子的亏损=16×35=560

纯盈利=总盈利−总亏损=3360−560=2800

也就是我们如果这样操作 100 单下来，最少盈利应该在 2800 点，因为我们的盈利都是拿最小的在计算，亏损是固定的。如果是做 1 手标准手，1 个点为 100 元，那么 2800 点就等于 280000 元。我们发现，通过计算，我们的盈利就出来了，而且不菲，如果是操作 10 手，那么盈利会更加可观。

笔者这里是拿 100 单来计算的，在现实的操作过程中，100 单应该需要几个月的时间，所以说明了一个问题，投资是一个长期的过程，不要因为一两单的问题就去否定自己的操作或者一个人的操作，而应该通过科学的统计来决定。100 单的操作里面，也有 16 单的亏损，你不知道这个亏损会在什么时候出现，但是要记住，任何操作带上止损，如果亏损了，那告诉你，亏损的单子你又做了一个，那么剩下的都是盈利的单子。所以不要放弃，也不要因为错过行情、做错行情而自责，更多的应该是考虑接下来我们应该怎么操作。遇到问题不怕问题，而不要拉仇恨，更多的是考虑如何解决问题，这样更加实际。与其抱怨天公不作美，不如动动脑继续向前。在投资市场里面，市场永远是对的，错的只有我们自己。我们必须改变自己去适应市场，与市场作对只会被市场淘汰。

刚刚我们已经学习了上涨测回调，我们把计算公式调整一下。

图 6-44 就是市场下跌测反弹的图形，通过以上图形我们把前文刚刚讲的表现出来了，反过来，也就是市场下跌测反弹、做空的方法，和前文是一样的。极限位必须操作，正常位可以轻仓操作或者不操作，弱势位直接放弃，如果反弹到弱势位受压力，并且压住了，那么市场必然会暴跌，同时创出 S2 的新低。这就是极限位的点位预测最基本的操作方法，可能很多投资者看完以后还处于半知半解的状态，如果有时间或者想学习可以看看笔者录制的相关视频，一定可以帮助投资者了解这样的一个交易系统。

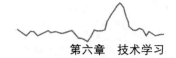

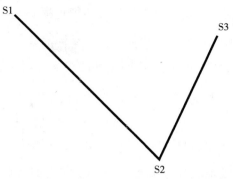

图 6–44 市场下跌测反弹

资料来源：吴晓求. 证券投资学 ［M］. 北京：中国人民大学出版社，2009.

在这个交易系统里面，还有一个 A4，也是笔者必须进行介绍的，这将是我们在按照这个分析系统操作必然会面对的。

图 6–45 就是我们需要去计算的，通过 S1 和 S2 我们可以计算出 S3，但是当我们在 S3 处做了多单的时候，我们的目标位又该如何去看，以及我们看见的 A4 又是怎么样一个概念？笔者在这里给大家做详细解读。

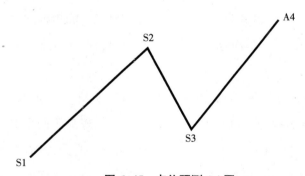

图 6–45 点位预测 A4 图

资料来源：吴晓求. 证券投资学 ［M］. 北京：中国人民大学出版社，2009.

刚刚我们讲到，"会买的是师傅，会卖的是徒弟"，而在这个位置，买的点确定了，就是卖的点了，我们当然都希望能够卖得更好，因为这样我们可以赚到更多的钱，那么笔者在详细讲解卖点以后再给大家去讲解 A4。

刚刚我们通过 S1 和 S2 计算出了 S3，同样的道理，我们可以通过 S2 和 S3 测反弹的三个目标位，而我们的平仓点位在正常位和极限位。在我们的单子盈利

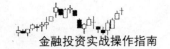

的情况下，笔者有一个习惯性的操作，就是相应地把止损调整。如果我们做的是多单，那么当多单盈利的时候，就会把止损抬高，这样能够保证盈利的单子绝对不会亏钱。相信很多投资者都经历过，明明赚钱的单子，但是没有把握好时间，当市场下来的时候，又舍不得平，最终被扫了止损。

这是很多投资者的经历，但是有了笔者这样的一个习惯性操作，那么投资者将能够保住利润。不会再出现盈利的单子亏损出来，而这个抬高止损是行情向上走一步，我们抬一步，不断地去向上调整止损，这样能够保证我们的利润最大化。同理，我们如果做了空单、盈利了，我们的止损也必须跟着市场的下跌不断地往下移。切记，如果是多单，我们的止损是不允许往下移的，只许往上。如果是空单，我们的止损是不允许往上移的，只允许往下移。再回到我们的单子平仓问题上，如果市场上涨到达 S2 和 S3 的正常位，我们可以选择减仓操作，稳健者也可以平仓，如果市场到达极限位，我们直接平仓。即使市场最后又走出新高，那也不是我们能够把握的利润，笔者刚刚讲到的都是能够稳定获得的利润。平仓的问题解决了，下面我们再去解决 A4 的问题。

A4 原来在于市场创出新高，这个时候我们根本不能再按照点位预测的基本方法计算出来，因为没有了相应的点位，所以基本计算方法不能计算，只能通过 A4 的方式计算。

通过已知的 S1、S2、S3 来算出未知的 A4 点 19.95，市场最终走到了 19.97，给了我们一个空单的机会，也告诉了我们，A4 也相当于我们平时讲到的极限位一样，它的成功概率也是非常高的，只要市场走出 A4，并且有获利的空间，那么我们的 A4 点相应的单子可以直接入场（见图 6-46）。这样的点笔者只要是遇到，必然会操作。同样地，当 A4 点我们操作进去以后，又该在哪里平仓呢？在这里我们可以把 S3 和 A4 这两个点，通过基本测算方法测算出相应的点位，然后按照正常位减仓和极限位平仓的策略，一定能够对行情有一个全新的把握。

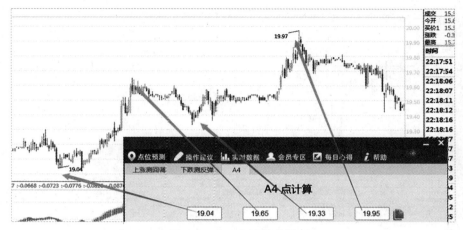

图 6-46 A4 方法的计算

资料来源：平安银行国际金融信息平台，http://bank.pingan.com/xiazaizhongxin.shtml.

有关原油市场的测算见图 6-47 至图 6-49：

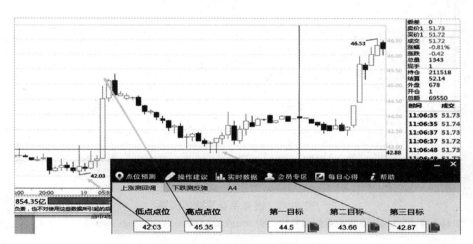

图 6-47 正常位减仓策略的测算

资料来源：平安银行国际金融信息平台，http://bank.pingan.com/xiazaizhongxin.shtml.

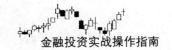

图 6-48　极限位平仓策略的测算

资料来源：平安银行国际金融信息平台，http://bank.pingan.com/xiazaizhongxin.shtml.

图 6-49　混合平仓策略的测算

资料来源：平安银行国际金融信息平台，http://bank.pingan.com/xiazaizhongxin.shtml.

笔者通过图 6-47 至图 6-49 已经给我们展示了实战效果。这就是我们看到的现货市场所运行的规律，如果我们能够把握这样的规律，那么市场给我们的就不再是茫然，也不再是没有目标。他会告诉我们多空点，而且给的点位就是我们所希望的最高点和最低点。

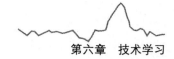

本章小结

　　所有的技术其实到最后都是一样的，没有哪个技术好哪个技术不好，最重要的是投资者的心态，往往就是自己的心态决定了一切，保持平常的心态、轻松的心态，才能真正把投资做好。此外，除了技术，大多数投资者还应重视投资行为的重要性，投资行为包括：过度自信、贪婪恐惧、锚定效应、只看眼前，等等。比如，当做一个投资决策的时候，投资者都喜欢关注最近发生的事情，而忽略之前的事情；又如，当市场大跌出现投资价值的时候，投资者明明分析出来应该买进，但是因为恐惧而不敢买。所以这也是所谓的投资行为能力太差。只有技术没有行动力仍然不可以。这方面的能力有很大先天的因素，但是后天也可以学习培养，比如多阅读行为金融学方面的著作，提高修养。另外，在投资上多做计划，比如每次的买入卖出都写投资计划书，严格按照规则办事等。

第七章 实战分析

本章主要进行原油投资的实战分析。第一部分演练"混沌操作法";第二部分讲解如何巧用布林线做多;第三部分为三角形中继形态的应用;第四部分结合多个图解进行实战演练。

一、混沌操作法

混沌理论,是 20 世纪基础科学理论中最伟大的发现之一,能够与爱因斯坦的相对论比肩,如果说相对论颠覆了传统的时空观念,那么混沌理论则颠覆了一般的趋势认知。混沌操作系统,正是基于混沌理论发明出来的,创始人是拥有35 年交易历史的比尔·威廉姆博士。在本书中,主要以鳄鱼、分形和 AO 指标的结合为大家介绍混沌操作。

鳄鱼指标(Alligator)是以分形几何学和非线性动能学的平衡曲线组合为基础创造出的交易指标。其基本形态由蓝色、红色、绿色三条线构成,通常将蓝线比作鳄鱼的颚,红线比作鳄鱼的牙齿,绿线比作鳄鱼的唇。在日常交易中,鳄鱼张口的方向,则是市场将走出的方向,当鳄鱼的颚、牙齿和嘴唇黏合时,表明鳄鱼已经吃饱,可以暂时休息,这时便是市场行情偏平淡的时候,如图7-1 所示。

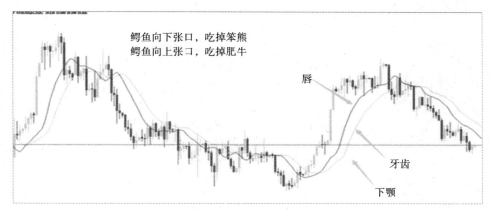

鳄鱼向下张口，吃掉笨熊
鳄鱼向上张口，吃掉肥牛

唇

牙齿

下颚

图 7-1 鳄鱼指标基本概念

资料来源：平安银行国际金融信息平台，http://bank.pingan.com/xiazaizhongxin.shtml.

单纯地使用鳄鱼指标，并不能完美地吃掉市场送到嘴边的肉，因此使用鳄鱼指标的同时，通常需要用其他指标予以配合，首先是 AO 指标或 AC 指标，这里以 AO 指标为例。AO 动能技术指标能够敏锐地感应到市场多空力量的对比情况，市场中任何一方力量增强时，AO 指标便会通过能量柱的颜色和长短反映出来，能量柱向同一方向发散，表明一方力量持续增强，如图 7-2 所示。

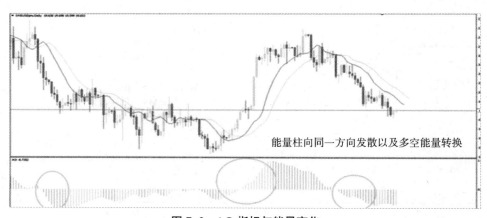

能量柱向同一方向发散以及多空能量转换

图 7-2 AO 指标与能量变化

资料来源：平安银行国际金融信息平台，http://bank.pingan.com/xiazaizhongxin.shtml.

混沌理论三大原则之一，是宇宙万物都向着阻力最小的方向前行，而分形指标 Fractals 恰能反映出市场中的阻力位置和相对大小。分形指标在盘面中以箭头形式显示，箭头方向表明阻力方向，如图 7-3 所示。

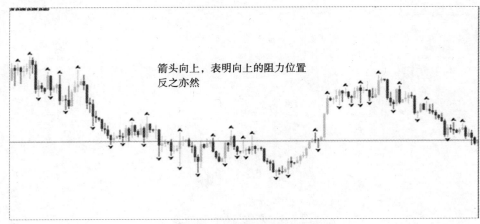

图 7-3 价格阻力变化

资料来源：平安银行国际金融信息平台，http://bank.pingan.com/xiazaizhongxin.shtml.

　　如果说趋势=货币+心理，那么在贵金属交易中，混沌操作=鳄鱼+AO（AC）+分形，简而言之，就是市场方向+能量+阻力突破。因此，在混沌操作系统的使用中，通常是鳄鱼开口，AO 能量向同一方向发散，价格突破前一分形时，便是最佳的进场位置，而出场位置则是鳄鱼吃饱，三线开始黏合的时候，如图7-4 所示。

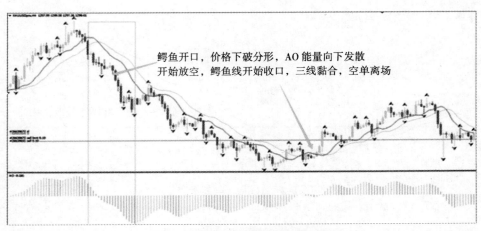

图 7-4 能量变化与价格变化趋势

资料来源：平安银行国际金融信息平台，http://bank.pingan.com/xiazaizhongxin.shtml.

在混沌操作系统中，每一种指标都可以单独使用，而三种指标的结合，恰好在较高程度上相互过滤掉许多假单边、假突破的情况，从趋势、能量和市场心理三方面共同作用的情况下展开操作，准确率很高，因此该系统被人们称为金融界几近完美的投资方法。

二、巧用布林线做多

一般情况下，运用布林线指标进行买卖，操作的成功率远胜于借助于 KDJ、RSI 甚至移动平均线进行买卖。

用布林线买卖，能使原油投资者避开庄家利用一些常用技术指标诱多或者诱空的陷进，特别适用于波段操作。布林线对做多信号预测更加准确，可以从以下几点考虑。

（一）通过上下轨线差

如果原油期货价格在中轨之上运行，布林线开口逐步收窄，上轨线、中轨线和下轨线逐步接近，当上下轨线数值差接近 10%，就可以认为是最佳买入时机。如果此时成交量明显变大，则原油期货价格向上突破的信号更加明确。布林线收窄是黑马启动的信号，而布林线开口再次放大则是最佳买入时机。

（二）价格在轨线的移动

当原油期货价格经过一段温和上升行情之后出现短线回调，如果价格在上轨附近受阻然后又回到布林线的中轨，而且连续 3 日站稳中轨线，那么可以考虑买入。

（三）价格沿上轨线和中轨线向上

当原油期货的价格始终沿着布林线通道上轨和中轨之间稳步向上时，表明原油期货正处于强多头走势之中。

（四）价格跌出下轨线

如果价格跌出下轨线或站稳中轨可以考虑介入。

专家建议：一般情况下，强势原油品种的价格一般会在中上轨之间反复向上，这就为原油投资者提供了中线波段的机会。

三、三角形中继形态的应用

顺势而为是投资者必须遵守的基本准则之一，而在趋势发展的过程中不可避免地会出现一定的回调或盘整。在这种情况下，认清并利用好中继形态就显得格外重要了，这里主要讨论常见的三角形中继形态。

三角形形态：在技术分析领域中，形态学派中经常会用到几何中"三角形"的概念。在 K 线图中，典型的三角形形态一般有正三角形、上升三角形、下降三角形三种。形态学派技术分析人士经常会利用三角形的形态来判断和预测后市。三角形的形成一般是由价格发展至某一阶段之后，会出现价格反复或者停滞的现象，价格振幅会越来越小，K 线的高点与高点相连，低点与低点相连并延伸至交点，此时会发现价格运行在一个三角形之中，这种形态又以正三角形为典型代表。此形态的出现，投资者不要急于出手，必须等待市场完成其固定的周期形态，并且正式朝一定方向突破后，才能正确判断其未来走势。

注意以下条件：

（1）三角形价格变动区域从左至右由大变小，由宽变窄，且一个高点比一个

高点低，一个低点比一个低点低。

（2）当正三角形发展至形态的尾端时，其价格波动幅度显得异常萎缩及平静，但这种平静不久便会被打破，价格将会发生变化。

（3）当正三角形上下两条斜边，各由两个或多个转折点所相连而成，每一次涨势的顶点出现后，立刻引发下一波跌势，而每一次跌势的低点出现后，又立刻引发下一波涨势，而价格的波动范围会越来越小。

由于正三角形的形成是由于多空双方逐渐占领对方空间，且力量均衡，所以从某种角度说，此形态为盘整形态，无明显的价格走向。在此期间，由于价格波动越来越小，技术指标在此区域也不易给出正确指示。故投资者应随市场而行，离场观望。

价格在正三角形中运行，如果价格发展到正三角形尾端才突破斜边，则其突破后的涨跌力道会大打折扣，会相对减弱。这是由于多空双方长时间对峙，双方消耗大，故在三角形尾端短兵相接时，双方力量均不足以做大波浮动。一般来说，价格在三角形斜边的2/3处突破时，涨跌力度会最大。三角形在向上突破斜边后，价格往往会出现短暂性的"回抽"，其回抽的终点，大致会在三角形尾部的尖端上，这里是双方力量的凝聚点。多方占优，后市将有一段不俗的涨幅。在经过大跌后出现正三角形形态，一般只是空方稍作休息，不久又会开始新一轮的跌势，此三角形也可称"逃命三角形"，投资者在此应密切注意。

需要指明的是：三角形突破，最重要的是对阻力边的突破与回抽的确认，大部分情况下是往哪个方向突破，操作上则应顺应这个方向，如图7-5所示。

操作策略：这是一个比较明显的下降趋势，整个圆形区域内震荡的时间较长，看上去在构筑头肩底的右肩过程，但是真实的价格波动并没有触及颈线位，反而正在形成正三角形的结构，最后价格向下突破斜边，暂开了第二轮杀跌。

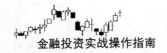

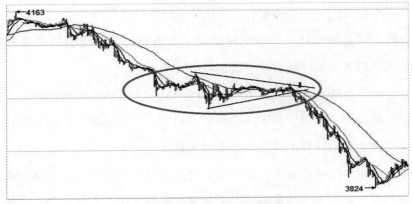

图 7-5　三角形态的基本图形

资料来源：平安银行国际金融信息平台，http://bank.pingan.com/xiazaizhongxin.shtml.

四、实战

本章笔者会针对行情进行分析，通过这些分析系统给大家做一个详细的讲解，在看盘的过程中，如何去判断市场，我们以图 7-6 为案例分析的起点。

如图 7-6 所示，行情已经走到了一定位置，接下来我们需要考虑如何去分析市场。

图 7-6　30 分钟线分析图例

资料来源：平安银行国际金融信息平台，http://bank.pingan.com/xiazaizhongxin.shtml.

首先我们在这个行情上面加上 BOLL 带，如图 7-7 所示。

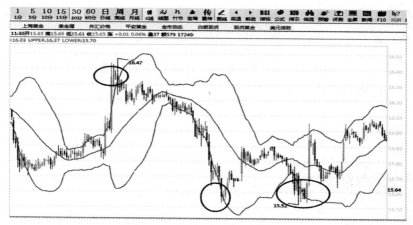

图 7-7 30 分钟线关键点位展示

资料来源：平安银行国际金融信息平台，http://bank.pingan.com/xiazaizhongxin.shtml.

这是加上 BOLL 带以后，我们发现的一些通过 BOLL 带出现的做空做多图形，如图 7-7 所示。这些足以证明 BOLL 带对市场的判断，那么我们再看看当前行情应该如何分析。

我们可以看见，目前的行情走在 BOLL 的上轨，现在短期下跌受到 BOLL 中轨的支撑，通过观察我们可以看见，这里是一个下跌以后，行情开始上涨，也就是可以通过点位预测，测算出反弹的极限位，如图 7-8 所示，那么极限位肯定是可以做空的。

上涨测回调	下跌测反弹	A4			
高点点位	**低点点位**		**第一目标**	**第二目标**	**第三目标**
16.47	15.52		15.75	15.99	16.23

			高点	低点	弱势	正常	极限
计算	归零						
1	2	3	←				
4	5	6					
7	8	9					
0	·	↵					

图 7-8 基于布林线的点位测算

资料来源：平安银行国际金融信息平台，http://bank.pingan.com/xiazaizhongxin.shtml.

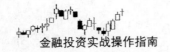
当行情走到了目前 16.23 附近这个位置时，我们就可以毫不犹豫空单进场（见图 7-9），同时在这个位置我们也可以发现，K 线的形态也形成了做空图形。当然，测算的点位会更好，而 BOLL 的做空图形需要等待确认，不管怎么样，我们这里要做空，那么做空以后，我们在这个位置又应该如何看目标位？我们可以继续通过点位预测测算。

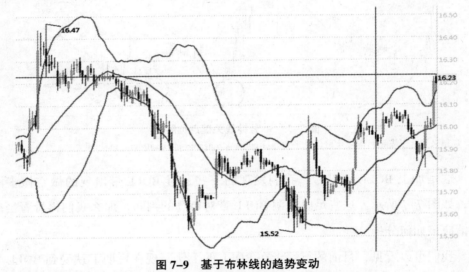

图 7-9　基于布林线的趋势变动

资料来源：平安银行国际金融信息平台，http://bank.pingan.com/xiazaizhongxin.shtml.

如图 7-10 所示，我们可以看见第三目标位为 15.92，也就意味着这里的下跌，第一目标应该看到 15.92，可能有人问我，为什么将这个极限位作为第一目标，而前面的点位都不要了，因为笔者在这里的取点，取的是最小的区间，如果我们把区间放大，那么相应的点位的重要性也会有所区别。

最终市场走到了 15.90 以后，开始反弹，然后继续创出新高（见图 7-11），当市场继续创出新高时，我们又要考虑，市场从这里上涨，到什么时候我们又可以进空单？我们可以通过点位测算，计算出未来市场的 A4 点，也就是市场最后的高点，那么这个高点也就是我们可以做空的点。

图 7-10 基于布林线的目标测算

资料来源：平安银行国际金融信息平台，http://bank.pingan.com/xiazaizhongxin.shtml.

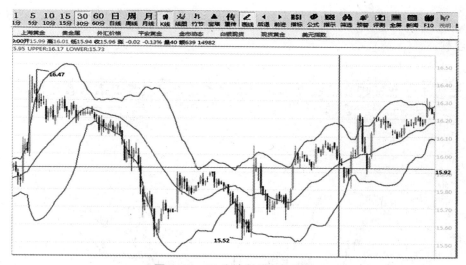

图 7-11 30 分钟线的点位比较

资料来源：平安银行国际金融信息平台，http://bank.pingan.com/xiazaizhongxin.shtml.

通过点位测算（见图 7-12），我们知道，未来市场如果走到了 16.62，我们可以做空单。

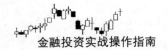

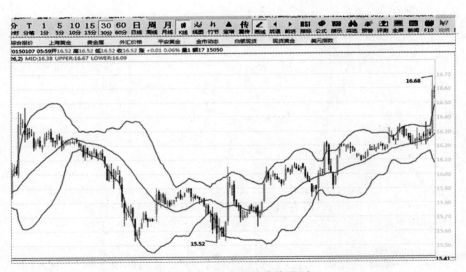

图 7-12　A4 点测算

资料来源：平安银行国际金融信息平台，http://bank.pingan.com/xiazaizhongxin.shtml.

如图 7-13 所示，市场最终走到了 16.68，而我们的空单已经进去了，就等待着盈利。

图 7-13　A4 点位的价格预测

资料来源：平安银行国际金融信息平台，http://bank.pingan.com/xiazaizhongxin.shtml.

最终市场走到了 BOLL 的下轨，获利会有几十个点（见图 7-14）。

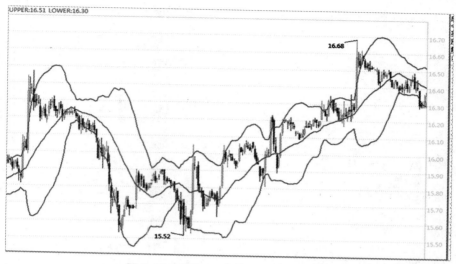

图 7-14 其于 A4 点位预测的交易策略

资料来源：平安银行国际金融信息平台，http://bank.pingan.com/xiazaizhongxin.shtml.

图 7-15 是后期市场走出来的行情图，行情整理都是从 BOLL 的上轨再到下轨，反复出来 BOLL 的做空图形和做多图形，如果我们能够很好地把握这个技术，那么我们的操作不可能不盈利。当然，我们会错过很多行情，我们也可能做到任何一波行情都把握到。我们尽量去把握自己能够把握的利润，在这个市场从

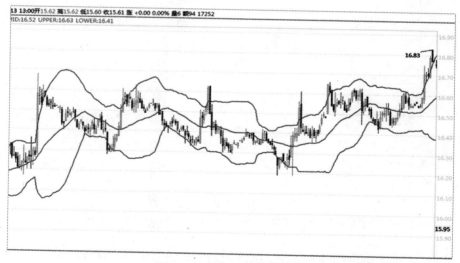

图 7-15 后期市场行情回放

资料来源：平安银行国际金融信息平台，http://bank.pingan.com/xiazaizhongxin.shtml.

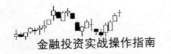

来都不缺少机会，缺少的是一个赚钱的方法，举例来看，如图 7-16 所示。

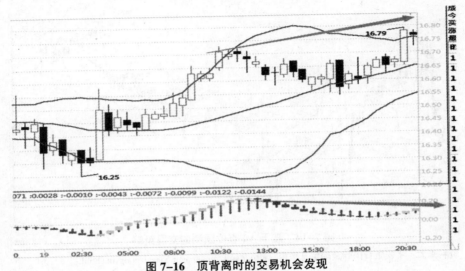

图 7-16 顶背离时的交易机会发现

资料来源：平安银行国际金融信息平台，http://bank.pingan.com/xiazaizhongxin.shtml.

我们再来看图 7-17，行情在这个位置形成了顶背离，那么意味着未来的市场会有下跌，同时在这个位置形成了做空形态，也就告诉我们这里可以直接做空。

图 7-17 顶背离时的交易策略

资料来源：平安银行国际金融信息平台，http://bank.pingan.com/xiazaizhongxin.shtml.

最后引来了市场的一波下跌，而我们的做空图形也是在这波行情的最高点。

如图 7-18 所示，此处有一个底背离，市场最终走出了一个图形，那么我们

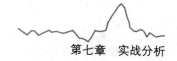

做多，后面就是市场的一波大的上涨，我们可以看见，底背离能够提前告诉我们未来的方向，而做空做多图形和我们的点位预测能够告诉我们做空做多的点位。三者结合起来，我们对于市场的把握将会有一个全新的认识。

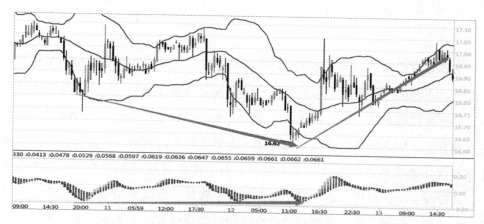

图7-18　底背离时的交易机会发现

资料来源：平安银行国际金融信息平台，http://bank.pingan.com/xiazaizhongxin.shtml.

在这个突破里面，笔者用到了两个指标，分别是 BOLL 和背离王（见图7-19），而且我们用这两个指标创造出了更多的价值，如买卖点和市场的发展方向。

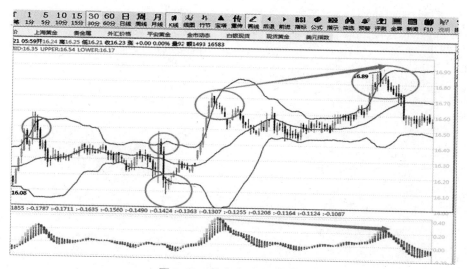

图7-19　综合交易策略分析

资料来源：平安银行国际金融信息平台，http://bank.pingan.com/xiazaizhongxin.shtml.

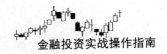

本章小结

  本章是就前面章节的实际应用，有了自己的交易系统和交易技巧，坚持并不断改进，不断应用于实践，总会有不错的收益。其实每位投资者在股市当中都有自己的一套投资方法，但是就是没有坚持下来，一旦遇到挫折，就开始怀疑自己的投资方法，于是放弃自己固有的方法，去追求别人的方法，寻来寻去，最后还是没有寻出适合自己的方法。人生苦短，有多少年能经得起消磨，折腾来折腾去，钱没赚多少，最终什么也没学会。所以不管你是短线还是中长线，不管你是价值派还是成长派，尽快地找到适合自己的一套投资方法并不断实践，尤其是在逆境中坚持下去，最终的胜利者就是你。

第八章 投资心态管理

保持健康的投资心理是投资者在投资市场中取胜的关键，是投资者对市场获得正确认识和正确实践的必要条件。良好的心理素质可以使投资者发挥更强的思维能力和更高的效率，对基本面、技术面所发生的变化及时、客观、准确地做出分析和判断，制定较为科学合理的操作策略并严格执行。否则，由于行情逆转造成账面金额的亏损，将对投资者的分析思维和操作造成强烈的干扰和破坏，使投资者的思维和感觉狭隘呆板，不知所措，难以保持理性客观的态度来适应不断变化的市场行情，导致判断屡屡失误和操作步调混乱。

一、投资心理过渡期

每个人都有自己的成长经历，没有谁天生就什么都会，都需要一个过程。而投资也需要一个过程，要做一个成功的投资者也并非易事。心态管理（Mentality Management）就是让自己的积极心态（俗称上帝/佛祖）成为自己的主导，让自己的消极心态（俗称魔鬼）通过一个不损害他人的方式疏通掉，或者通过"修身律己"而变小。那么这个过程应该是什么样子、大概多久、表现为哪些形态？下面笔者会详细阐述各个阶段的情况。

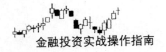
（一）磨合期

刚进入投资市场，或者刚刚投入一个新的投资品种，我们都需要对新的市场有一个适应期，适应市场、适应行情、适应交易、适应规则等方方面面，这是一个新进入投资市场或者进入新的投资品种的必经之路。第一个阶段是发现问题最多的一个时期，每解决一个问题后仍然需要去适应、学习、熟悉。

在磨合期的同时，会将先前的技术分析方法和操作技巧进行转换，例如，将股票市场中的技术运用到现货原油市场来，是否实用有效？这就需要一个磨合阶段。当然，如果什么都不懂的投资者，最好先学习然后了解清楚后再投资。无证行驶很危险。当然也是最容易夭折的一个阶段，很多人都"死"在了路的开始。任何行业都是懂行人去赚不懂行人的钱，所以如果你想非常容易地就获得利润，那么笔者可能要告诉你，别做梦了，该醒醒了。在这个市场上真正能够赚钱的，没有一个是平白无故的，都是通过自己的不断努力，不断学习才能有最终的成绩。笔者想说，第一个阶段，不管赚还是亏，多学习，多了解，积累经验，这才是最终我们能否长久获利的根本。

另外，磨合期也是对新手投资者的心态、信心、兴趣上的一种磨合和考验期，政府能否提供现货原油市场？能否继续投资下去？是否看到了希望和信心？如果没有，那就趁早退出市场或者寻求帮助；如果有，那就继续进入下一个阶段期。

（二）练习期

新手入门的前一个月的学习心态一般非常好，情绪高昂，也非常认真，因为刚开始炒的是兴趣。所以，在第一个月时间内学习到不少知识和技术技巧，在进入第二个月时，当然会将学到的东西运用到实盘当中，去反复练习，是否可行可靠，是否运用恰当，是否实用，哪些是最重要的？不断地积累，不断地验证，把我们在第一个阶段积累的，所听所闻全部都拿来练习、实践。

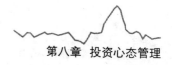

（三）心理期

前面两个阶段试过、练过，到底有没有初见成效？有没有盈利？所学习的是否有价值和是否有帮助？还能不能继续坚持下去？还有没有希望继续学习？还是要做哪些纠正？

因此，在第三个阶段是新手投资者最迷茫的一个时期，也是心理上的一次考验，一次大过渡，去与留会在这个月做出决定。换言之，第三个阶段也可称为"黑夜期"（黎明前的黑夜）。现实中，很多投资者在初期都是兴致勃勃，信心十足的，但时间稍长，处处受打击后，投资者也便慢慢消极了。

第三个阶段也是新手投资者心理上的一大难关，能否挺过去，这要看自己有没有反省和总结，有没有找到新的方法，很多投资者就在这个阶段倒下了（退出市场）。所以笔者建议在这个阶段，最好找一位好的老师做一次大检查，帮你找出问题和解决问题，也可以自己查阅资料，去看看你目前所处的状态。不要忘记我们最初进入这个市场的梦想，同时也需要明白，付出一定会有结果，目前没有结果，必然是因为我们的付出还不够，甚至远远不够，需要不断地学习，不断地改建，要开始建立自己的交易系统，同时不断去完善，完善的交易系统是我们能够持久获利的根源。

（四）恢复期

在经过反省总结，找出问题根源之后，知道前面自己错在哪，知道接下来需要如何修正，如何完善，所以第四个阶段为"恢复期"。好比一个人从死人堆里再一次获得重生，明白前面是怎么亏损的时候，也就明白接下来需要怎么做了，同时又看到新的希望。

在恢复期也可以给自己重新建立一个交易体系和制度交易原则，尽量在今后不要犯同样的错误。任何一个投资高手，都是这样一步一步走过来的，哪怕是巴菲特、索罗斯这样的投资大亨等，建立了自己的交易系统，接下来就是不断去执行这个系统，那么就能够在这个市场上看见利润。

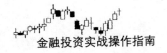

（五）信心期

恢复期就是自己修正错误的一个时期，当修正之后才会发觉"原来如此"的感慨，此时也就进入了重振"信心期"。

在经历过一次起伏后，无论是心态、技术，或是技巧都会有所提升。再回头看看走过的脚印，在接下来便应该不会故地重游了。所以，在此之后将会迈上一个新台阶。

在这个阶段，可能会慢慢累积盈利，将前面的亏损也逐渐挽回，交易方面可能也不会如前面那样频繁了，心态也平衡了，行为也理性了。这个阶段说长也长，说短也短，短则几个月，长则几年，甚至很多在投资市场有 20 年经验的人，到现在也没有自己的交易系统，谈获利也基本无望，但是他们都是这个市场的基石，能够长篇大论，可惜实战无法在这个市场上有所成绩，有时笔者都感觉这个市场需要看人的悟性，得出来的结果也是不一样的。而更多的投资者却"死"在半路上，长久地无法盈利，导致最后的亏损累累，甚至做出一些极端行为等，笔者从来不去怪市场，怪政府，怪别人，因为笔者明白自己能做的就是不断地去完善自己，完善自己的交易系统，这样才能够最终走到我们的目的地。

（六）阳光期

随着人的经历延长，思维和行为的成长，经历也逐步在积累，各方面都逐渐丰富时，也就慢慢向成熟投资者的阶段迈进。

能够在现货原油市场中坚持到这个时期，在这过程中可能有不少盈利，也有可能有不少亏损，甚至盈亏参半。经过不断摸爬滚打，狂风暴雨之后，终于可以看见彩虹，看到未来的希望和信心，所以笔者称这个阶段为"阳光期"。

俗话说：创业容易，守业难。在证券投资市场中：入门容易，立足难，立足于不败之地更难。所以，当心态、技术、技巧、收益稳定的情况下，还需要不断去深入研究，不断去学习，不断去提升，才能早日获得成功。最后希望能够创造出一套完善的交易系统的投资者也要不断去学习，不断去进步，市场也在进步，

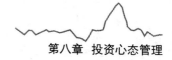

如果我们因为有一套交易系统而故步自封，那么最终可能连自己怎么失败的都不知道。

通过上述分析，投资者应该明白初入市场之后会经历哪些周期，应该如何去面对，并采取相应的措施。同时也要明白在这个市场应先"立足"的重要性，要想未来从一名士兵晋升为一名将军的话，就要学会在战场上怎样存活下来，才能实现稳中求发展。千万不要在入市一周、两周、一个月内就被击倒，或大伤元气，那后面还怎么翻身？在此笔者告诫一句：控制仓位就等于控制风险，设好止损就不担心风险发生。

最后，别忘记了，每一位成功的投资者都会经历几起几伏的过程。所以，在每一次受到打击时，就当作是一次考验，一次经验积累，不要消极、不要气馁，要打起精神，重振信心。成功就是不断地在找方法、找出路。要把投资当作是人生中的一大挑战，一种乐趣，这样你就永远不会绝望了。

二、投资思维误区

做投资需要对走势进行分析和判断，看错了走势就不提了，但是你判断对了行情，但依然没有赚到钱，这是为什么呢？最关键的因素就是行情走势的震荡，我们分析行情时是静态分析，是没有任何杂念的分析。这里总结了投资者在市场中常犯的几大错误。

（一）误区一　轻视模拟

模拟交易是新手入门前必经的过程，常常发现很多投资者心急如焚，按捺不住，而轻视模拟交易的重要性和关键性，甚至有的投资者并不在乎模拟交易，结果将是血的代价。总之，入门前或后期实盘中都要不断去模拟，并且以实盘的心态去模拟，多模拟才会少亏损。真金原油，我们刚刚去了解，而熟悉市场都应该

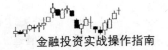
先了解市场，而模拟就是最好的了解手段之一，不管是对熟悉品种还是市场都是非常好的手段，当然也有一些投资者直接将真金原油实战操作，不在乎盈亏，但是笔者建议还是小仓位操作，但是不管看重金钱与否，笔者都希望大家重视模拟。

（二）误区二　强烈欲望

期货市场有这样的一句话：空头、多头都能赚钱，唯有贪得无厌的人不能赚钱。一个人的欲望越强烈，做事就越冲动。现货原油是高风险高收益的市场，投资者的一举一动随时都可能面临高风险，如果没有一定的成功概率，最终是难以盈利的。依笔者所见：在自己的风险承受能力范围内、技术技巧能力范围内、可控制的风险范围内，赚取自己能够赚到的、应该赚到的利润，最好不要超过自己的能力范围。俗话说：有多少本事就做多大的事，不要强人所难。换言之：在自己能看懂的行情范围内去交易，这样成功的概率才会大大提高。如果偶尔超出范围而盈利，那只是运气，但运气不可能一直伴随你。总之，要控制自己的欲望，不要太激进，不要太过冒险，有行情就抓机会，能看懂就操作，相反宁可错过也不做错。笔者创造的"一步一止损"，能够真正地去控制风险，同时能够解决因为欲望最终导致的亏损。

（三）误区三　过度投机

具有赌博心理、投机心理的投资者，总是希望一夜致富，而现实往往是残酷的。市场不是赌场，也不是提款机，所以不要赌气，不要昏头，要理性分析风险，并建立投资计划和资金合理分配。而且，现货原油是全球性市场，会有诸多消息和不确定性因素影响价格波动，时常出现上下来回扫损（宽幅震荡）的现象，这对于喜欢盲目跟风的投资者是莫大的风险。中国股市就是投机过重，真正能够在股票市场获得利润的人少之又少，原因就是中国股票市场的机制不成熟。所以投资一定要理性，不要盲目，也不要抱有一夜暴富的心态，必须拥有一颗平常心。

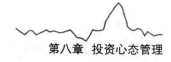

（四）误区四 小赚大赔

一朝被蛇咬，十年怕井绳。很多投资者在吃过亏，受过损的情况下，显得十分谨慎，往往稍有微利就卖出，而实际上每一次被扫损的亏损比盈利要多。最终呈现出小赚大赔，敢输不敢赢的局面，亏损的单子死拿，盈利的单子拿不住。这种类型的投资者的问题所在是自己的技术功底不扎实，对技术图形和交易技巧不精通，导致操作信心不强烈。而且，是对消息面的分析不够透彻，受到行情波动时而过度恐慌，投资者应在消息发布前就做好充分的心理准备，或者提前空仓回避，再或者分析消息会产生长期影响还是短期影响，另外就是顺势做势。

（五）误区五 抗损扫单

很多投资者从浅套到深套再到被迫锁单，原因是投资者没有设止损的习惯，没有注重风险的意识，甚至受不服输的心态影响。例如，被套 0.5 美元，心想等一会回收一点再止损，可以少亏一点，结果却变成深套而动弹不得；还有是在回收时心里想再等一会尽量保本卖出，或者在保本后心想再等一会最好能赚点钱再卖出。如此心理，即使能盈利也是偶尔运气而已，没有交易纪律和原则性，这种错误的心理迟早会吃大亏的，最终还会经常出现实迫锁单。众所周知在现货原油市场锁单是下下策，而且锁单容易解锁难。

（六）误区六 没有原则

成熟的投资者或成功的投资者，都有自己的交易原则和纪律，并且还会严格去遵守执行。当然，每个人的原则各有不同，这是根据各自的性格和操作风格以及自己的缺陷而制定出来的。用这些原则机制克服自己的不良行为，避免不必要的风险产生。其实，任何风险都是可控的，关键是你有没有意识去执行控制。因为现货原油交易具有止损止盈功能，所以在每一次挂单时或成交后就应立即设置止损位。心态好不如习惯好，养成良好的习惯才能转型为成熟的投资者。

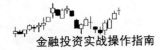

（七）误区七　逆势操作

证券投资有句俗话叫"顺势而为"，但很多投资者不但没有顺势做单，还分不清主趋势和次趋势，甚至级别上的估量。例如，牛市、熊市、猴市这三大市为主趋势，其中的波段行情为次趋势，日内的小波动为小趋势。因此，在不违背大趋势的情况下做好小行情，收益也是极为可观的。举例来说，长期和中期趋势都看空，那么在中间的反弹小行情就尽量少参与或不参与，即使参与也是少量仓位。当然，如果仅做单边行情或仅做一个趋势方向也会更有利于把握，如果想把握更多的行情波动机会，就要看投资者的技术水平有多高。市场不变的规律就是一直在变化，而且它的变化也非常有规律，在市场中有左侧交易法则也有右侧交易法则，这些方法在市场上都有很好的技巧。笔者在前文的交易系统里讲到了最高点和最低点的交易法则，而这些法则的把握都是需要一定的投资技术的，所以对于一个投资新手而言，要么借助外力，要么不借助外力，按照右侧交易法则，也就是顺势而为来操作。

（八）误区八　频繁交易

常在河边走，哪有不湿鞋。技术水平再高，频繁交易还是会出错的。十次交易前九次盈利，但不排除就这最后一次失败而回吐前九次的盈利。这种情况告诉投资者不要太频繁交易，因为交易越频繁就越不理性，越不理性就越容易出错，导致亏损。正常而言，一般一天最多只交易三单以内为佳，最多不超出五单。这种频繁交易的不良心理行为一定要适当控制，管好自己的手。如果一天连续亏损三单，那么我建议投资者关闭电脑休息或者出去走走，静一下心。一定不要有赌徒心理，出现了亏损就想马上赚回来，这是不现实的，只会导致亏损愈加严重。

（九）误区九　重信他人

自己的大脑不能为他所用，因为资金是自己辛勤赚来的，应该由自己主控。大多数业务员和经纪人只注重佣金利益，少有注重投资者的盈亏，这是人之常

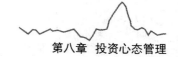

理,不能责怪谁,要怪就怪自己没有主见,自己不勤于学习。总之,他人的意见仅能作为参考,如果他人的意见与自己的观点达成共识时,方可做出相应的交易决策。否则,宁可多看、多参考,也不要轻易跟随或重信。还有一种重信就是将自己的账户让朋友来做。笔者了解到,很多投资者进入金融市场都是因为身边朋友在投资或者朋友介绍等方式。很多人也知道自己并不专业,所以直接把账户交给了自己认为专业的朋友或者亲人等。这样的方式看似很好,如果赚钱了,那么彼此都高兴,唯一就是利益分配的问题,但是如果造成了亏损,那么这个亏损的分配就是一个很大的问题,弄不好朋友都没得做了。所以笔者建议,不要轻易把账户给朋友来操作,也不要帮别人去投资,不然好心很有可能换来的不是好结果。

(十) 误区十 不善学习

学者如牛毛,成者如麟角。偏离本质步入误区,方向不对努力白费;方向对了才能少走弯路,沿着本质理性投资。大多数人都有学习心态,只是花费的精力多少各有不同,以及吸收能力各有差异,所以最终真正学习成功的人并不多。学习要从自身开始,从空杯心态开始,自己最欠缺什么就学习什么,什么最实用就学习什么,其他无关紧要的东西就放弃,以往的不良习惯也统统抛开,做到从头开始,静心学习。活到老,学到老,市场不断在变化,人的思维也应不断去创新,不断去进步,不断充实自己,完善自己。金融市场是高手资本运营的市场,如果想在这个市场获得利润,那么学习是一个必然的过程,不然最终会成为大鳄口中的鱼虾。

(十一) 误区十一 不善总结

真正成熟的投资者们,会在每一次交易或每一天交易之后,进行经验总结。试想一下,一天总结三次,就会减少三次错误,一个月20个交易日就会减少60个错误,持续1~3个月,再多的问题也能被解决完,只要你不重复犯错,那么后期交易的成功率就会迅速提升。成熟的投资者还会做到知错认错并立即纠错,同

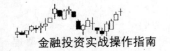

时还会做到"知行合一"，另外，还会常常做笔记和收集资料，以及经常向老师或同学提问。笔者有一个朋友也是这样，每天晚上都会自己复盘，然后根据行情的变化不断地修改自己的投资思路，笔者不知道有多少人能够坚持这样，但是笔者相信这位投资者一定可以在这个市场分一杯羹。

（十二）误区十二　不善休息

手中无单，心中有行情（知道什么时候应该休息，什么时候应该开仓交易）；手中有单，心中有点位（知道支撑和阻力位置，知道止损止盈点位）——这是一种境界。其实，懂得适当休息也是一种境界。例如，当行情低迷、窄幅横盘、大波动之后的修整、方向不明看不懂、风险大于机会时，都可选择休息；在当天或最近持续两次失手受损时，也应该停止交易，休息时才能冷静下来反思，而不是急着想快点挽回损失，越是这样想就越难操作好，若持续下去只会影响心态。另外，在心情不好、环境受干扰、时间和精力不充分时选择休息。对新手而言，在消息窗口、变盘窗口时，估计会有较大的波动行情，因自身技术功底不厚，就不必去"兴风作浪"，也可选择休息，当行情平息稳定下来再寻找交易机会。总之，适当休息是为了调节状态、调节心情、调节策略，坐山观虎、等待机会才是最理性的。

以上这些误区都是笔者所见所闻，甚至亲身经历后总结归纳而出。希望读者加强熟记，并严格控制自己，力争减少错误发生，投资成败关键从投资者自身做起。如果自己都不能严格要求自己，那么还有谁会要求你呢？而且即使别人要求你也没有用。

三、提高心理承受能力

在原油交易的过程中，随着价格的起落出现的心理变化是非常复杂的。能否

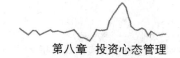

适应价格变化的节奏，并且紧随价格变化理性制定操作策略，是投资者应该努力做到的事情。好的投资者，必须首先具备好的心理承受能力，这样才能够在实战中获得真正的回报。

即便投资者已经制订出完美的交易计划，已经熟练掌握了原油买卖的交易过程，在没有心理承受能力的情况下，也是很难付出真实行动的。在原油的实盘操作中，价格波动总会有一定的亏损风险。如何面对原油交易中的得与失，如何在亏损的情况下精准平仓减少损失，又如何在止盈单上获取更多的利润，都是需要投资者理智做出决定的。

原油买卖的投资活动，其实就是在不断试错和纠正错误中完成的。价格真正的波动趋势谁也不会真的明白，但是投资者可以根据自己的想法开仓。对于试验错误的开仓马上止损出局，而对于判断正确的盈利开仓尽可能获得更高的回报。这样才能在原油的交易中稳定获利。

提高原油交易心理承受能力，体现在能够按照既定的交易策略买卖原油，不会因为心理的改变而错误地使用设置好的策略。再好的交易策略，如果投资者不能理性地操作，也是无济于事的。在原油价格异常波动的过程中，投资者心理承受能力应该过硬才行，不仅要在买点出现的时候果断开仓，对亏损也不应犹豫。

四、合理安排资金

资金安排在原油交易中的作用非常大，关系到投资者总的投资策略，以及能否持续获利的问题。也许投资者认为资金安排其实没有必要，就是些开仓和平仓的问题。但实际上，恰当安排好入场资金以及调仓过程中的资金变化，才能更好地把握住利润。在实战当中，期货价格频繁波动中创造的利润是很丰富的。是不是投资者每一次开仓都要动用几乎全部的资金去搏一把呢？显然不是的！

原油交易过程中，最为重要的资金安排还是要轻仓持有合约，避免人为地给

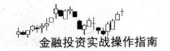

资金增加持仓风险。轻仓持有原油并不是不能够获利，而是帮助投资者在尽可能小的风险下获利。投资者既然来到贵金属市场进行原油的买卖，肯定不是一次交易后就想完事走人的，而是要在长期交易过程中不断获取稳定的投资回报。这样一来，采取重仓冒险的做法是不可取的。简简单单地轻仓买卖原油期货，控制好交易次数，抓住获利机会也并非难事。

原油的交易包含了试错的过程，当然最主要的还是要把握真正顺势交易的利润。以适当的持仓位置把握交易中的利润，才能持续获得利润。实战交易中，投资者的资金真正被占用的，是用于交易保证金。这样，在持仓过程中有足够资金来满足保证金的需要，是投资者应该首先关注的问题。考虑到杠杆的存在，投资者开仓数量的多寡，对资金波动的影响是很大的。在持仓一定的情况下，用于满足保证金要求的那部分资金（也就是真正被占用的资金），即便在最坏的情况下，也是应该被满足的。如果原油的日常波动范围最大是3%的话，那么投资者应该考虑如果价格短时间内波动了3%，投资者因此出现了损失，是否会在亏损后有足够的资金来支撑保证金的最低需求呢？

当然，投资者不应该重仓持有原油，这样一来，投资者就应该考虑最坏的情况下遭受的损失后，投资者还能有多少保证金来满足正常交易。在模拟交易中，这些都是投资者需要事先设定好的，这样才能够更好地进行交易。

五、投资理财 Tips

理财不只是打理跟钱财有关的事情，更是对我们生命历程的安排，对我们人生目标的打理！严格地讲，理财分为两大部分：生活理财和投资理财。生活理财是打点生活的方方面面，并让钱财帮助我们实现生活的各种目标，如购房购车、结婚、教育、养老等。生活理财的出发点是生活，因此，资金的安排方面，对收益的追求反而是次要的，如为突发情况准备的紧急备用金，流动性更加重要；再

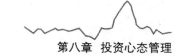

如，为家庭保驾护航的风险规划资金，保障更重要。投资理财是在生活理财打点好之后，将当前无须花费的资金进行投资。投资理财的首要目标当然是收益，但是在追求高收益的同时应该根据资金的用途安排好适当的流动性和安全性。

（1）相信专业，别以为自己经过粗糙的学习就可以胜任理财这么大的一件事情。

（2）别迷信专业，别因为任何人的专业而闭上自己的眼睛，要学会辨别真正的专业和伪专业。

（3）理财是自己的事情，别把全部的事情抛给理财师，哪怕是天底下最优秀、最尽职的理财师，也只是你的顾问而已，更何况现在的"理财师"满天飞！

（4）理财是一场持久战，别企图一开始就能够取得令人惊叹的效果，除非你之前的理财一塌糊涂！

（5）理财不是你躲得开的事情。糊里糊涂也是一种理财方式，不闻不问并不代表你躲开了理财这么一件"麻烦事"，而是说明你在敷衍自己，最终吃亏的，肯定是你自己！

（6）理财没有门槛，也不需要文凭。月入1000元的人跟月入百万元的人一样有财可理，而亿万富翁也需要省钱，需要理财，只是数目不同而已。基本的理财更加需要生活的智慧，而不是知识；专业的理财需要专业的知识，但也不可缺少生活的智慧。

（7）理财是无足轻重的事情，有时候无关紧要；理财是天大的事情，有时候会改变你生命的轨迹！

总之，收益和风险是成正比的，不要轻易把钱让别人拿去投资，这样还不如放在自己手上投资，至少你知道钱是怎么来的，怎么没有的，如果钱放到别人那里去投资，可能你连钱怎么没有的都不知道，甚至还要考虑本金的安全问题。

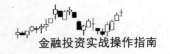

本章小结

　　投资是一门很大的学问，因为投资不是一件简单的事情，在很多投资的项目里都有很大的风险存在，所以大家在投资时一定要认真地研究和判断自己的情况，针对自己的资金实力进行合理的投资，这样才是正确的方法。无论什么样的投资你都需要有一个良好的投资心理，这样才可以应付不同的事情，因为投资存在风险和利润两个方面的情况，你必须具备权衡利弊的信心。有了投资的信心才可以做好自己的投资计划。

第九章　投资风险管理

原油投资因为自身的特点，涉及的风险因素较多。在以往这种工程投资决策中，由于没有考虑风险而导致投资失败的例子很多，鉴于此，本章进行了大型工程投资决策中风险管理的理论与应用研究。

一、投资风险

风险管理问题最初起源于第一次世界大战后的德国。1931 年，美国管理协会首先倡导风险管理，并在以后的若干年里，以学术会议及研究班等多种形式集中探讨和研究风险管理问题。风险管理问题逐渐得到了理论探讨和一些大企业的初步实践，但风险管理问题真正在美国工商企业中引起足够的重视并得到推广则始于 20 世纪 50 年代。此后，对风险管理的研究逐步趋向系统化、专门化，使风险管理成为企业管理中一门独立学科。

在西方发达国家，各企业中都相继建立风险管理机构，专门负责风险的分析和处理方面的工作。在我国，风险管理教学、研究和应用始于 20 世纪 80 年代后期。在风险管理理论研究上，1987 年，清华大学郭仲伟教授《风险分析与决策》的出版，标志着我国新时期风险研究的开始。国家计委 1987 年颁布的《建设项目经济评价方法与参数》中，提出对建设项目经济评价需进行不确定分析（其中包含盈亏平衡分析、敏感性分析和概率分析），以预测项目可能承担的风险，确

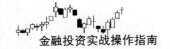

定项目在财务、经济上的可靠性。1995 年，在北京召开了第一届中日风险评估及管理学术研讨会，来自中国、日本、韩国、美国、瑞典、俄罗斯等国家的 100 多位专家和学者与会，会议认为："近几年中国国内风险理论的研究和应用工作发展也很快，各个行业的研究和管理人员均意识到风险研究和应用工作的重要性，纷纷根据行业的特点采用适当的方法，无论从理论上还是从实践上，均大大丰富了风险理论的内容。""中国国内的风险研究刚刚起步，但我们已经看到了令人欣喜的成果。相信随着关注风险研究和应用的人们进一步增多，风险理论必将获得更大的发展。"

2015 年，原油投资正以波澜壮阔之势席卷金融市场，受到越来越多投资者的追捧！原油投资成本低、有杠杆、可以小博大，但不可否认的是，投资风险也以同比例被放大了。此种情况下，投资者需要做好原油风险控制，否则将会造成账户资金亏损。

由于原油市场是实行 24 小时连续交易，而且没有涨跌限制，这也就意味着原油价格的波动趋势没有人能准确判断，因此，原油投资存在很大的风险。如果遇到波动剧烈时，原油价格能在一天之内出现几个月才能达到的波幅。这对于原油投资交易无疑存在很大的风险。

（一）政策风险

国家法律、法规、政策的变化，紧急措施的出台，相关监管部门监管措施的实施，交易所交易规则的修改等，均可能对投资者的投资产生影响，投资者必须承担由此导致的损失。

（二）价格波动的风险

石油化工产品作为一种特殊的具有投资价值的商品，其价格受多种因素的影响（如国际经济形势、美元汇率、相关市场走势、政治局势、原油价格等），这些因素对石油化工产品价格的影响机制非常复杂，投资者在实际操作中难以全面把握，因而存在出现投资失误的可能性，如果不能有效控制风险，则可能遭受较

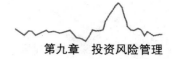

大的损失，投资者必须独自承担由此导致的一切损失。

（三）技术风险

此业务通过电子通信技术和互联网技术来实现。有关通信服务及软、硬件服务由不同的供应商提供，可能会存在品质和稳定性方面的风险；交易所及其会员不能控制电信信号的强弱，也不能保证交易客户端的设备配置或连接的稳定性以及互联网传播和接收的实时性。故由以上通信或网络故障导致的某些服务中断或延时可能会对投资者的投资产生影响。另外，投资者的电脑系统有可能被病毒和/或网络黑客攻击，从而使投资者的投资决策无法正确和/或及时执行。上述不确定因素的出现也存在着一定的风险，有可能会对投资者的投资产生影响，投资者应该充分了解并承担由此造成的全部损失。

（四）交易风险

投资者需要了解交易所的石油化工产品现货挂牌电子交易具有低保证金和高杠杆比例的投资特点，可能导致快速的盈利或亏损。若建仓的方向与行情的波动相反，会造成较大的亏损，根据亏损的程度，投资者必须有条件满足随时追加保证金的要求，否则其持仓将会被强行平仓，投资者必须承担由此造成的全部损失。

交易所以 WTI 原油价格为基础，综合各个期货市场价格，及发改委对于国内成品油的限价，连续报出交易所贵金属现货的人民币中间指导价。该价格可能会与其他途径的报价存在微弱的差距，交易所并不能保证其交易价格与其他市场保持完全的一致性。

投资者在交易所的交易系统内，通过网上终端所提交的市价单一经成交，就不可撤销，投资者必须接受这种方式可能带来的风险。

投资者通过会员以电话的方式下市价单，一经会员交易部报价确认成交后，即不可撤销或撤回，投资者必须接受此种报单方式有可能带来的风险。交易所、会员及其工作人员不会对投资者做出获利保证，并且不会与投资者分享收益或共

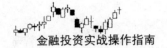

担风险。投资者应知晓针对石油化工产品现货挂牌电子交易业务的任何获利或者不会发生亏损的承诺均为不可能或者没有根据。

投资者的成交单据必须建立在自己的自主决定之上。交易所、会员及其工作人员提供的任何关于市场的分析和信息，仅供投资者参考，同时也不构成任何要约。由此而造成的交易风险由投资者自行承担。

在电话以及电子交易的过程中，有可能出现偶然性的明显的错误报价，交易所可能事后会对错价及错价产生的盈亏做出纠正，由此而造成的交易风险由投资者自行承担。

（五）不可抗力风险

任何因交易所不能够控制的原因，包括地震、水灾、火灾、暴动、罢工、战争、政府管制、国际或国内的禁止或限制以及停电、技术故障、电子故障等其他无法预测和防范的不可抗力事件，都有可能对投资者的交易产生影响，投资者应该充分了解并承担由此造成的全部损失。

另外，原油风险其中一个就是高杠杆风险。原油保证金交易采用了高资金杠杆模式，放大了损失的额度。尤其是在使用高杠杆的情况下，即便出现与你的头寸相反的很小变动，都会带来巨大的损失，甚至包括所有的开户资金。所以，用于炒原油的资金必须是闲置资金，也就是说，即使这一部分资金全部亏损了，对于你的生活和财务也不会产生明显的影响。

二、投资风险规避

现货原油交易风险，做投资首先想到的就是对应的投资风险，任何投资都没有稳健的持续增长，有的都是相对的风险程度，高风险有高投资回报率，现货原油交易也不例外，也是有风险的交易投资。不过，只要我们适当地规避和控制就

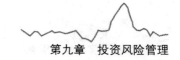

能把风险转化为优势和收益，现货原油交易有风险不用怕，下面介绍一下如何规避风险：

（1）建立风险控制制度和流程：投资者自身因素产生的，如经营风险、内部控制风险、财务风险等，往往是由于人员和制度管理不完善引起的，建立系统的风险控制制度和完善的管理流程，对于防范人为的道德风险和操作风险有着重要的意义。

（2）选择合适的价格：不管是做多还是做空，投资者应尽量在长期平均可比价格附近入场，不要去追。贵金属的每轮调整幅度都很大，而原油更要甚于黄金，因此选择入场价格和时机相当重要。

（3）选择合适的渠道：如果交易兴趣较强，可以做银行开的业务，而较为保险的投资渠道则是购买实物原油。尽量少参与杠杆交易，如果你追到了最高峰而遇到回调，杠杆会让你损失很大，投资者还是要注意甄别各种原油投资产品。对于那种门槛特别低、杠杆特别高的产品，要多加警惕。

（4）执行投资纪律：原油投资遵守纪律重于一切。投资纪律是风险防范的压轴根基，也是全部投资行为的必备前提。初入市场的投资者制订了投资计划后，若没有严格执行投资纪律，等于纸上谈兵，往往会付出惨重的代价。在原油投资中，投资纪律需要明确的要素包括：交易理由、资金投入量、止损与加仓，行情突变时的处理等。

（5）制订投资计划：初入市的投资者对于自身交易的方向、预期盈利水平、可接受的最大损失、投资策略、选择进行交易的合约月份、资金总量及投入比例等都要有具体的计划。只有通过思考和制订"投资计划书"，才可以预先对影响原油市场的复杂因素进行客观、全面的分析，从而在交易过程中管理好自己的资金，追求最大的收益，控制自身的风险水平。

（6）多元化投资：多元化投资就是将投资分散进行，达到增加成功系数和降低投资风险的目的。用最常用的一句投资箴言来说，就是"不要把鸡蛋放在同一个篮子里"。原油投资同样要进行多元化投资，如投资实物原油、原油首饰，或选择一些原油T+D产品等。市场中的风险变幻莫测，即使判断准确也可能有出

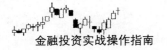

错之时，分散风险在一定程度上是可以减少风险的。

（7）保持良好心态：良好的心态是做任何事情都必需的，原油投资更需要成熟稳健的投资心态。原油的价格与国际市场上的一些因素有很大的关联性，投资者在分析市场行情的过程中，要综合考虑多方面的因素才能做出正确的决策。

三、投资风险策略

具体而言，投资者在参与原油投资的过程中，要正确认识其中的风险，并学会承担风险、面对风险，甚至降低风险。在投资市场中，如果没有规避风险的能力，就不要指望能够长久盈利，想要有效防范原油投资的风险，就得从心态和操作上一起出发。原油投资五大风险策略有：

（一）策略一——严格止损策略

如果能够严守止损策略（每次下单后即设置 30~50 元的止损价位），那么现货原油投资风险反而较股票市场更容易控制。股票采用 T+1 交易制度，当天下单第二天才可以平仓；但是现货原油采用 T+0 交易，下一秒就可以平仓，若发现方向不对，可平仓观望，付出最小的代价来盘活资金，盈利的机会也较股票市场更多，利润也更高。

（二）策略二——对冲实战策略

即同时建立买单和卖单，将损失或利润锁定在一定的区间，不至于扩大。一般不建议客户采取锁定亏损的对冲策略。实行锁定亏损是现货原油投资实战中的下下策，尤其是在资金浮亏额度特别巨大的前提下，为保全客户的最终利益才可采取此策略。锁定利润的策略可以使用，但是对技术以及策略要求较高。

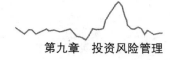

（三）策略三——盈利实战策略

见好就收，获利平仓，落袋为安。蝇头小利都要赚，把握机会，就是把握赚钱的诀窍。不放过任何一个赚小钱的机会，积少成多！但是对于不清晰的行情应控制自己的贪欲，减少做单次数，并配合止损，以防万一。

（四）策略四——制订合理的操作计划

合理的操作计划即合理的仓位控制，一般保证 1/3 以下的仓位，仓位越低，抗风险能力越强，实际承担的风险越低。在操作之前根据资金量大小合理地制定资金运作的比例，为失误操作造成的损失留下回旋的空间和机会。

（五）策略五——交易时间风险控制概率提示

晚上超过 11 点 30 分后，投资者在下单时必须绝对清醒，判断自己的大脑是否处于疲惫状态，避免由于判断失误造成的损失。

此外，关注信息、分析形势，注意市场的每一个环节；充分掌握各种交易的知识和技能，制定正确的投资策略，将风险控制在自己可承受的范围；加强对各类市场因素的分析；提高判断预测能力，通过灵活的交易手段降低石油投资风险；控制好资金和持仓的比例，避免被强行平仓的风险；严格遵守风险管理制度；规范自身交易行为，提高风险意识和心理承受能力，保持冷静的头脑。这些都对规避投资风险至关重要。

四、交易平台选择

国内原油交易正快速向规范化靠拢，服务体系完善的大型交易平台，将成为今后的主流，原油交易平台将进入新服务时代。有原油投资业内人士透露，目前

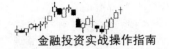

国内原油交易所最大的隐患便在于筹建资质问题，大量地方性平台无证营业，加之从业人员违规操作，使得国内原油交易平台良莠不齐，鱼龙混杂，风险极大。那么如何选择适合自己的国内原油交易平台？

选择适合自己的国内原油交易平台，首先要说的是：外盘。前文没有说外盘，因为不管是美国的、英国的，还是中国香港的，外盘都没有"正规"的，均不受国内法律保护，中国香港金银业贸易场也不受国内法律容许和保护，资金安全性比较低，甚至有人说中国香港金银业贸易场就是披着合法外衣的骗子场，更多内容大家可以去百度香港中天了解。

国内的原油交易平台如何选择：

（1）首先是资金的安全，相关政府批准的资金最安全，下面再考虑杠杆高低、手续费多少。总体来说，平台越大的越安全，而手续费中等。

（2）有些平台编造虚假的现货原油交易资格，利用软件做出虚假的证书或批文。声称自己是有执照的正规公司。投资者可自行去官方网站查询其资质，该公司是否存在，原油投资是否在其经营范围，相关执照的真实性。

（3）避免"手续少、门槛低、收益高"的诱惑，正规交易所都明确规定了成本和收益，而一些黑平台为拉拢客户交易手续费低廉，点差非常低！有的平台宣称没有任何手续费，而点差是交易所统一规定的！大家都知道金融行业，不管上期所的原油期货还是上交所的原油 TD，或者天交所的天通银，交易所基本的盈利方式就是赚取交易手续费。所以点差和手续费都非常低的公司要格外留意它的正规性。

（4）人为控制平台，行情波动大难免出现无法交易或者平不了仓的现象。一些不法公司的软件为自行开发，这些公司不仅可以看到投资者的一切交易情况，还可以人为调动价格，报出虚假数据，误导投资者，甚至人为造成交易损失。并且让投资者在赚钱的时候无法登录系统交易等，都是非常恶劣的行为。建议投资者在开始正式开户和入金交易前先试用该公司软件，并且多对比几家，看看有没有问题。如近期网文《杭州一女子炒原油身陷黑平台 11 天贡献 2.4 万佣金》中的涉事企业"浙江泰鼎恒贵金属交易中心"就是典型的非正规平台，利用自行制作

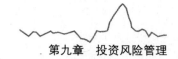

的一款名为"浙江泰鼎恒贵金属订回购系统"的软件，人为控制行情和客户交易，使客户亏损。

最后给大家看一下国务院办公厅颁发的《关于清理整顿各类交易场所切实防范金融风险的决定》（感兴趣的可以百度搜索国务院 37 号或者 38 号文件，里面有详细的讲解）：

自本决定下发之日起，除原依法设立的证券交易所或国务院批准的从事金融产品交易的交易场所外，任何交易场所均不得将任何权益拆分为均等份额公开发行，不得采取集中竞价、做市商等集中交易方式进行交易；不得将权益按照标准化交易单位持续挂牌交易。任何投资者买入后卖出或卖出后买入同意交易品种的时间间隔不得少于 5 个交易日；除法律、行政法规另有规定外，权益持有人累计不得超过 200 人。

除依法经国务院或国务院期货监管机构批准设立从事期货交易的交易场所外，任何单位一律不得以集中竞价、电子撮合、匿名交易、做市商等集中交易方式进行标准化合约交易。从事保险、信贷、黄金等金融产品交易的交易场所，必须经国务院相关金融管理部门批准设立。

笔者在这里给各位做详细的解读，主要是因为目前国内只要是采取集中竞价或者做市商等交易模式的平台都是不合法的平台，也就是国务院要清理的平台。在这里也告诉各位一个观点，只要是做市商的平台都是有问题的。

本章小结

投资理财在平时的做单当中，风险控制是非常重要的，风险控制的好坏直接决定了你在金融市场的生存状况，好的风险控制能让你在市场当中游刃有余，生生不息，假如没有风险控制，那么你就永远战胜不了市场。

第十章 常见概念解析

所有的投资过程都可以分为三个环节：认知市场、分析市场和实战操作。具体的投资过程就是一个从认识到分析到实践，再从实践到学习反复循环、不断提高的过程。本章将简要介绍原油投资市场的常见指标。

一、常用指标

为了预测原油市场行为，许多原油交易员常常采用两种主要分析方法：技术分析和基本面分析。技术分析是一种通过研究过去市场活动的图表和使用计量指标来预测价格走势和市场将来趋势的方法。技术分析关注的是市场中实际发生了什么，而不是将会发生什么，它根据金融工具的价格和交易量的数据制作出图表，并将其作为主要工具使用。最常用的技术分析工具有：

（1）K线（单根K线和组合K线）：它表示单位时间段内价格变化情况的技术分析图，就是将各种货币对每日、每周、每月的开盘价、收盘价、最高价、最低价等涨跌变化状况，用图形的方式表现出来。

（2）平滑异同移动平均线（MACD）：该指标包括绘制的两条动态趋势线。MACD线是两个指标的移动平均线的差和信号线或触发线之间的差，它是差值的平滑移动平均线。如果MACD和触发线相交，可以看作是市场趋势改变的信号。

（3）趋势线：表示价格涨跌的走势。当市场价格连续创造新高时，视为上升

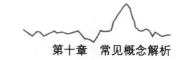

趋势；而连续出现的新低则视为下跌趋势。趋势线的突破通常标志着一个趋势的结束或反转。水平的峰值和谷值表示市场的价格范围。

（4）窗口：图形上没有交易发生的价位区。当一个交易日的最低价格高于前一日的最高价格时就会形成一个向上的窗口；在当日的最高价格低于前一日的最低价格时会形成一个向下的窗口。向上的窗口通常标志着强势市场，而向下的窗口则是弱势市场的标志。突破性窗口是在一个重要的价格模式完成后形成的价格窗口，它通常标志着一个重要价格走势的开始。逃逸窗口是通常出现在一个重要市场趋势中间点位的价格窗口。因此，它也被称作衡量窗口。消耗性窗口是在一个重要趋势的尾部出现的价格窗口，它标志着该趋势即将结束。

（5）艾略特波浪理论：是建立在重复的波浪模式和斐波纳契数列上的一种市场分析方法。理想中的艾略特波浪模式在出现五个上升浪后跟随着三个下降浪。

除了以上的分析工具，原油交易员还有其他的工具，同时他们还把技术分析和基本面分析方法结合以取得丰硕的回报。

二、常见名词

（1）股票：股份有限公司在筹集资本时向出资人发行的股份凭证，代表着其持有者对股份公司的所有权。

（2）A股：即人民币普通股。是由我国境内公司发行，供境内机构、组织或个人（不含港、澳、台投资者）以人民币认购和交易的普通股股票。

（3）B股：即人民币特种股票。是以人民币标明通面值，以外币认购和买卖，在上海和深圳两个证券交易所上市交易的股票。

（4）H股：即在内地注册，在中国香港上市的外资股。香港的英文是 Hong Kong，取其字首，即为 H 股。依次类推，在纽约上市的股票为 N 股，在新加坡上市的股票为 S 股。

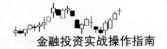

（5）上海证券交易所（Shanghai Stock Exchange，上交所）：中国大陆两所证券交易所之一，位于上海浦东新区。上海证券交易所创立于1990年11月26日，股票代码一般以阿拉伯数字"60****"六位数组成。

（6）深圳证券交易所（深交所）：股票代码以阿拉伯数字"00****"六位数组成，目前A股总共2200多家上市公司。

（7）开盘价：是指当日开盘后该股票的第一笔交易成交的价格。

（8）收盘价：指每天成交中最后一笔股票的价格，也就是收盘价格。

（9）最高价：是指当日所成交的价格中的最高价位。有时最高价只有一笔，有时也不止一笔。

（10）最低价：是指当日所成交的价格中的最低价位。有时最低价只有一笔，有时也不止一笔。

（11）成交量：反映成交的数量多少。一般可用成交股数和成交金额两项指标来衡量。

（12）停牌：股票由于某种消息或进行某种活动引起股价的连续上涨或下跌，由证券交易所暂停其在股票市场上进行交易。待情况澄清或企业恢复正常后，再复牌在交易所挂牌交易。

（13）涨跌：以每天的收盘价与前一天的收盘价相比较，来决定股票价格是涨还是跌。一般在交易台上方的公告牌上用"+"、"−"号表示。

（14）涨（跌）停板：交易所规定的股价一天中涨（跌）幅度不得超过10%，否则自动停止交易。

（15）高开：是指开盘价比前一天收盘价高出许多。

（16）低开：是指开盘价比前一天收盘价低出许多。

（17）平开：指今日的开盘价与前一营业日的收盘价相同。

（18）牛市：股票市场上买入者多于卖出者，股市行情看涨称为牛市。形成牛市的因素很多，主要包括以下几个方面：①经济因素：股份企业盈利增多、经济处于繁荣时期、利率下降、新兴产业发展、温和的通货膨胀等都可能推动股市价格上涨。②政治因素：政府政策、法令颁行或发生了突变的政治事件都可引起

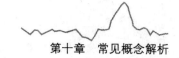

股票价格上涨。③股票市场本身的因素：如发行抢购风潮、投机者的卖空交易、大户大量购进股票都可引发牛市。

（19）熊市：呈长期下降趋势的市场，熊市中股价的变动情况是大跌小涨。熊市与牛市相反。股票市场上卖出者多于买入者，股市行情看跌称为熊市。引发熊市的因素与引发牛市的因素差不多，不过是向相反方向变动。

（20）利空：促使股价下跌，如股票上市公司经营业绩恶化、银行紧缩、银行利率调高、经济衰退、通货膨胀、天灾人祸等，以及其他政治、经济军事、外交等方面促使股价下跌的不利消息。

（21）利多：利多是指刺激股价上涨的信息，如股票上市公司经营业绩好转、银行利率降低、社会资金充足、银行信贷资金放宽、市场繁荣等，以及其他政治、经济、军事、外交等方面对股价上涨有利的信息。

（22）大户：就是大额投资人，如财团、信托公司以及其他拥有庞大资金的集团或个人。

（23）散户：就是买卖股票数量很少的小额投资者。

（24）黑马股：是指股价在一定时间内，上涨一倍或数倍的股票。

（25）白马股：是指股价已形成慢慢上涨的长升通道，还有一定的上涨空间。

（26）绩优股：是指那些业绩优良，但增长速度较慢的公司的股票。这类公司有实力抵抗经济衰退，但这类公司并不能带来振奋人心的利润。因为这类公司业务较为成熟，不需要花很多钱来扩展业务，所以投资这类公司的目的主要在于拿股息。

（27）垃圾股：是指业绩较差的公司的股票，与绩优股相反。

（28）热门股：是指交易量大、流通性强、股价变动幅度较大的股票。

（29）成长股：是指这样一些公司所发行的股票，它们的销售额和利润额持续增长，而且其速度快于整个国家和本行业的增长。这些公司通常有宏图伟略，注重科研，留有大量利润作为再投资以促进其扩张。

（30）大盘股、小盘股：一般流通股本在 1 亿元以上的个股称为大盘股；5000 万~1 亿元的个股称为中盘股；不到 5000 万元规模的称为小盘股。

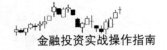

（31）特别处理 ST：沪深证券交易所在 1998 年 4 月 22 日宣布，根据 1998 年实施的股票上市规则，将对财务状况或其他状况出现异常的上市公司的股票交易进行特别处理，由于"特别处理"的英文是"Special Treatment"，因此这些股票就简称为 ST 股。

（32）题材板块：通常特指由于某一些突发事件或特有现象而使部分个股具有一些共同特征，如资产重组板块、WTO 板块、西部概念等。市场要炒作就必须以各种题材做支撑，这已成了市场的规律。

（33）基本面：根据销售额、资产、收益、产品或服务、市场和管理等因素对企业进行分析。也指对宏观政治、经济、军事动态的分析，以预测它们对股市的影响。

（34）政策面：政策面指国家针对证券市场的具体政策，如股市扩容政策、交易规则、交易成本规定等。

（35）技术面：以供求关系为基础对市场和股票进行的分析研究。技术分析研究价格动向、交易量、交易趋势和形式，并制图表示上述因素，用图预测当前市场行为对未来证券的供求关系和个人持有的证券可能发生的影响。

（36）趋势：就是股票价格市场运动的方向。趋势的方向有三个：上升方向、下降方向和水平方向。趋势的类型有主要趋势、次要趋势和短暂趋势三种。5~15 天为近期趋势。

（37）跳空：股市受到强烈利多或利空消息的刺激，股价开始大幅跳动，在上涨时，当天的开盘或最低价，高于前一天的收盘价两个申报单位以上，称"跳空而上"；下跌时，当天的天盘或最高价低于前一天的收盘价两个申报单位，而于一天的交易中，上涨或下跌超过一个申报单位，称"跳空而下"。

（38）抢短线：预期股价上涨，先低价买进后再在短期内以高价卖出。预期股价下跌，先高价卖出再伺机在短期内以低价回购。

（39）打压：是用非常方法，将股价大幅度压低。通常大户在打压之后便大量买进以谋取暴利。

（40）整理：股价经过一段快捷上升或下降后，遭遇阻力或支撑而呈小幅涨

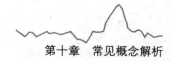

跌变动，做换手整理。

（41）突破：指股价经过一段整理时间后，产生的一种价格波动。

（42）拉升：拉是用非常方法，将股价大幅度抬起。通常大户在抬拉之后便大量抛出以谋取暴利。

（43）探底：股价持续跌挫至某价位时便止跌回升，如此一次或数次。

（44）建仓/布局：买的意思。

（45）出货：卖出的意思。

（46）止损：某一投资出现的亏损达到预定数额时，及时斩仓出局，以避免形成更大的亏损。其目的就在于投资失误时把损失限定在较小的范围内。

（47）割肉：指高价买进股票后，大势下跌，为避免继续损失，低价赔本卖出股票。止损是割肉的一种，提前设立好止损价位，防止更大的损失，是短线投资者应灵活运用的方法，新股民使用可防止深度套牢。例如，某人买了股票（如每股 10 元买的），本来是期望它涨了好赚钱，但是它非但没有涨，还跌了（如跌到了 9 元，跌了 10%）。开始时，他怕亏损，不愿意卖掉。但是随着股价越来越下跌，最后跌得很惨（如跌到每股 5 元）。

（48）套牢：是指预期股价上涨，不料买进后，股价一路下跌，或是预期股价下跌，卖出股票后，股价却一路上涨，前者称多头套牢，后者称空头套牢。

（49）跳空：指受强烈利多或利空消息刺激，股价开始大幅度跳动。跳空通常在股价大变动的开始或结束前出现。

（50）回调：是指股价上升过程中，因上涨过速而暂时回跌的现象。

（51）反弹：是指在下跌的行情中，股价有时由于下跌速度太快，受到买方支撑暂时回升的现象。反弹幅度较下跌幅度小，反弹后恢复下跌趋势。

（52）洗盘：做手为达到炒作目的，投机者先把股价大幅度杀低，使大批小额股票投资者（散户）产生恐慌而抛售股票，然后再抬高股价，以便趁机渔利。

（53）阻力线：股价上涨到达某一价位附近，如有大量的卖出情形，使股价停止上扬，甚至回跌的价格。

（54）支撑线：股市受利空信息的影响，股价跌至某一价位时，做空头的认

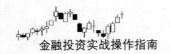

为有利可图，大量买进股票，使股价不再下跌，甚至出现回升趋势。股价下跌时的关卡称为支撑线。

（55）中国股票每天交易时间：上午9：30~11：30，下午13：00~15：00。

（56）交易：在中间中介或掌管下，买卖商经过互联网进入中间电子买卖系统，按中间有关规矩，达到电子买卖合同，进行产品购销和交易的行动。

（57）交易商：在中国境内注册登记，具有良好资信，依据本规则及中心其他业务规则、有关文件，经中心审核批准获得交易资格，通过中心电子交易系统从事商品交易活动的企业法人或其他经济组织。

（58）交易品种：经中心认定，在中心电子交易系统中注册登记和公布，用于电子交易、交收的标的物。

（59）交易模式：经中心认定，交易商进行电子合同订立、转让、解除、履行以及商品交收的各种方式。

（60）保证金：交易商通过中心电子交易系统签订电子交易合同，按中心规定的额度和进度向中心交付一定数额的资金，作为向交易对方的履约保证。

（61）订货、做多、做涨、买涨、买摘牌：投资者预期未来市场价格将上涨，以目前的价格买进一定数量的现货产品，待一段时间市场上涨后，以较高价格平仓所持有的现货，从而赚取利润。这种方式属于先买后卖的交易方式。

（62）出货、卖货、做空、做跌、买跌、卖摘牌：投资者预期未来市场价格将下跌，以目前的价格卖出一定数量的现货产品，待一段时间市场下跌后，以较低价格平仓所持有现货，从而赚取利润。这种方式属于先卖后买的交易方式。

（63）结算价：中心某电子交易合同在某一交易日成交价格的加权平均价。当日无成交时，以上一交易日的结算价作为该日结算价。

（64）持仓量：所有没转让掉的买单和卖单的总手数。尚未经相反的期货或期权合约相对冲，也未进行实货交割或履行期权合约的某种商品期货或期权合约。

（65）建仓价：投资者通过电子交易盘面，买入单子或者卖出单子所交易的价格。

（66）现价：电子盘面当前价格的点位。

（67）持仓价：投资者当前持有电子交易盘面单子的保本价，如果是当天交易会与建仓价一样，但是如果隔天交易，由于结算，所以持仓价和建仓价会不一样。

（68）建仓：当行情的运行和自己的分析相符合或者投资者觉得目前是入场的时机时，就可以考虑入场交易。

（69）平仓：平仓就是将已持有买入或卖出的现货卖出或买入，如建仓是建的买，平仓就将卖出；建仓是建的卖，平仓就将买入。

（70）止损和止盈：止损是指在现货投资出现的亏损达到预定数额时，及时止损平仓出局，以避免形成更大的亏损。其目的就在于投资失误时把损失限定在较小的范围内。止盈就是在目标价位设置止盈挂单平仓，是顺利执行交易计划的有力保证。

（71）市价建仓单、平仓单：是指以现价买入或卖出现货原油的建仓、平仓单。

（72）指价建仓单、平仓单：是指以固定价格买入或卖出现货原油的订单。在未来的价格等于设定的价格时，将自动成交执行此指价单。

（73）双向交易：是指可以买价格上涨，也可以买价格下跌。无论价格上涨还是下跌均有盈利的机会。

（74）T+0交易：是指当日建仓的现货可以当日平仓。

（75）强行平仓：也就是俗称爆仓，是指客户当前权益少于或等于占用保证金的70%时，平台将执行强制平仓。

（76）标准公式：客户账户净值÷占用保证金×100%=风险率。风险率小于或等于70%被强制平仓。

（77）现货交易：现货是指商品社会中已经现实存在的、可以用来买卖交换且代表一定价值的标的物，它包括商品现货、大宗商品、现货仓单等。从狭义上讲，现货是与期货相对应的概念，与期货不同的是，现货是贸易的最高表现形式，而期货是金融的最高表现形式。现货是期货的基础，期货是现货的升华，没有现货，根本谈不上期货的顺利交易。现货交易全称是大宗现货商品网上交易，是一种借助于高科技的网上交易。

第十一章　常用软件介绍

原油模拟交易的过程中，投资者首先要熟悉一下交易软件的操作方法，才能在价格频繁波动的过程中准确地把握买卖机会。原油期货交易软件虽然看似简单，刚入市的很多投资者却因为不熟悉用法而出现失误的情况。如果没有模拟交易来适应模拟过程，直接进入实盘操作的风险是很高的。实际上，考虑到原油交易的方式多以保证金的形式出现，投资者若不能准确地操作交易软件，就只能用钱去弥补失误了。

在进行原油交易之前，原油模拟交易对投资者熟悉行情软件和交易软件十分重要。行情软件中要设置的地方很多，而不同的设置又是根据自身交易的需要来进行的。首先是基本的软件显示颜色的设定、技术指标设定和主题价格图的类型等。软件显示的颜色设定虽然简单，不同的投资者适应的颜色却是不一样的。适时的颜色设定，对投资者正确识别价格走势非常重要，这是投资者不得不考虑的问题。而行情软件主图的类型可以有 K 线图、柱状图和收盘线图等多种情况。更多的投资者需要看 K 线图，不同的投资者可以选择其他类型的图使用。技术指标的设置，在熟悉行情软件时非常重要，投资者判断多空、买卖时机时，都是需要用到的。模拟交易中技术指标应该放在重要的位置来熟悉。

在模拟交易中，对交易软件的熟悉掌握程度也是非常重要的一个环节。交易中，投资者经常使用的虽然仅仅是开仓和平仓的操作，却也会出现使用错误的情况。因为，原油的交易过程涉及买和卖两种方式，在行情出现时，开仓如果弄错了方向，损失可就非常高了。实际上，行情真正形成时，投资者因为价格波动较快，很容易出现急躁的情况。这样一来，熟悉交易软件并且准确地运用就显得非

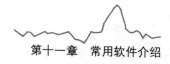

常有必要了。

目前，现货原油的交易软件，市场上只有两种：一种是 MT4 交易软件，另一种是 JAVA 交易软件。两种软件对应的现货原油的类型不同，MT4 交易软件常常用来交易国际现货原油，而 JAVA 交易软件常常用来交易国内的现货原油。另外，MT4 交易软件是分析和交易综合的一种交易软件，在这个软件上，既可以做分析，又可以做交易。而 JAVA 软件是分析和交易分开为两个独立部分的软件，分析时是在分析软件上进行的，交易时需要切换到交易软件上进行。下面具体介绍 MT4 交易软件。

一、MT4 交易软件简介

MT4 交易软件是市场行情接收软件，由迈达克软件公司发布，提供免费试用，有中文界面。它包括先前系统所有的特点，并且对这些功能和组成部分进行了进一步的介绍和重组。它适用于外汇、CFD 以及期货市场。MT4 服务器明显在使用率、工作表现和可信度方面要优于早先的系统。

MT4 是一款非常好用的外汇、黄金交易软件。它有强大的图形分析功能，可以多图组合，走势图中有 K 线、柱状线、折线图，可自定义添加均线、布林线、SAR 等趋势指标，有众多的技术分析指标；图像稳定，价位标注清楚，划线分析（趋势线、黄金分割线等）可稳定地保存，一次画出后，可在不同周期的时间图内看到；在线所看到的图形，离线时仍可看到；可导出报价，做进一步的分析，并可在 Excel 表格中显示即时报价。它有众多的报价服务器，不同服务器的报价品种不同，可选择一款有美元指数、黄金、原油的服务器。

MT4 是由 MetaQuotes Software Corp 公司开发的第四代互联网交易平台。除了提供实时行情和交易功能外，还包括 18 种画线工具、9 个交易时段图表选项、30 种国际流行技术指标和声音预警提示。用户可进行下单、平仓、限价单、止

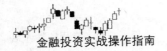

损、止盈、查看实时新闻、公告、预警、查看报表，以及数据分析和处理等操作。通过 MT4，你可以在世界货币市场 FOREX、股票市场和期货市场上交易。MT4 的流行性、随时完善及不间断的更新，是其成为同种类产品中最优选择的条件。这也是大多数金融从业者选择 MT4 作为分析市场及管理资金平台的原因。

在你用真正的资金交易前，建议你开设模拟账户。模拟账户与真实账户几乎无差别，通过模拟练习，能使你：培养在利用 MT4 交易的实践技能；掌握交易及下单技巧；学习交易中的基础及技术分析；掌握基础及技术分析技巧。你可以在下载了 MT4 后开设自己的模拟账户。

通过 MT4，你可以足不出户，只需几秒钟就可以完成交易；实时获取关于不同货币报价及其他金融商品的信息；对金融商品的价格趋势进行技术分析，做更可靠的抉择；实时获取来自世界顶尖通讯社的财经信息；用掌上电脑完成交易；自动化交易战术。通过计算器语言编写个人算法，任何时候智能地控制交易；安装后首先设置软件为中文，在 View（显示）项中有 "Languages"，选择 "Simplified Chinese"（简体中文），关闭软件重新启动即可。

MT4 由以下部分组成：菜单栏、工具栏、市场报价窗口、导航窗口、图表窗口、终端窗口。主要菜单及工具栏中的相关选项变更可以对设置造成影响。在市场报价中，显示不同工具的实时报价；通过导航窗口，可以方便使用各种技术分析及其他功能。在图表窗口中，除可以看到商品价格的走向外，还可以在图像上做各种分析标示：趋势线、等距信道、文字标签等。通过图像做技术分析，使用 MT4 中的技术指针，可以预测价格在未来的去向；在终端窗口中提示了交易记录及取款历史，以及未来平仓或已下但尚未执行的订单参数。

二、开发公司

由迈达克软件公司（MetaQuotes Software Corp）成立于 2000 年，是一家专业

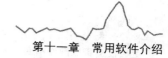

提供在线交易平台和分析工具的软件公司，也是一家为金融市场提供软件产品的公司。该公司专注于为金融机构在外汇、CFD 及期货市场中发展系统软件，提供专业的交易工具以及高素质的在线自动交易平台。迈达克软件公司在不断变化的商业环境中，在在线智能交易系统方面一直处于领先地位。近期，来自世界30 多个国家超过 100 家的经纪商和银行，已经选择了该公司的软件系统来满足和调整不同的交易需求。

迈达克软件公司在设计和发展在线交易系统的过程中，应用最新的信息技术、开发工具以及高度适应性的软件工程管理。它们的软件产品在使用错误率、可信度、使用率、柔性、生产效率和费用效率方面都具有一定的标准。

2000 年，迈达克软件公司推出第一代的专业网上交易系统——FX 图表。这个平台适用于外汇市场，不但具备所需要的功能，而且在广泛的使用过程中不断地被改进，使其能够符合每个时期金融市场的要求。

2001 年，迈达克软件公司推出了第二代在线交易系统——MetaQuotes。不同于 FX 图表，MetaQuotes 不仅适用于外汇市场，同样也适用于 CFD 市场。此外，这个平台还具备一个不同的、真正创新的特点，即专为智能交易设计的程序语言——MetaQuotes 语言（MQL）。这一特点的出现，为客户终端机性能的完善打开了一个全新的局面。MetaQuotes 软件不仅被广泛地接受，而且还在交易商中间成功地进行了验证，获得了肯定，使在线交易软件得到了全新的变革。

2002 年，迈达克软件公司推出了第三代在线交易系统——MetaTrader。这个系统也适用于期货市场。通过持续不断地对 MetaTrader 平台进行改进，使这一产品获得极大的成功，成为世界上最流行的在线交易系统。

2003 年，迈达克软件公司成为了使用移动电话进行交易的先驱者之一。

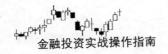

三、开发过程

2005 年 7 月 1 日，迈达克软件公司推出了目前最新的交易系统——MT4。它包括先前系统所有的特点，并且对这些功能和组成部分进行了进一步的介绍和重组。它适用于外汇、CFD 以及期货市场。MT4 服务器明显在使用率、工作表现和可信度方面优于早先的系统。

MT4 客户终端机更具功能性、变通性以及便捷性，是交易商手中的一个重要工具。一种为智能交易的 MetaQuotes 4（MQL4）而创设的类似于 C 语言的编程语言，已经得到了进一步的开发，并逐步成为众人所熟知的自动交易系统程序语言。这种语言的变通性及工作效率十分接近专业的 C 语言。

2005 年 10 月，迈达克软件公司推出了最新的移动终端平台——MT4 移动交易终端机。它不但包括范围更广的分析工具，还拥有具备柔性的交易系统。它被认为是世界上最优秀的移动交易平台之一，MT4 移动平台在短短的两个月内，就已成为了市场的主流产品，发掘了更大的市场潜力。

2010 年 1 月，迈达克软件公司和中国香港 Deriv Software Limited 合作开发了适合中小金融机构的 DTS 外汇黄金交易系统，引领中小金融机构参与国际金融衍生品市场。

如今，迈达克软件公司以其创新的设计、高品质、可靠性成为金融市场优质软件的最大供应商之一，最新一代的 MT5 也即将面世。迈达克软件公司现已在俄罗斯、塞浦路斯和新加坡设有办事处。公司海纳百川，拥有和吸引了一大批优秀的高素质员工。

迈达克软件公司始终致力于完善在线交易软件，以成为世界一流的交易平台作为目标，让交易软件的使用更为简单便捷。为了完成这一目标，公司一直在业内保持领先的水平，并利用最新的信息技术和创新理念，相信在其不懈的努力

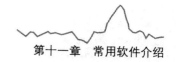

下，在线交易软件将会发展得更好。

同时，有关 Meta Trader 软件的在线服务也得到了长足的发展，其中，MT4中国就是典型。

四、目录及作用

Config：Terminal 客户端的配置文件目录。

Deleted：保存最近关闭的 K 线窗口，可被重新打开。

Experts：最重要的目录，自身和其下的子目录用于保存自动交易程序、指标程序、脚本程序、库文件程序、文件输出目录、包含程序等用户常用的部分。

History：历史数据保存目录，按登录账号服务器区分，不同服务器的历史数据存在不同的子目录下。

Languages：语言包目录，存放多种语言的界面文字包。

Links：系统内部一些到外部网站的链接。

Mailbox：存放 Terminal 程序内 "邮箱" 中的内部邮件内容。

Profiles：系统配置目录。

Sounds：存放程序语音文件，可自行放入新声音文件，并被程序调用。

Symblesets：自定义商品组合保存的目录。

Templates：程序模板存储目录。

Tester：智能交易理事测试的结果保存目录。

Tutorial：导航目录。

Include：包含文件目录，可用于存放常用的子过程。

Persets：系统目录。

Samples：一些自编程序的例子。

Templates：系统模板目录。

Libraries：子函数库目录，用于存放自行开发的子函数或过程。

Scripts：脚本程序存储目录。

Files：文件输出存储子目录。

Logs：日志存储目录。

Indicators：自定义指标存储目录。

五、使用简介

1. 删除设置好的止盈止损

MT4 设置止盈止损是很容易的事情，但是如何删除设置好的止盈止损呢？这里容易犯的错误是将止盈止损设置为距离当前市场价格 0 点的位置。

正确的方法应该是：将持仓单进行修改，选择修改止盈止损的数值本身为"0"，然后点击修改即可。删除止盈止损后的持仓单，在账户列表中的止盈止损显示"0"。

2. 功能及指令

文件：管理图表、打印、历史数据储存和数据图表储存。

查看：工具属性、窗口管理（"市场报价"、"数据窗口"、"导航"、"终端"、"测试"）和程序语言界面。

插入：管理终端指示器、曲线研究和其他对象。

图表：显示柱状属性、比例、图表属性、网格、对象管理。

工具：客户终端、历史数据中心、综合变量和 MetaEditor（MetaQuotes Language 4 editor）属性。

窗口：打开窗口的列表和当前位置。

帮助：有关程序的信息和指南。

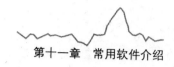

3. 常见使用问题

（1）如何更改 MT4 平台语言？

MT4 平台默认安装后的语言为英文，若要更改为中文版，请打开平台后点击"View"à"Language"à"Chinese（Simplified）"，然后关闭平台后重新打开即可。

（2）如何更改 MT4 的密码？

请点击"工具"à"选项"，在"服务器"的标签下点击"更改"即可变更密码。

注：更改密码时请不要使用特殊符号，不要超过 15 位，并注意密码的大小写区别。

（3）为什么无法正常登录真实账户？

如果无法登录真实账户，请检查以下步骤：

1）请检查密码，系统能够识别密码的英文字母大小写，大写的字母要大写，小写的字母要小写才可以。

2）请确认登录时的服务器是否选择了"Live Server"登录。

（4）数据反应有点延迟，请问如何更改数据服务器？

MT4 特别为中国国内客户在中国香港设立了一个数据服务器中心，客户可以选择连接此数据服务器解决网络的延迟现象。若要更改连接的数据服务器，请左键点击平台右下角的连接状态，然后选择 DataCenter HK 即可。

（5）为什么数据不会跳动，没有任何反应？

请点击平台终端那里的"日志"查看账户是否成功登录。如果显示没有登录，请参考第三步骤。如果显示已登录但是仍然没有任何反应，请卸载平台后重装。

（6）新手如何寻求帮助以操作 MT4 的平台？

打开 MT4 的平台后单击键盘"F1"键即可打开 MT4 的帮助文档，新手可以在这里了解到 MT4 的基本操作。

MT4 因强大的功能、通俗易懂的操作设计，让其成为风靡全球的外汇黄金

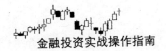

交易软件，也是目前全球用户最多的交易软件之一，而在国内 MT4 几乎成为交易黄金和外汇的唯一软件。众多的公司也将 MT4 收归麾下，其中包括全球最大的算法交易公司 TMG。而 TMG–MT4 软件在迈达克 MT4 软件内核与界面的基础上，融合了 TMG 领先的交易科技，获得了 TMG 最新一代交易系统的技术支援，其性能十分卓越。TMG 是美国政府授权和监管的世界最大金融衍生品投资公司，也是世界最大的算法交易公司，其在业界以非凡的交易技术和超凡的经营理念以及雄厚资本而闻名。该软件所有数据都直接来自于交易所，具有快速、稳定、高效等特点，代表了世界交易科技发展的未来。

第十二章 相关法律摘录

一、原油市场管理办法

《原油市场管理办法》已于 2006 年 12 月 4 日经商务部领导一致同意通过，现予以公布，自 2007 年 1 月 1 日起施行。

第一章 总则

第一条 为加强原油市场监督管理，规范原油经营行为，维护原油市场秩序，保护原油经营企业和消费者的合法权益，根据《国务院对确需保留的行政审批项目设定行政许可的决定》（国务院令第 412 号）和有关法律、行政法规，制定本办法。

第二条 在中华人民共和国境内从事原油经营活动的，应当遵守有关法律法规和本办法。

本办法所称原油经营企业是指从事原油销售和仓储活动的企业。

第三条 国家对原油经营活动实行许可制度。

商务部负责起草原油市场管理的法律法规，拟定部门规章并组织实施，依法对全国原油市场进行监督管理。各级人民政府商务主管部门依据本办法和相关法律法规负责组织协调本辖区内原油经营活动的监督管理。

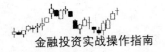
第四条 本办法所称原油是指在中华人民共和国领域及管辖海域开采生产的原油和进口原油。

第二章 原油经营许可的申请与受理

第五条 申请原油销售、仓储经营资格的企业，应当向所在地省级人民政府商务主管部门提出申请，省级人民政府商务主管部门审查后，将初步审查意见及申请材料上报商务部，由商务部决定是否给予原油销售、仓储许可。

第六条 申请原油销售资格的企业，应当具备下列条件：

（一）申请主体应具有中国企业法人资格，注册资本不低于 1 亿元人民币。

（二）具有长期、稳定的原油供应渠道：

1. 经国务院批准取得《石油采矿许可证》并有实际产量的原油开采企业，或者

2. 具有原油进口经营资格且年进口量在 50 万吨以上的进口企业，或者

3. 与符合本款 1 项、2 项要求的企业签订 1 年以上的与经营规模相适应的原油供应协议。

（三）具有长期、稳定、合法的原油销售渠道。

（四）拥有库容不低于 20 万立方米的原油油库，油库建设符合当地城乡规划、油库布局规划；并通过国土资源、规划建设、安全监管、公安消防、环境保护、气象、质检等部门的验收。

第七条 申请原油仓储资格的企业，应当具备下列条件：

（一）申请主体应具有中国企业法人资格，注册资本不低于 5000 万元人民币；

（二）拥有库容不低于 50 万立方米的原油油库，油库建设符合当地城乡规划、油库布局规划；并通过国土资源、规划建设、安全监管、公安消防、环境保护、气象、质检等部门的验收；

（三）具备接卸原油的输送管道或铁路专用线或不低于 5 万吨的原油水运码头等设施。

第八条 设立外商投资原油经营企业，应当遵守本办法及国家有关政策，外商投资法律、法规、规章的规定。

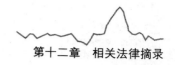

第九条　申请原油销售资格的企业，应当报送下列文件：

（一）申请文件；

（二）长期、稳定原油供应渠道的法律文件及相关材料；

（三）长期、稳定、合法原油销售渠道的法律文件及相关材料；

（四）原油油库及其配套设施的产权证明文件；国土资源、规划建设、安全监管、公安消防、环境保护、气象、质检等部门核发的油库及其他设施的批准证书及验收合格文件；

（五）工商部门核发的《企业法人营业执照》或《企业名称预先核准通知书》；

（六）安全监管部门核发的《危险化学品经营许可证》；

（七）外商投资企业还应提供《中华人民共和国外商投资企业批准证书》；

（八）审核机关要求的其他文件。

第十条　申请原油仓储资格的企业，应当报送下列文件：

（一）申请文件；

（二）原油油库及其配套设施的产权证明文件；国土资源、规划建设、安全监管、公安消防、环境保护、气象、质检等部门核发的油库及其他设施的批准证书及验收合格文件；

（三）接卸原油的输送管道或铁路专用线或不低于5万吨的原油水运码头等设施的产权证明文件；

（四）工商部门核发的《企业法人营业执照》或《企业名称预先核准通知书》；

（五）安全监管部门核发的《危险化学品经营许可证》；

（六）外商投资企业还应提供《中华人民共和国外商投资企业批准证书》；

（七）审核机关要求的其他文件。

第十一条　省级以上商务主管部门应当在办公场所公示原油销售、仓储许可申请的条件、程序、期限以及需提交的材料目录和申请书规范文本。

第十二条　接受申请的省级人民政府商务主管部门认为申请材料不齐全或者不符合规定的，应当在收到申请之日起5个工作日内一次告知申请人所需补正的全部内容。逾期不告知的，自收到申请材料之日起即为受理。

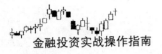

第十三条 省级人民政府商务主管部门在申请人材料齐全、符合规定形式，以及申请人按照要求提交全部补正申请材料时，应当受理申请。

省级人民政府商务主管部门受理许可申请，应当出具加盖本行政机关专用印章和注明日期的书面凭证。不受理许可申请，应当出具加盖本行政机关专用印章、说明不受理理由和注明日期的书面凭证，并告知申请人享有依法申请行政复议或者提出行政诉讼的权利。

第三章 原油销售、仓储许可审查的程序与期限

第十四条 省级人民政府商务主管部门在收到申请人上报的原油销售、仓储经营资格申请后，应当在 20 个工作日内完成审查，并将初步审查意见和申请材料上报商务部。

第十五条 商务部自收到省级人民政府商务主管部门上报的企业原油经营资格申请材料之日起，20 个工作日内完成审核。对符合本办法第六条规定条件的，应当给予原油销售许可，并颁发《原油销售经营批准证书》；对符合本办法第七条规定条件的，应当给予原油仓储许可，并颁发《原油仓储经营批准证书》。对不符合条件的，将不予许可的决定及理由书面通知申请人，并告知申请人享有依法申请行政复议或提出行政诉讼的权利。

企业凭商务部核发的《原油销售经营批准证书》、《原油仓储经营批准证书》到工商行政管理、税务部门办理登记手续。

第十六条 原油经营企业新建、迁建、扩建仓储设施的，须在办理国土资源、规划建设、安全监管、公安消防、环境保护、气象、质检等验收手续后，报商务部备案。

第十七条 外商投资企业设立、变更经营范围或外商并购境内企业涉及原油经营业务的，应当向省级人民政府商务主管部门提出申请，省级人民政府商务主管部门应当自收到全部申请文件之日起 1 个月内完成审查，并将初步审查意见及申请材料上报商务部，商务部在收到全部申请文件之日起 3 个月内做出是否批准的决定。

第四章 原油销售、仓储批准证书的颁发与变更

第十八条 《原油销售经营批准证书》、《原油仓储经营批准证书》由商务部统一负责印制、颁发。

第十九条 原油经营企业要求变更《原油销售经营批准证书》、《原油仓储经营批准证书》事项的，应向省级人民政府商务主管部门提出申请。省级人民政府商务主管部门应当进行初审，并将初审意见及申请材料报商务部。

具备继续从事原油经营条件的，由商务部换发变更的《原油销售经营批准证书》、《原油仓储经营批准证书》。

第二十条 原油经营企业要求变更《原油销售经营批准证书》、《原油仓储经营批准证书》事项的，应提交下列文件：

（一）企业名称变更的，应当提供工商行政管理部门出具的《企业名称预先核准通知书》；

（二）法定代表人变更的，应附任职证明和新的法定代表人身份证明；

（三）不涉及储运设施迁移的经营地址变更，应提供经营场所合法使用权证明；

（四）经营单位投资主体发生变化的，原有经营单位应办理相应经营资格注销手续，新的经营单位应重新申办相应资格。

第五章 监督管理

第二十一条 各级人民政府商务主管部门应当加强对本辖区原油市场的监督检查，对原油经营企业的违法违规行为进行查处。

第二十二条 省级人民政府商务主管部门应当依据本办法，每年组织对具有原油经营资格的企业进行检查，并将检查结果报商务部。

年度检查中不合格的原油经营企业，商务部应当责令其限期整改；经整改仍不合格的，撤销其原油经营资格。

第二十三条 原油销售企业年度检查的主要内容是：

（一）企业上年度原油经营状况；

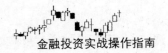

（二）原油供油及销售协议的签订、执行情况；

（三）原油销售企业及其配套设施是否符合本办法及有关技术规范要求；

（四）企业消防、安全、环保等方面情况。

第二十四条　原油仓储企业年度检查的主要内容是：

（一）企业上年度原油仓储经营状况；

（二）原油仓储企业及其配套设施是否符合本办法及有关技术规范要求；

（三）企业消防、安全、环保等方面情况。

第二十五条　原油经营企业歇业或终止经营的，应当到商务部办理原油经营资格暂停或注销手续。原油经营企业的停歇业不应超过 18 个月。无故不办理停歇业手续或停歇业超过 18 个月的，由商务部撤销其原油经营许可，注销《原油销售经营批准证书》、《原油仓储经营批准证书》，并通知有关部门。

第二十六条　各级商务主管部门实施原油经营许可及市场监督管理，不得收取费用。

第二十七条　商务部应当将取得原油经营许可的企业名单和变更、撤销情况进行公示。

第二十八条　《原油销售经营批准证书》、《原油仓储经营批准证书》不得伪造、涂改、买卖、出租、转借或者以任何其他形式转让。已变更或注销的《原油销售经营批准证书》、《原油仓储经营批准证书》应当交回商务部，其他任何单位和个人不得私自收存。

第二十九条　原油经营企业应当依法经营，禁止下列行为：

（一）无证无照、证照不符或超范围经营；

（二）掺杂掺假、以假充真、以次充好；

（三）销售、仓储非法渠道获得的原油；

（四）向未经国家批准的炼油企业、销售企业销售原油或为其提供仓储服务；

（五）违反价格法律法规，哄抬油价或低价倾销；

（六）国家法律法规禁止的其他经营行为。

第三十条　有下列情况之一的，商务部应当撤销原油经营许可：

（一）对不具备资格或者不符合法定条件的申请人做出准予许可决定的；

（二）超越法定职权做出准予许可决定的；

（三）违反法定程序做出准予许可决定的；

（四）原油销售企业不再具备本办法第六条规定条件的；

（五）原油仓储企业不再具备本办法第七条规定条件的；

（六）未参加或未通过年度检查的；

（七）被许可人以欺骗、贿赂等不正当手段取得经营许可的；

（八）隐瞒有关情况、提供虚假材料或者拒绝提供反映其经营活动真实材料的；

（九）依法应当撤销行政许可的其他情形。

第六章　法律责任

第三十一条　商务主管部门及其工作人员违反本办法规定，有下列情形之一的，由其上级行政机关或监察机关责令改正；情节严重的，对直接负责的主管人员和其他直接责任人员给予行政处分：

（一）对符合法定条件的申请不予受理的；

（二）未向申请人说明不受理申请或者不予许可理由的；

（三）对不符合条件的申请者予以许可或者超越法定职权做出许可的；

（四）对符合法定条件的申请者不予批准或无正当理由不在法定期限内做出批准决定的；

（五）不依法履行监督职责或监督不力，造成严重后果的。

第三十二条　商务主管部门在实施原油经营许可过程中，擅自收费的，由其上级行政机关或监察机关责令退还非法收取的费用，并对主管人员和直接责任人员给予行政处分。

第三十三条　原油经营企业有下列行为之一的，法律、法规有具体规定的，从其规定；法律、法规未做规定的，由商务部视情节依法给予警告、责令限期改正、处违法所得 3 倍以下或 30000 元以下罚款处罚：

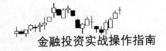

（一）涂改、倒卖、出租、出借或者以其他形式非法转让原油经营批准证书的；

（二）违反本办法规定的条件和程序，擅自新建、迁建和扩建原油油库的；

（三）采取掺杂掺假、以假充真、以次充好等手段销售原油的；

（四）销售或仓储非法渠道获得原油的；

（五）向未经国家批准的炼油企业、销售企业销售原油或为其提供仓储服务的；

（六）违反国家价格法律、法规销售原油的；

（七）法律、法规规定的其他违法行为。

第三十四条 企业申请从事原油经营资格有下列行为之一的，商务部应当做出不予受理或者不予许可的决定，并给予警告；申请人在一年内不得再次申请原油经营许可。

（一）隐瞒真实情况的；

（二）提供虚假材料的；

（三）违反有关政策和申请程序，情节严重的。

第七章　附则

第三十五条 在中华人民共和国境内从事中外合作开采陆上或海上石油资源的外国合同者，应遵守《中华人民共和国对外合作开采陆上石油资源条例》和《中华人民共和国对外合作开采海洋石油资源条例》的有关规定。

本办法颁布以前，原有经依法批准的、符合国家政策的原油生产企业按本办法规定申领《原油销售经营批准证书》。

第三十六条 本办法由商务部负责解释。

第三十七条 本办法自 2007 年 1 月 1 日起施行。

二、深圳石油化工交易所现货交易管理办法（暂行）

第一章 总则

第一条 为规范深圳石油化工交易所（以下简称"深油所"）石油化工产品现货交易行为，保障交易各方的合法权益，根据国家有关法律、法规、政策以及GB/T18769-2003《大宗商品电子交易规范》、《商品现货市场交易特别规定（试行）》和深圳市人民政府颁布的《深圳市交易场所监督管理暂行办法》制定本办法。

第二条 深油所旨在利用和发挥现代信息技术优势，为石油化工产品现货交易提供交易、交收、结算和信息资讯等市场管理服务，创新建设石油化工产品现货交易市场。

第三条 深油所接受深圳市人民政府金融发展服务办公室及政府相关部门的监督、管理。深油所现货交易应遵循"公开、公平、公正和诚实信用"的原则。

第四条 本办法适用于在深油所进行的与电子商务有关的一切交易活动。深油所、会员、指定结算银行、指定交收油库/仓库、指定检验机构及其工作人员必须遵守本办法。

第五条 深油所运用电子商务信息技术，结合深油所官方网站（www.shenyousuo.net），组织石油化工产品现货交易、交收、仓储物流、融资及信息资讯等管理服务。

第二章 术语和定义

第六条 "电子交易"是指利用网络及其配套的信息技术和通信手段在互联网上进行的石油化工产品交易。

第七条 "电子交易系统"是指深油所为会员提供的石油化工产品现货交易

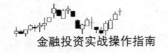

电子商务平台。

第八条　"会员"是指具有良好资信，符合深油所相应会员条件、经深油所批准取得相应会员资格后在深油所从事石油化工产品交易等相关业务的参与者。

第九条　"交易账号"是深油所会员参与深油所任何一项交易业务都需要使用的交易编码，深油所对会员的管理实行一户一账号的管理方式。

第十条　"深圳石油化工交易所开户申请表"是深油所会员申请交易账号的唯一申请文件，深油所会员在申请交易账号的同时，需签署《深圳石油化工交易所入市协议》，签署后方能使用交易账号登录交易终端。

第十一条　"商品交收合同"是指会员依照本办法及深油所的相关规则，通过深油所的电子交易系统进行现货交收而达成的各类货物商品交收合同。

第十二条　"结算银行"是指深油所指定的协助深油所办理会员各类交易结算业务的银行。

第十三条　"保证金"是指会员为完成在深油所电子交易平台上相关商品的交易与交收，根据深油所不同交易模式的交易规则与交收细则的规定，按照《深圳石油化工交易所现货交易保证金与费用标准》缴存的以确保如约完成交易与交收行为的履约资金。

第十四条　"交收油库/仓库"是指由深油所指定的，为会员履行"商品交收合同"提供货物交收及仓储服务的场所。

第十五条　"仓单"是指会员将符合深油所规定的石油化工产品检验合格后交付油库/仓库保管，由油库/仓库开具的具有深油所相应格式的记载该批产品的数量、质量等相关内容的权属凭证。

第十六条　"注册仓单"是指会员向深油所提交电子《仓单》或提交《仓单》原件并审核通过后，就会员提交的该《仓单》的注册申请而生成的深油所相应格式的仓单。

第十七条　"提货单"是指仓库/油库根据深油所会员的交收需求，依据办理提货申请的《注册仓单》而签发的用于提取货物的提货凭证。

第三章　会员

第十八条　为保证交易的便捷和安全，深油所对会员实行统一的编码方式进行管理。一般会员与注册会员以交易账号为会员的唯一识别方式；席位会员以席位会员的特定编码为席位会员的识别方式。

第十九条　电子交易平台对会员采用交易账号和密码的方式确认会员身份。交易账号由深油所分配，密码由会员自行设定。

第二十条　会员对其交易账号发出的交易指令和产生的交易结果承担相应的法律责任。

第二十一条　具体的会员管理规定按照《深圳石油化工交易所会员管理办法》执行。

第四章　交易

第二十二条　交易是指会员通过深油所现货交易平台，完成石油化工产品交易的行为，其交易方式分为现货协议交易、现货挂牌交易、现货专场交易、现货报盘交易四种交易模式。深油所将根据市场需要和会员建议推出其他交易模式。

第二十三条　"交易品种"是深油所根据市场需求组织的、会员参与交易与交收业务的石油化工产品。

第二十四条　深油所根据不同的交易方式，提供相应交易模式的石油化工产品交易品种。深油所按相应交易模式的交易规则及《深圳石油化工交易所现货交易保证金与费用标准》向会员收取交易手续费。

第二十五条　"现货协议交易"是指现货贸易的双方为了享受深油所组织的高效率的融资、财税及其他相关优惠政策等服务，将已达成的贸易合同向深油所申报以实现财税优惠等服务的一种交易方式。

具体交易规定按照《深圳石油化工交易所现货协议交易规则（暂行）》执行。

第二十六条　"现货挂牌交易"指会员为了充分分享深油所平台的销售、流通渠道与资源，为长期持续地增加销售量或采购到特定需求的石油化工产品，向

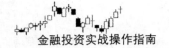

深油所申请挂出拟销售/采购的产品标的，供有采购/销售需求的会员摘牌完成实物交收的一种交易方式。

具体交易规定按照《深圳石油化工交易所现货挂牌交易规则（暂行）》执行。

第二十七条 "现货专场交易"是指深油所专门为会员开设的，以现货销售/采购为目的的专场销售（竞买）或专场采购（竞卖）的交易方式。

具体交易规定按照《深圳石油化工交易所现货专场交易规则（暂行）》执行。

第二十八条 "现货报盘交易"是指深油所会员向深油所提交可供销售的现货产品信息（产品信息包括：产品等级、产品品牌、交收油库/仓库等）的发布申请，经深油所审核通过后，发布该现货产品的销售信息供买方选择购买的一种现货交易方式。买方会员根据卖方发布的产品信息，选择自己需要购买的商品进行交易。为满足现货市场贸易双方就不同品种的采销需求，卖方会员可发布同一个品种不同规格、不同等级、不同品牌等差异化的产品供买方选择购买。买卖双方通过深油所现货报盘交易系统以履约保证金的方式参与现货交易，以全额货款办理现货交收。

具体交易规定按照《深圳石油化工交易所现货报盘交易规则（暂行）》执行。

第五章 交收

第二十九条 交收是买卖双方根据本办法、相关交收细则的约定，卖方向买方转移产品的所有权，买方向卖方支付货款的过程。深油所按相应交易模式的交易规则、交收规则及《深圳石油化工交易所现货交易保证金与费用标准》向会员收取交收手续费。

第三十条 交收油库/仓库为会员提供交收货物的仓储服务。会员可将交收的货物存放于交收油库/仓库/厂库，并按规定缴纳相关费用。

第三十一条 交收油库/仓库应按与深油所签订的《仓储物流框架合作协议》、《指定仓库合作协议》约定的内容，按照深油所相应交易模式交易品种的交收细则要求为会员提供石油化工产品的交收服务，并对交收商品的数量、质量负责。因设施设备状况不良及保管不善造成的损失由交收油库/仓库承担。

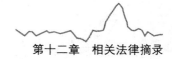

第三十二条　深油所指定若干经国家认证的检验机构负责对交收货物进行复检。会员应在指定检验机构中选择检验单位。深油所将指定检验机构出具的检验报告作为认定交收货物质量的最终依据。指定检验机构另行公布。

第三十三条　指定检验机构应按与深油所签订的合作协议，进行产品检验并对其出具的检验报告负责。因检验报告失真而造成损失的，指定检验机构应承担相应责任。

第三十四条　交收油库/仓库按有关要求开具《仓单》，会员以《仓单》向深油所申请注册，经深油所核准生成《注册仓单》，仓库/油库依据《注册仓单》签发相应的《提货单》，《提货单》可用于深油所的货物交收等业务，相关交收流程参见深油所相应交易模式和交易品种规定的交收细则执行。

第三十五条　交收中买卖双方货物的数量、质量、权利与责任的划分按深油所相应品种交收细则的规定执行。

第六章　结算

第三十六条　结算是指根据交易结果，由深油所按相关规定，对会员订货保证金、合同转让差价、货款及其他款项进行统一结算和划拨的业务活动。

第三十七条　深油所对会员存入深油所专用结算账户的交易资金实行分账管理，为每一会员设立明细账户。

第三十八条　在深油所不同的交易方式下，会员根据深油所相应交易规则的规定，向深油所缴付交易保证金与交收保证金。买卖双方如约完成交易或交收手续后，深油所将释放相应的保证金到会员结算账户，具体操作流程见深油所各交易模式的结算细则。

第三十九条　深油所采取一收一付、先收后付的结算办法。

深油所为会员提供货款结算服务，采用一收一付、先收后付的结算办法。买方会员按照与交收相关的规定按期支付货款到深油所，深油所根据交收细则和实际情况支付货款给卖方会员。

第四十条　深油所采用发放结算单据或数据电文等方式于交易当日向会员提

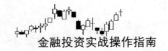

供当日结算数据，会员可通过深油所交易系统提取结算数据。

因特殊情况造成深油所不能按时提供结算数据或调整结算数据的发布时间，深油所将视情况进行通知。

第四十一条 深油所按规定的标准向会员收取交易手续费和交收手续费等相关费用，交易手续费和交收手续费的收取标准与收取方式按照相应交易模式的交易规则、交收细则的规定执行。

第四十二条 深油所通过结算银行，对每一会员发生的保证金、货款、合同转让差价及各项费用等进行代收、代付或暂存、暂付。深油所将根据需要选择一家或多家监管银行。相关结算银行的监管方案深油所将另行公告，公告将说明账户设置要求等内容。会员可直接通过交易客户端自行办理资金调拨。

第四十三条 会员应加强交易资金管理，严格执行深油所的有关规则，并及时获取和核对结算数据，妥善保管结算方面的资料、凭证、账册等以备查询。

第七章　风险管理

第四十四条 深油所风险管理制度包括订货保证金制度、订货监测制度、大额交易会员报告制度、风险警示制度和异常情况处理制度等。

第四十五条 深油所不同交易模式的具体风险管理规定按照相应模式的风险控制细则执行。

第八章　信息发布

第四十六条 深油所的各类交易信息由深油所统一管理和发布。未经深油所许可，任何机构和个人不得发布或用于商业用途。

第四十七条 深油所通过深油所官方网站（www.shenyousuo.net）以及官方网站公示的深油所各部门统一服务邮箱发布交易中心文件、公告、通知、相关统计数据等信息。

第四十八条 会员、结算银行、交收油库/仓库、检验机构及提供服务的其他合作单位及其工作人员，不得发布虚假或带有误导性质的信息，若因未遵守规定而造成深油所损失的，深油所有权对其进行处罚并要求赔偿。

第四十九条 会员、结算银行、交收油库/仓库、检验机构及提供服务的其他合作单位及其工作人员，不得泄露在交易或合作过程中获知的各方商业秘密，若因未遵守规定而造成深油所损失的，深油所有权对其进行处罚并要求赔偿。

第五十条 为深油所电子交易系统和相关网站提供软硬件服务的专业机构要遵守与深油所签订的有关协议，保证交易设施的安全运行和交易信息发布的及时性、准确性。

第九章 监督管理

第五十一条 深油所依据本办法及相关规则，对在深油所内的商品交易活动进行监督管理。

第五十二条 深油所进行监督管理的主要内容是：

1. 监督、检查有关政策、法规及深油所有关规则的执行和落实情况，确保深油所依法有序运行；

2. 监督、检查会员财务资信状况以及交易运行情况，按照"公开、公平、公正和诚实信用"原则，保护市场参与各方的利益；

3. 监督、检查指定交收油库/仓车货物交收以及相关的业务处理情况，确保交收环节顺利实施；

4. 调解、处理有关交易纠纷，对各种违规行为进行调查处理。

第五十三条 深油所履行监督管理职责时，可以调查、取证，相关会员、结算银行、交收油库/仓库、检验机构应全力配合。

第五十四条 深油所工作人员不能秉公履行职责的，会员、交收油库/仓库等有权向深油所投诉、举报。一经查实，将按深油所有关规定严肃处理，构成犯罪的，移交司法机构处理。

第十章 调解与处理

第五十五条 会员应对其在深油所进行的各类交易活动及其结果承担法律

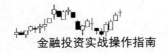

责任。

第五十六条 会员、结算银行、交收油库/仓库、检验机构在深油所交易、结算、交收过程中发生争议时，可自行协商解决，也可向深油所申请调解。争议各方经协商或深油所调解，达成协议的，由深油所监督协议的履行；若在争议发生后争议各方协商不成或深油所调解无效的，可以向深圳仲裁委员会申请仲裁。

第五十七条 下列行为是深油所禁止的行为：

1. 妨碍深油所工作人员履行职责的；

2. 拖欠有关费用及款项的；

3. 诋毁深油所声誉，损坏交易市场财产的；

4. 恶意操纵市场，扰乱交易秩序的；

5. 其他违反本办法及相关规则的行为。

第五十八条 对违反本办法及相关规则的会员，深油所视情节轻重给予警告、限制交易权限、暂停交易、取消会员资格等处罚，构成犯罪的，移交司法机构追究法律责任。

第五十九条 会员可在接到处理决定后十个工作日内以书面形式向深油所提出复议申请；在深油所做出复议决定之前，深油所按原处罚决定执行。

第十一章 附则

第六十条 本办法的解释权属于深油所，依据本办法制定的相关规则是本办法不可分割的组成部分。

第六十一条 本办法自二〇一四年三月三十日起实施。

参考文献

［1］［美］史蒂夫·尼森.日本蜡烛图技术：古老东方投资术的现代指南［M］. 丁圣元译. 北京：地震出版社，2003.

［2］［美］尼森（Nison S.）. 股票 K 线战法［M］. 环宇证券投资顾问公司译. 北京：中国宇航出版社，2004.

［3］［美］比加洛. 蜡烛图方法：从入门到精通［M］. 杨永新，陈金荣等译. 北京：机械工业出版社，2011.

［4］［美］莫里斯，里奇菲尔德. 蜡烛图精解：股票与期货交易的永恒技术［M］.王柯译. 北京：机械工业出版社，2014.

［5］［美］威廉·彼得·汉密尔顿. 股市晴雨表［M］. 颜诗敏译. 北京：中国人民大学出版社，2015.

［6］［美］普莱切特，弗罗斯特. 艾略特波浪理论：市场行为的关键［M］. 陈鑫译. 北京：机械工业出版社，2010.

［7］［美］普莱切特. 艾略特名著集（权威珍藏版）［M］. 包文兵译. 太原：山西人民出版社，2013.

［8］［美］艾略特. 波浪原理［M］. 王建军译. 北京：中华工商联合出版社，1999.

［9］［美］史蒂文·波泽. 应用艾略特波浪理论获利［M］. 符彩霞译. 北京：机械工业出版社，2010.

［10］［美］比尔·威廉姆（Bill Williams）. 证券混沌操作法：低风险获利指南［M］. 黄嘉斌译. 北京：中国宇航出版社，2004.

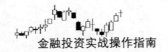

[11]［美］比尔·威廉姆. 证券交易新空间：面向 21 世纪的混沌获利方法 [M]. 王宁译. 北京：地震出版社，2004.

[12]［美］威廉·D. 江恩. 如何从商品交易中获利 [M]. 李国平译. 北京：机械工业出版社，2010.

[13]［美］江恩，陈鑫. 江恩华尔街 45 年 [M]. 陈鑫译. 北京：机械工业出版社，2010.

[14]［美］罗伯特·D.爱德华兹（Robert D.Edwards），约翰·迈吉（John Magee），W. H. C. 巴塞蒂（W.H.C.Bassetti）. 股市趋势技术分析（原书第 9 版）[M]. 郑学勤，朱玉辰译. 北京：机械工业出版社，2010.

[15]［美］墨菲. 期货市场技术分析 [M]. 丁圣元译. 北京：地震出版社，1994.

[16]［美］施威格. 期货交易技术分析 [M]. 马龙龙等译. 北京：清华大学出版社，2013.

[17]［美］杰克·D. 施瓦格（Jack D.Schwager）. 金融交易技术分析入门 [M]. 汪泽译. 北京：中国金融出版社，2001.

[18] 青木. 登峰之路 [M]. 广州：广东经济出版社，2009.

[19]［美］马丁·J. 普林格（Martin J.Pring）. 技术分析（第四版）[M]. 笃恒，王茜译. 北京：中国财政经济出版社，2006.

[20]［美］康斯坦丝·布朗（Constance Brown）. 专业交易人士技术分析 [M]. 向桢等译. 海口：海南出版社，2003.

[21]［美］瑞克·本塞诺. 股票技术分析新思维：来自大师的交易模式 [M]. 钟勇，曹颖译. 北京：中国三峡出版社，2007.

[22]［美］史蒂文·阿基里斯. 技术分析 A–Z（第二版）[M]. 应展宇，桂荷发译. 北京：中国财政经济出版社，2004.

[23] 黎航. 股市操练大全（第一册）[M]. 上海：上海三联书店，1999.

[24] 黎航. 股市操练大全（第二册）[M]. 上海：上海三联书店，2001.

[25]［美］劳伦斯·A. 康纳斯（Laurence A.Connors），琳达·布拉福德·瑞斯克

(Linda Bradford Raschke). 华尔街智慧：高胜算交易策略 [M]. 孙大莹，张轶译. 北京：北京联合出版传媒（集团）股份有限公司，万卷出版公司，2011.

[26] [美] 撒普. 通向财务自由之路（原书第 2 版）[M]. 董梅译. 北京：机械工业出版社，2011.

[27] [美] 柯蒂斯·费思（Curtis Faith）. 海龟交易法则 [M]. 乔江涛译. 北京：中信出版社，2013.

[28] [美] 迈克尔·卡沃尔. 趋势跟踪：顺势交易名家策略解读 [M]. 那希尧译. 广州：广东经济出版社，2006.

[29] [美] 佩里·J. 考夫曼（Perry J.Kaufman）. 精明交易者：系统交易指南 [M]. 江宁译. 太原：山西人民出版社，2015.

[30] [澳] 奔富. 交易圣经：系统交易赢利要诀 [M]. 麻勇爱译. 北京：机械工业出版社，2012.

[31] 波涛. 证券投资理论与证券投资战略适用性分析 [M]. 北京：经济管理出版社，2003.

[32] 波涛. 证券期货投资计算机化技术分析原理 [M]. 北京：经济管理出版社，2003.

[33] [美] Brett N. Steenbarger. 重塑证券交易心理：把握市场脉搏的方法和技术 [M]. 王云霞，郭晓飞译. 北京：清华大学出版社，2004.

[34] [美] 罗伯特·库佩尔（Robert Koppel），霍华德·阿贝尔（Howard Abell）. 投资心理规则：锤炼赢者心态 [M]. 郭鉴镜译. 北京：清华大学出版社，2003.

[35] [美] 罗伯特·库佩尔. 直觉交易商：开发你内在的交易智慧 [M]. 吕一林，陈莹，史萍译. 北京：清华大学出版社，1988.

[36] [美] 诺夫辛格. 投资中的心理学（原书第 3 版）[M]. 赖晓鹏，张瑞卿译. 北京：中国人民大学出版社，2008.

[37] [英] 迈尔斯. 股市心理学：向恐惧、贪婪和市场的非理性宣战 [M]. 虞海侠译. 北京：中信出版社，2010.

[38] [美] 克罗（Krol S.）. 克罗谈投资策略：神奇的墨菲法则 [M]. 刘福寿

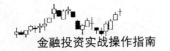

译. 北京：中国经济出版社，2003.

[39]［美］阿瑟·L. 辛普森. 华尔街幽灵：20 世纪最伟大的交易智慧［M］. 张志浩，关磊译. 北京：中国社会科学出版社，2008.

[40]郭鉴镜. 成功交易：与金融大师谈投资［M］. 北京：中国经济出版社，2005.

[41]［美］吉姆·罗杰斯（Jim Rogers）. 热门商品投资：量子基金创始人的投资真经［M］. 蒲定东译. 北京：中信出版社，2005.

[42]［美］席格尔（Siegel J.J.）. 股史风云话投资：散户投资正典（第 3 版）［M］. 何亮宇，杨海峰译. 北京：清华大学出版社，2004.

[43]［美］唐纳德·卡西迪. 股票成交量操作策略［M］. 王宜贺译. 广州：广东经济出版社，2006.

[44]［美］安迪·基尔帕特里克. 投资圣经：巴菲特的真实故事［M］. 何玉柱，褚立宏等译. 北京：民主与建设出版社，2003.

[45]［美］拉里·威廉斯. 短线交易秘诀［M］. 穆瑞年等译. 北京：机械工业出版社，2013.

[46]［美］克利斯多夫·舒马赫，华丁·格列佛. 盘口解读技术［M］. 李书路译. 广州：广东经济出版社，2013.

[47]［美］安杰尔. 短线狙击手（修订版）［M］. 张翎，吴均译. 广州：广东经济出版社，2011.

[48]［美］瓦莱士，卡普拉. 短线交易大师：工具和策略［M］. 张丹丹译. 太原：山西人民出版社，2014.

[49]［美］约翰·内托. 弹无虚发交易方法［M］. 张丹丹译. 北京：地震出版社，2006.

[50]［美］维克托·斯波朗迪（Victor Sperandeo）. 专业投机原理［M］. 俞济群，真如译. 北京：机械工业出版社，2010.

[51]［美］伯顿·G. 马尔基尔（Burton G.Malkiel）. 漫步华尔街（原书第 9 版）［M］. 张伟译. 北京：机械工业出版社，2008.

［52］［美］亚历山大·埃尔德（Alexander Elder）. 以交易为生 ［M］. 符彩霞译. 北京：机械工业出版社，2010.

［53］［澳］马克·泰尔. 巴菲特与索罗斯的投资习惯 ［M］. 乔江涛译. 北京：中信出版社，2013.

［54］［美］纳西姆·尼古拉斯·塔勒波. 成事在天：机遇在市场及人生中的隐蔽角 ［M］. 包新周，张玉昭译. 北京：中国经济出版社，2002.

［55］［澳］戴若·顾比（Daryl Guppy）. 趋势交易大师：工具·策略·方法 ［M］. 任波，陈静，桂井文译. 北京：地震出版社，2012.

［56］善强. 中国股市机构主力操盘思维：市场分析篇 ［M］. 北京：企业管理出版社，2004.

［57］丁圣元. 投资正途：大势·选股·买卖 ［M］. 北京：地震出版社，2008.

［58］［美］罗伯特·J. 希勒. 非理性繁荣 ［M］. 李心丹，陈莹译. 北京：中国人民大学出版社，2014.

后 记

　　《金融投资实战操作指南》是面向大众投资者推出的金融投资产品实战操作系列启蒙书籍，由中南财经政法大学武汉学院、湖北中亿富融投资管理有限公司、中亿金融研究院联合编著出版。本书以投资市场上的主流投资品种为例，从理论研究到实战技术全方位深入解读投资，引领读者如何正确看待投资，如何合理运用投资工具与技巧掌握投资，从而帮助读者形成系统化的投资体系。

　　经过新兴投资市场的洗礼，早期大多数的投资人用血淋淋的教训换来的是对投资的粗浅认识："投资就是投机"。中亿富融作为专业第三方金融服务机构，在服务过的万千投资人中，有超过半数的投资人在正式接受体系化的投资教育之前都曾有过类似认识，形成这种主观、盲目、短视的投资认识，其原因正是投资者未能及时建立起自身的投资体系。中亿富融联合各方优势资源为国内大众投资者量身定制的投资系列基础教程，希望能在投资者教育事业上贡献一己之力。

　　投资从来不是一件简单的事情，因为它无时无刻不在与风险共舞。同样，揭示投资规律也不是一件简单的事情，它需要投入大量时间研究以及认真钻研的态度。本系列书籍从思路策划到面市出版期间，刘松林博士倾注了多年在金融专业领域教学研究的心血，他在书中指出任何理论都需要经过实践来不停检验和修正，只有通过长时间的累积，从理论学习进化为实盘操作再到掌握市场规律，才能最终形成体系化交易。在实战方面，本书总结了目前中亿富融较成熟的投资分析技术和投资分析软件，试图将理论以最通俗有效的方式传递给每一位投资人，以体系化的方法，帮助投资人创建一套适合于自己的交易系统，并不断使之完善，目的是为了让每一位投身金融市场的投资者在实施交易之初就具备掌握正确

投资的方法，以提高在资本市场博弈中的胜率。

在本书即将付梓之时，特别感谢中南财经政法大学博士研究生导师葛翔宇教授百忙之中为本书作序，感谢中南财经政法大学武汉学院对本书出版的支持，感谢本书的编辑及校对工作者。是你们共同的努力和辛勤付出，才使得本书顺利与广大投资者见面。

谭 龙

湖北中亿富融投资管理有限公司

中亿金融研究院